Recueil De La Société Polytechnique
by Unknown

RECUEIL INDUSTRIEL,

MANUFACTURIER,

AGRICOLE ET COMMERCIAL,

DE LA SALUBRITÉ PUBLIQUE

ET DES BEAUX-ARTS,

AUQUEL EST RÉUNI LE

JOURNAL HEBDOMADAIRE

DES ARTS ET MÉTIERS DE L'ANGLETERRE.

Nᵒˢ 31, 32 et 33.

TOME ONZIÈME.

IMPRIMERIE DE GAULTIER—LAGUIONIE,
Hôtel des Fermes.

RECUEIL INDUSTRIEL,

MANUFACTURIER,

AGRICOLE ET COMMERCIAL,

DE LA SALUBRITÉ PUBLIQUE

ET DES BEAUX-ARTS,

AUQUEL EST RÉUNI LE

JOURNAL HEBDOMADAIRE

DES ARTS ET MÉTIERS DE L'ANGLETERRE.

———◦◦◦———

RÉPERTOIRE GÉNÉRAL DES BREVETS D'INVENTION.

Collection de Mémoires sur les Manufactures, les Arts et les Métiers ; les Travaux des Sociétés d'Agriculture et autres ; le Commerce français et étranger ; les Travaux du Conseil de Salubrité ; les Hôpitaux, les Prisons, l'Économie publique ou domestique, et les diverses applications que les Administrations peuvent, en général, faire de l'industrie, etc., etc.

RENFERMANT

LA DESCRIPTION DES EXPOSITIONS PUBLIQUES

FAITES EN FRANCE ET A L'ÉTRANGER ;

DÉDIÉ AU ROI,

PAR J.-G.-V. DE MOLÉON,

ANCIEN ÉLÈVE DE L'ÉCOLE POLYTECHNIQUE,

Ingénieur en chef des Domaines de la Couronne, Auteur de plusieurs Ouvrages sur l'Industrie et l'Économie publique, Membre de plusieurs Sociétés savantes françaises et étrangères,

DE LA SOCIÉTÉ ROYALE DES PRISONS,

ET DU JURY CENTRAL DE L'EXPOSITION DE 1823 ;

Chevalier de l'Ordre royal de la Légion-d'Honneur, etc., etc.

Utile dulci.

TOME ONZIÈME.

PARIS,

CHEZ M. DE MOLÉON, RUE GAUDOT-DE-MAUROY, N° 2,
ET CHEZ BACHELIER, LIBRAIRE,
QUAI DES AUGUSTINS, N° 55.

1829.

RECUEIL INDUSTRIEL,

MANUFACTURIER,

AGRICOLE ET COMMERCIAL,

DE LA SALUBRITÉ PUBLIQUE

ET DES BEAUX-ARTS,

AUQUEL EST RÉUNI LE

JOURNAL HEBDOMADAIRE

DES ARTS ET MÉTIERS DE L'ANGLETERRE.

~~~~~~

1. INDUSTRIE.

ÉCONOMIE DOMESTIQUE.

Mémoire sur les applications dans l'économie domestique de la gélatine extraite des os au moyen de la vapeur; par M. A. de Puymaurin, directeur de la Monnaie royale des médailles. Lu à la Société d'Encouragement dans sa séance du 25 mars 1829 (suite) (1).

La question de salubrité est établie d'une manière spéciale dans le rapport fait à la faculté de médecine, le 13 décembre 1814, par MM. *Leroux*,

---

(1) Voyez tom. X, n° 3o.

Dubois, *Pelletan*, *Duméril* et *Vauquelin* : il suffira d'en citer quelques phrases (1).

   « L'expérience la plus convaincante et à la-
« quelle tout le monde doit se rendre, c'est celle
« qui a été faite sous nos yeux, pendant trois mois,
« à l'Hospice de Clinique interne de la Faculté. On
« a préparé le bouillon avec le quart de la viande
« qu'on emploie ordinairement ; on a remplacé avec
« de la gélatine et des légumes les trois autres
« quarts, qu'on a donnés en rôti ; et les malades,
« les convalescens, et même les gens de service
« n'ont pas aperçu de différence entre ce bouillon
« et celui qu'on leur donnait précédemment ; ils
« ont été aussi abondamment nourris et très satis-
« faits d'avoir du rôti au lieu de bouilli.... Quant à
« la seconde partie, la salubrité du bouillon, nous
« pouvons assurer que des quarante personnes qui
« en ont fait usage pendant trois mois, pas une
« n'a éprouvé quoi que ce soit qui puisse être rai-
« sonnablement attribué à la gélatine... Nous som-
« mes donc en droit de conclure avec certitude
« que non seulement la gélatine est nourrissante,
« facile à digérer, mais encore qu'elle est très sa-
« lubre, et ne peut, employée comme le propose
« M. *D'Arcet*, produire, par son usage, aucun
« mauvais effet dans l'économie animale ».

   L'application de ce procédé doit de jour en jour
devenir plus générale, si l'on peut préjuger ses

_____

(1) Voyez *Bulletin* de la Société, treizième année (1814),
page 292.

succès d'après ceux qu'obtinrent les soupes économiques, bien qu'il existe une différence essentielle
entre ces alimens. L'un fournit à l'homme une
nourriture saine et fortement animalisée, et l'autre
leste seulement l'estomac avec des substances iner-
tes, renfermant peu de principes nutritifs : dans
ce dernier cas, l'abondance devient insuffisance et
même pénurie pour l'économie animale (1).

On peut également employer la gélatine seule
comme aliment, et ce mode est le plus convenable

_____

(1) Les soupes connues sous le nom de *soupes économiques*,
ne renferment que des substances végétales contenant excessi-
vement peu d'azote, et de la graisse ou beurre, qui, quoique
substances animales, ne renferment pas ce principe. Ces soupes s'aigrissent en quelques heures, et fatiguent à la longue
l'estomac par un volume hors de proportion avec les substances nutritives qu'elles renferment.

Il est aujourd'hui démontré que les alimens qui ne contiennent pas d'azote ou qui en contiennent peu ne suffisent pas à la
nourriture de l'homme et des animaux.

On trouve un grand nombre d'observations et d'expériences
importantes sur ce sujet dans un Mémoire lu à l'Académie des
Sciences, en 1816, par un de nos plus savans physiologistes,
M. *Magendie*. Des chiens, nourris avec des substances non
azotées et de l'eau distillée, n'ont vécu que trente-deux à
trente-six jours. Il est à remarquer qu'un chien peut vivre dix
à douze jours privé de tout aliment.

Aux faits cités par M. *Magendie* j'ajouterai qu'en 1816, à
l'époque de la plus grande cherté des grains, M. *Sivard de
Beaulieu*, administrateur des monnaies, à Paris, ayant essayé
de nourrir ses chiens de chasse avec des pommes de terres et
d'autres légumes, en perdit deux sur sept ou huit qu'il avait ;
les autres étaient si faibles qu'ils ne pouvaient plus se traîner,

pour les établissemens de charité, dont le but est
bien plus de multiplier les secours que de donner
des alimens d'un goût recherché. Ce mode convient aussi pour les ordinaires établis dans les fabriques ; on évite de la sorte l'écueil qu'offriraient

---

et le hasard ayant fait qu'on leur donnât de la viande, ils se
rétablirent promptement.

En décembre 1793, le vaisseau *le Caton* fit rencontre, à trois
cents lieues des côtes de France, d'une galiote de Hambourg,
démâtée et presque entièrement coulée par une tempête. La partie de l'arrière du navire, nommée couronnement, était seule
restée au-dessus de l'eau. Cinq hommes qui s'y étaient refugiés
n'avaient eu pour nourriture, pendant neuf jours que du sucre
et une très-petite quantité de rum. M. *Moreau de Johnès*,
qui, depuis long-temps s'occupe avec succès d'hygiène mi-
litaire, était dans une des embarcations qui recueillit ces malheureux. Leur faiblesse était si grande, qu'à l'exception des
plus jeunes, ils pouvaient à peine se prêter à faire ce qu'il fallait pour quitter le vaisseau naufragé : malgré les soins qu'on
leur prodigua, les trois plus âgés moururent à Lorient.

Le médecin anglais *Stark* voulant apprécier la propriété
nutritive du sucre, s'en nourrit exclusivement pendant un mois
environ; mais au bout de ce temps il fut obligé d'y renoncer.
Il était devenu très-faible et bouffi; son visage présentait des
taches rouges, livides, qui semblaient annoncer une ulcération
prochaine : il est mort peu de temps après son expérience, et
les personnes qui l'ont connu pensent qu'il en a été victime.

M. *Clouet*, connu par des travaux importans sur l'acier,
voulut se nourrir seulement de pommes de terre et d'eau : au
bout d'un mois sa faiblesse était extrême; il fut obligé de re-
prendre la nourriture azotée et se rétablit en quelques semaines.

Tous ces faits prouvent la nécessité de joindre aux alimens
privés d'azote des alimens contenant ce principe. Il est incon-

les difficultés d'une répartition égale dans la masse, de la viande employée à raison de 20 gram. à peu près par tête. L'unique but de cette institution doit être de donner aux ouvriers les moins fortunés le moyen de subvenir aux besoins de leurs familles;

---

testable qu'aucun aliment azoté n'offre plus d'avantages que la gélatine pour animaliser, en quelque sorte, les substances végétales. Quelques personnes demanderont sans doute si l'on a essayé de nourrir des chiens à la gélatine et à l'eau distillée. MM. *D'Arcet* et *Robert* ont fait cette expérience. Un chien est resté cinquante-quatre jours environ enfermé dans une chambre et a été nourri de cette manière, il en est sorti bien portant. On lui avait d'abord donné 12 onces de gélatine, on la réduisit à 3 onces, quantité qui fut suffisante pour le nourrir.

Ce qui précède est extrait de l'intéressant Mémoire de M. *Michelot* sur l'emploi de la gélatine, publié dans la *Revue encyclopédique*, année 1822.

Je dois ajouter que, dès le sixième jour, le chien dont il est question cessa de rendre des excrémens d'aucune nature, et il n'en conserva pas moins sa gaîté et son appétit ordinaires. La négligence de la personne qui le soignait permit à ce chien de s'échapper et fit perdre les observations physiologiques qui auraient été le résultat de l'examen de ses intestins. Il est probable que cet animal aura succombé à une indigestion, suite de l'inactivité prolongée où s'était trouvée une partie des organes.

On a remarqué souvent des effets opposés qui étaient le résultat de l'usage exclusif des soupes économiques, et, dans beaucoup de cas, des diarrhées qui auraient pu prendre un caractère alarmant, ont obligé d'en suspendre l'usage.

A ces considérations on peut en joindre une autre, puisée dans la différence de nature existant entre les inspirations de l'homme et ses expirations, et la nécessité où il est de prendre et il est facile à ceux qui ont des ressources étrangères d'employer les économies de la journée à se procurer des alimens plus savoureux, qu'ils peuvent consommer le soir dans leur intérieur.

L'emploi de la gélatine seule, avec la quantité convenable de légumes, suffit pour former des bouillons fort agréables au goût. On peut, comme le propose M. *Braconnot*, lui donner celui du bouillon de viande en employant du sel composé de deux parties de muriate de soude (ou sel ordinaire) et d'une partie de potasse. Cela ne peut offrir aucun inconvénient, puisque ce dernier sel se trouve dans les bouillons de viande : la seule différence qui existe encore est l'absence de l'arome connu sous le nom d'*osmazome*. Cette différence n'est d'aucune importance sous le rapport nutritif ni sous le rapport sanitaire : un palais délicat peut seul l'apprécier. L'osmazome est très volatil et se dégage à 60 ou 70 degrés de température (1). Cet arome doit se trouver rarement dans les soupes.

des substances azotées pour réparer la déperdition continue qu'éprouve chacun de ses organes.

Enfin un ouvrier de la Monnaie, désirant augmenter ses économies, a pris le parti de ne plus manger de viande : il prend chaque jour deux rations ; l'une fait ses repas de la journée et l'autre celui du soir. Il a vécu ainsi depuis le 11 février jusqu'au 19 avril : sa santé n'a éprouvé aucune altération et il a même engraissé. Ce fait vient à l'appui des observations consignées plus haut. C'est de ce même ouvrier qu'il est question, *exemple* 1er.

(1) Les bonnes cuisinières ont le soin de ne jamais laisser trop bouillir le pot.

dés établissemens publics, dans celles des colléges, même dans celles des ménages, quand elles sont faites sans soin ou en trop grande quantité : il n'existe pas dans la chair du veau, dans celle du cochon et des volailles, qui sont cependant fort nourrissantes.

On peut remplacer les légumes verts, quelquefois fort rares, par l'emploi de leurs graines : il me serait difficile de pouvoir en déterminer les proportions, elles doivent être subordonnées au goût des consommateurs. Une très petite quantité de graine est suffisante ; le meilleur moyen de les employer est de les renfermer dans une boîte d'étain percée de beaucoup de petits trous, ou même dans un sac de crin, que l'on a la faculté de retirer lorsque le liquide paraît suffisamment aromatisé. Je me suis aperçu que leur usage était peu convenable pour la soupe, mais fort utile pour les ragoûts de légumes. On peut substituer aux graines une préparation connue sous le nom de *racines potagères*, etc. La qualité des alimens compense le supplément de dépense (1).

L'emploi de la gélatine obtenue par la vapeur doit présenter d'énormes avantages pour les hôpitaux, les pensionnats, etc. (2), qui, obligés de consom-

_____

(1) Ces préparations faites par M. *Duvergier* se vendent rue Sainte-Appoline. (Voir à ce sujet le Rapport fait à la Société d'Encouragement, *Bulletin* année 1822, p. 227.)

(2) Il serait bon, dans les hôpitaux, de charger le pharmacien du soin de vérifier, chaque jour, le titré du bouillon. La condensation étant subordonnée au degré de la température

mer une certaine quantité de viande, trouvent
ainsi le moyen d'utiliser des os qui étaient entièrement perdus ou vendus à vil prix. Un kilogramme d'os fournit une quantité de gélatine égale
à celle que fourniraient 7 kilogrammes et demi de
viande (1). Le kilogramme d'os doit donner en
outre 100 grammes de graisse environ. Il est donc
facile de réaliser de fortes économies ou d'améliorer le régime alimentaire en remplaçant les viandes bouillies par des viandes rôties et d'animaliser
davantage les ragoûts.

Un récipient où cylindre ayant un mètre carré
de surface produira par heure au moins un kilogramme de dissolution de gélatine, se prenant en
gelée, et suffisant pour préparer le bouillon ou
pour animaliser dix rations de soupe. En employant quatre récipiens , ou aurait quarante
bouillons par heure ou neuf cent soixante bouil-

---

de l'air environnant et au plus ou moins de pression de la vapeur produite par la chaudière, la quantité de matières animales renfermées dans les bouillons devra être subordonnée
à ces diverses circonstances. Une simple évaporation suffit
pour l'apprécier exactement. Si l'on ne prenait pas cette sage
précaution, il pourrait arriver qu'à dosage égal on donnât deux
et trois prises de bouillon à la fois à un malade. Dans les établissemens qui ne renferment que des gens valides, cette précaution devient inutile.

(1) 7 kilogrammes et demi de viande donneraient trente
bouillons : des expériences positives prouvent qu'un kilogramme d'os en donnerait autant, et ce résultat est connu depuis
près d'un siècle et demi, puisque *Papin* avait retiré 15 livres
de gelée d'une livre de râpure d'ivoire, 2ᵉ section, page 19.

lons par jour, ce qui sera plus que suffisant pour
un hôpital ordinaire. La consommation ne sera
que de 32 kilog. d'os par vingt-quatre heures : ces
os donneront une quantité de graisse assez considérable pour pouvoir fournir aux besoins de l'é-
tablissement. On peut établir ainsi qu'il suit le
compte du travail de vingt-quatre heures.

32 kilogrammes d'os au prix auquel les hôpitaux
de Paris les vendent. . . . . 2 f. 87 c.
16 kilog. de houille. . . . . : . . » 80
Deux journées d'ouvrier. . . . . 4 »
Intérêt à 10 p. o/o de la val. de l'appareil. » 28
————————————————
Total. . . . . 7 f. 95 c.

Chaque ration de bouillon ne coûtera donc que
83 centièmes de centime (1).

_____

(1) Le prix du demi-litre de bouillon non aromatisé, étant
de 83 centièmes de centime, le kilogramme de gelée qui a servi
à en animaliser dix coûtera 8 centimes ou 6 liards environ.

L'exactitude de ce calcul se trouve en rapport avec les expériences faites par *Papin*. Voici comment il s'exprime,
page 114 :

« Or, dans Paris, où quelques traiteurs tiennent toujours
« de la gelée prête pour ceux qui en veulent acheter, on la
« vend communément 20 sous la livre; mais dans Londres, où
« l'on n'en fait que quand on la demande, les apothicaires la
« vendent 2 schellings : ce serait donc rendre un bon service
« au public, si quelqu'un entreprenait de fournir la gelée à 4
« sous la livre; cependant un homme pourrait à ce prix-là faire,
« par jour, pour environ 20 livres tournois de gelée avec une
« telle machine.

« Le feu ne coûterait pas 6 sous et on aurait aussi les os et

Les ateliers de la marine, les établissemens qui en dépendent peuvent y trouver des avantages analogues; ils seront encore plus sensibles à bord des bâtimens de guerre et de commerce. La cuisine pourra être rétrécie, des chaudières placées sur le pont fourniraient la vapeur; des marmites chauffées à la vapeur serviraient à préparer les alimens : dans un des points les moins utiles de l'entrepont, ou pourrait disposer six cylindres, dans quatre desquels on ferait la gélatine : ce local servirait de chauffoir pour les matelots, et cette ressource serait inappréciable à la suite des gros temps ou d'un quart froid ou humide (1); avec le cinquième et le sixième cylindre, considérés comme objets de rechange, on pourrait blanchir à la vapeur le linge

---

« un peu de corne de cerf à bon marché, n'étant pas néces-
« saire de les râper; il ne faut pas non plus beaucoup de sucre
« pour la gelée; mais supposons que la dépense monte à 8
« livres tournois par jour, il restera toujours 4 écus de pro-
« fit pour le maître de la machine, et ainsi, en 4 jours de temps,
« il pourra être remboursé de la dépense de l'achat; et un
« homme seul pourrait faire travailler cinq ou six machines à
« la fois, et les employer pour divers usages, dont quelques-
« uns seraient peut-être de plus grand profit que de faire de la
« gelée. Il ne faut donc point douter que ceux qui auront les
« avances nécessaires pour travailler à bon escient à ces sortes
« de choses y pourront faire parfaitement leurs affaires, et en
« même temps rendre service au public ».

(1) Cette disposition serait doublement avantageuse aux bâtimens qui vont à la pêche de la morue. Le chauffoir paraîtrait
d'autant plus utile que le climat en ferait mieux apprécier la
commodité, et les grandes arêtes et les têtes de morues qui sont

de l'équipage. Deux autres cylindres ou récipiens, de forme élégante, placés l'un dans la chambre du commandant, l'autre dans celle des officiers, serviraient de calorifères, et l'eau condensée, devenue potable par sa distillation, offrirait une ressource utile à l'équipage. Tout l'appareil, ayant des jonctions mobiles, pourrait être démonté pendant l'été et être placé où l'on voudrait. Un kilogramme de charbon doit volatiliser au moins 5 kilogrammes d'eau ; en considérant la dissolution de gélatine et l'eau distillée sous le même rapport, puisqu'elles remplacent l'eau mise dans le bouillon et l'eau potable, on doit en conclure que le charbon embarqué serait bien plutôt un allégement qu'une surcharge pour le bâtiment. Il en serait de même des os, puisqu'à poids égal ils renferment sept fois et demie plus de bouillon que la viande. M. *D'Arcet* (1) indique comme un moyen de conservation pour un temps indéfini un procédé qui consiste à tremper les os dans une dissolution de gélatine concentrée ; une enveloppe de

jetées à la mer pourraient, étant placées dans les cylindres être transformées en colle de poisson ou être employées à la nourriture de l'équipage.

Les arêtes de poisson fournissent une grande quantité de gélatine ; mais il est important de ne les employer que lorsqu'elles sont très fraîches, la moindre fermentation suffit pour donner à la gélatine une odeur infecte.

(1) D'après le procédé pour la conservation des viandes, qui a servi de base à la patente prise, en 1808, par M. *Plowden*.

gélatine en couvre toutes les parties et les met à l'abri du contact de l'air. On peut également les conserver dans de l'eau contenant le quart de son poids de sel commun (hydrochlorate de soude). J'ai employé ce moyen, et bien qu'au bout d'un mois il se soit manifesté une odeur assez forte (pour des gens habitués à ne manger que de la viande fraîche), cette odeur se volatilisait dans l'ébullition, et la dissolution de gélatine n'en conservait pas la moindre trace. Cette odeur est due à la saumure, et si on a la précaution de laver les os avant de les mettre dans le cylindre, l'odeur disparaît en partie (1).

L'adoption de ce procédé à bord des bâtimens permettrait de diminuer l'étendue des cuisines. L'appareil que j'ai construit à la Monnaie royale des médailles, et qui renferme deux chaudières à

---

(1) Lorsque je renouvelai cette expérience devant MM. les Membres du Comité des arts économiques, la gélatine sortie des cylindres conservait une odeur presque aussi désagréable que celle des os. Étonné de ce résultat, je dus en rechercher la cause, et je crus devoir l'attribuer à ce que le cylindre venant d'être chargé, la dissolution n'avait sans doute pas eu le temps de bouillir suffisamment, et à ce qu'elle devait être en partie composée de la saumure qui restait à la surface des os. J'en mis en présence de ces Messieurs une certaine quantité dans une casserole, et dès qu'elle eut bouilli à l'air libre, l'odeur diminua d'une manière si sensible qu'il n'y eut plus à douter du résultat. Le bouillon du lendemain fait avec cette gélatine, n'avait aucune odeur de pourri ni aucun goût désagréable. (Voyez la note au bas de la page 21.)

vapeur et accessoires, divers cylindres de forme et de dimension variées, peut suffire à la nourriture de cent vingt personnes (1). Il est établi dans une armoire ayant 160 décimètres carrés, ou 15 pieds 18 pouces carrés de surface. L'emplacement occupé par les chaudières et les marmites n'a que 73 décimètres carrés, ou 7 pieds carrés ; cette partie de l'appareil doit seule être placée sur le pont, puisqu'on peut mettre indifféremment les cylindres dans l'endroit du bâtiment qui paraîtra le moins utile.

Une augmentation d'un cinquième dans le diamètre des marmites et dans les dimensions des chaudières à vapeur rendrait cet appareil suffisant pour une corvette ou brick dont l'équipage serait de cent soixante-douze hommes. Si une prévoyance sage et éclairée engage à établir deux appareils semblables sur deux points différens, ils n'occuperont ensemble qu'un mètre 78 décimètres carrés, ou 16 pieds 11 pouces carrés ; ces deux appareils, fonctionnant à la fois, pourraient au besoin fournir trois cent quarante-quatre rations.

En augmentant de 15 centimètres ou 6 pouces le diamètre des marmites et les dimensions des chaudières, les deux cuisines, placées comme ci-dessus, pourraient fournir séparément deux cent soixante rations, et ensemble cinq cent vingt rations. Ces deux cuisines n'occuperaient ensemble

_____

(1) En fixant les rations à un demi-litre.

qu'une surface de 1 mètre 84 décimètres carrés,
ou 17 pieds 1 pouce carrés ; elles suffiraient à
l'équipage d'une frégate ordinaire.

Une suite de calculs du même genre prouve que,
pour une frégate de 60 canons, les deux cuisines
n'occuperont qu'un espace de 2ᵐ, 99 carrés, ou
28 pieds un demi-pouce carrés : elles pourront
fournir séparément cinq cent vingt rations et ensemble mille quarante.

Trois cuisines, ou deux cuisines à trois chaudières, de capacités égales à celles de la frégate de
60 canons, n'occuperont, à bord d'un vaisseau de
74, que 4ᵐ, 48 carrés, ou une toise 6 pieds carrés, et donneront un nombre de rations, qui de
cinq cent vingt peut aller jusqu'à mille cinq cent
soixante.

Quatre cuisines séparées, ou plutôt deux cuisines, à quatre chaudières chacune (comme ci-dessus), peuvent, à bord d'un vaisseau de 120, fournir jusqu'à deux mille quatre-vingts rations ; la
surface qu'elles occuperont sera de 5ᵐ, 98 carrés,
ou d'une toise 20 pieds carrés.

J'ai cru prudent de multiplier le nombre des
foyers et des chaudières à vapeur, quoiqu'un seul
foyer puisse chauffer les chaudières voisines, qui
se trouvent à volonté toutes liées ensemble et ne
faisant qu'un seul corps, ou formant chacune un
appareil séparé. (Voyez la description des plans de
l'appareil.)

J'aurais pu augmenter successivement les dimensions des divers appareils, comme je l'ai fait

pour les bâtimens d'ordre inférieur, et éviter ainsi
de trop les multiplier. Je me suis arrêté à la frégate
de 60 canons, parce qu'une marmite plus grande
aurait pu devenir embarrassante : elle eût occupé
plus de volume et il eût été impossible de la faire
en fer-blanc. Du reste la multiplicité des appareils
multiplie également les ressources et donne la facilité de préparer en même temps des alimens de
différens genres. Cette considération ne sera pas
dédaignée, si l'on tient compte de l'avantage qu'il
y a à préparer séparément certains légumes, qui,
quoique fort bons seuls, perdent leur qualité par
un mélange que la nécessité oblige de faire quelquefois.

Ces appareils donnent la facilité de précipiter ou
de ralentir la cuisson des alimens. Si l'on met les légumes à sec dans la marmite, on peut les faire cuire
dans trente à trente-cinq minutes, à la vapeur; en y
ajoutant ensuite la gélatine, on peut manger la soupe
ou le ragoût dès que la température est arrivée à
soixante-dix degrés, c'est-à-dire une heure après le
commencement de l'opération. Si l'on fait marcher
la marmite au bain-marie, la cuisson exige un peu
moins que le temps ordinaire. Si l'on veut au contraire manger d'excellens potages, comparables aux
meilleures préparations de ce genre, on mettra dans
la marmite 100 grammes de viande fraîche (bœuf)
pour un litre de gélatine, et on les fera bouillir avec
un bain d'air échauffé (1); la gélatine prendra tout

(1) Dans ce cas l'ébullition sera moins vive.

2.

l'osmazome ou arome de la viande, que la température peu élevée et la fermeture de l'appareil
empêcheront de se volatiliser. Ces potages ne seront
parfaits qu'au bout de dix à douze heures de cuisson. Il est inutile enfin de parler des avantages
qu'offriront des vases clos et avec pression dans
les roulis du bâtiment. On verra aussi, dans la
description du fourneau, que j'ai ménagé le moyen
de faire marcher l'appareil avec la vapeur produite
par une chaudière employée pour une machine
ou un chauffage à la vapeur. On sentira que cette
précaution ne sera pas sans utilité à bord d'un bâtiment à vapeur, et que, dans le cas d'accident
survenu à la chaudière principale, celle du fourneau n'en est pas moins indépendante.

On peut considérer l'usage de cet appareil
comme une précieuse ressource dans certains cas
malheureusement trop fréquens, lorsque la santé
et même la vie de l'équipage sont compromises soit
par l'usage exclusif des viandes salées, soit par le
manque absolu d'eau potable, ou de vivres viande.

Dans le premier cas, cet appareil permettra non
seulement de diminuer la consommation des viandes salées, puisque les os de la veille deviennent
un aliment pour le lendemain, mais encore il donnera la facilité de varier la nourriture de l'équipage.
La salaison peut altérer la qualité de la viande, ra-
cornir la fibrine qu'elle contient, changer les proportions de ses principes constituans; mais son
effet doit être infiniment moindre sur les os. La
cohésion de leurs molécules ne peut lui permettre

d'agir à une grande profondeur, et l'on est donc porté à croire que la gélatine extraite des os de la viande salée est la même sous tous les rapports que celle qui est fournie par ceux de la viande fraîche (1).

On pourra ainsi, tout en utilisant les os de la veille, varier en même temps la nature des alimens de l'équipage et ne lui donner que tous les deux jours de la viande salée : il y aura probablement moins d'affections scorbutiques, et les malades pourront trouver à bord les alimens nécessaires à leur état.

Le manque absolu d'eau sera (à provisions égales) bien plus rare, puisque la dissolution de gélatine, faite avec de l'eau de mer distillée, diminuera la consommation. Si cependant, par un accident quelconque, l'eau venait à manquer ou à n'être plus potable, on peut employer les cylindres comme les condenseurs d'une distillerie, et leur produit en eau distillée deviendra plus grand que celui des rations de bouillon, parce qu'une température aussi élevée n'étant plus nécessaire, on

---

(1) Des os qui, depuis un mois, étaient dans de la saumure, ont fourni à la Monnaie des médailles de la gélatine semblable à celle de la viande fraîche *. Lorsque je fis cette expérience, j'ignorais celle qu'avait faite *Papin*; je crois devoir la citer.

« *Expérience VII.* Comme cette machine semble devoir être désormais un meuble nécessaire sur les vaisseaux, où l'on a avec « la viande la quantité d'os salés qu'on jette d'ordinaire, et dont « on pourrait, au lieu de cela, tirer de bonne gelée fraîche, qui

* Voir la note, page 16.

pourra activer la condensation de la vapeur. La marmite pour la soupe peut être en même temps employée à la cuisson des viandes.

Des retards dans la marche d'un navire peuvent rendre insuffisante la provision de vivres (viande) et le forcer de gagner l'attérage le plus prochain. Il est possible qu'il trouve dans ce lieu des ressources, non pour arriver à sa destination, mais suffisantes pour gagner une relâche plus commode. L'usage de l'appareil doit doubler ces provisions, puisque les os de cette même viande pourront devenir un aliment. Ils sont à la viande sur pied dans

---

« serait une nourriture beaucoup plus saine que la viande même, « j'ai voulu m'en assurer par expérience. Je mis donc un jour « dans un grande terrine une bonne quantité d'os, que je cou- « vris tous de sel, et après les avoir ainsi gardés l'espace de « quinze jours, en sorte qu'ils devaient être autant salés que « des os le sauraient être, je les mis à dessaler dans de l'eau de » mer, de même qu'on dessale la viande sur les vaisseaux, et « les ayant ensuite mis à bouillir dans la nouvelle machine, « avec le double de leur poids d'eau douce, je poussai le feu « jusqu'à faire évaporer la goutte d'eau en quatre secondes *, et « je trouvai qu'il se fit de forte gelée bonne et fraîche : je réi- « térai ensuite l'opération avec les mêmes os et de nouvelle « eau, et j'eus encore de fort bonne gelée, de même que si les « os n'eussent jamais été salés ; de sorte qu'il n'y a point à « douter que, par le moyen de cette machine, on pourra avoir, « sur les vaisseaux, une nourriture dont la matière ne coûtera « rien et qui sera pourtant meilleure et plus saine que la viande, « qui coûte cher, et cette matière ne causera même aucun em-

* La température devait être fort élevée, puisque *Papin* dit, en rendant compte d'une autre expérience, *Je fis exhaler la goutte en trois secondes et dix pressions.* Voir à ce sujet la note (1), page 230, T. X.

le rapport d'un à cinq pour le poids, et de sept et demi à un pour la nutrition. Des vivres qui auraient suffi pour quinze jours peuvent donc, après leur consommation, fournir une nourriture saine pendant vingt-huit jours. Le navire pourra, dans cette hypothèse, tenir la mer quarante-trois jours au lieu de quinze.

Le désir d'être utile a pu seul m'engager à sortir des bornes qui m'étaient naturellement tracées : entièrement étranger au corps de la marine, je n'ai voulu qu'indiquer les applications que je prévoyais possibles. Je serais amplement récompensé de mon zèle, si les réflexions que je me permets de hasarder pouvaient un instant fixer l'attention d'un corps qui mérite et justifie la haute réputation qu'il a acquise dans le monde savant; je réclame donc toute son indulgence.

« barras, puisqu'on la porte toujours; car, en salant la viande, « on y laisse les os, quoiqu'ils ne soient d'aucun usage ». (Section Ire, page 21.)

Le même auteur dit, page 63 :

« Toutes ces expériences me font croire que si l'on veut con-« server des os, des cartilages, des tendons, des pieds et au-« tres parties d'animaux, qui sont assez solides pour se conser-« ver sans sel, et dont on perd, tous les ans, dans Londres, « plus qu'il n'en faudrait pour fournir tous les vaisseaux que « l'Angleterre a en mer, on pourrait avoir toujours sur les vais-« seaux des alimens plus sains et bien meilleurs et à meilleur « marché quel'on n'en a d'ordinaire : je dis même que ces sortes « d'alimens seraient moins embarrassans, parce qu'ils contien-« nent bien plus de nourriture, à proportion de leur poids ».

J'ai lieu d'espérer que ces renseignemens ne seront pas inutiles pour les autres applications auxquelles peuvent donner lieu les avantages qu'offre
ce procédé.

L'emploi de la gélatine peut également améliorer les alimens des troupes de terre. L'application
de ce procédé pour les compagnies sédentaires ne
doit offrir aucune difficulté. Quant aux troupes de
ligne, on peut les faire jouir de ces avantages en
plaçant dans la chambre de l'armurier et sous sa
responsabilité la chaudière à vapeur; dans une des
salles du rez-de-chaussée seraient placés les cylindres, et au moyen d'une distribution journalière,
leur produit serait réparti dans les compagnies et
dans les escouades. Combustible compris, le demi-
litre de dissolution de gélatine ne doit coûter que
83 centièmes de centime, et il représente un
quart de kilog. de viande. On pourrait donc diminuer la quantité de celle que l'on emploie, ou
la remplacer par du rôti, des légumes à la gélatine,
du vin, etc. Tous ces détails sont subordonnés à
la localité et à la prudence du chef du corps : la
chaudière à vapeur et les cylindres seraient portés sur les états de casernement comme les autres
meubles, etc.

Ce nouveau genre de préparation donne aux
curés des paroisses, aux bureaux de charité, etc.,
le moyen de multiplier les bienfaits et les secours
qu'ils prodiguent aux indigens, et il est d'autant
plus précieux pour eux que les ressources se trouvent rarement en proportion avec les besoins.

Mais si leur charité les porte à accueillir favorablement cette heureuse innovation, il est possible que le prix de l'appareil et son entretien soient un sujet de réflexions pour leur prévoyance éclairée. Je ne puis résoudre les diverses objections que le caractère des personnes, la différence des lieux, des ressources, des•besoins, etc., peuvent faire naître et modifier. Je dirai seulement que les frais de construction d'appareil sont loin d'être en raison de ses produits. Un appareil de deux mille rations d'un demi-litre de dissolution de gélatine coûterait de 1,200 à 1,500 fr. au plus (1); ne pourrait-on pas s'entendre, s'associer en quelque sorte, établir l'appareil dans un point central, répartir ses produits sur des points de distribution où la gélatine, versée dans des chaudières ordinaires et mêlée avec des légumes, servirait à faire des soupes ou des ragoûts? La gélatine qui ne serait pas consommée pourrait être vendue aux aubergistes qui nourrissent les ouvriers. Ce serait un moyen indirect d'être utile à cette classe en leur procurant des alimens aussi sains et à un prix bien

_____

(1) Dans ce prix n'est pas compris celui des chaudières pour la cuisson des alimens. Il est bon de faire observer que l'augmentation du volume de l'appareil doit augmenter fort peu son prix, puisque les pièces d'ajustage, telles que les régulateur, soupapes, niveau d'eau, robinets, etc., sont à peu près les mêmes dans tous les cas. Dans le doute, j'ai mieux aimé forcer l'évaluation des prix que d'induire involontairement en erreur les personnes qui seraient à même de faire établir des appareils.

inférieur. Dans l'hypothèse où un aubergiste adop-
terait cette nouvelle méthode, il pourrait, moyennant 11 fr. 50 c., donner d'excellentes soupes à
soixante personnes et gagner 100 pour 100. Voici
le détail des prix.

Combustible........................	» f.	50 c.
15 litres d'eau....................		5
15 litres de gélatine.............	1	50
6 livres de viande, à 50 c........	3	»
Légumes divers..............		50
Sel, poivre, etc..............		25
Main-d'œuvre, etc. et gain de l'au-bergiste..........................	5	70
Total pour soixante personnes....	11 f.	50 c.

Chaque homme aurait eu un demi-litre de bouillon, des légumes et près d'un demi-quart de livre de
viande. Le prix de la portion serait de 19 cent.
1 dixième, ou près de 4 sous. C'est une quantité
égale à celle que les ouvriers achètent sous le nom
d'ordinaire et qui leur coûte 30 ou 35 centimes,
de 6 à 7 sous (1).

Un quart de litre ou portion de ragoût de légumes se vend chez les aubergistes 20 c. ou 4 sous; le
prix se pourrait réduire à moins de 9 c., d'après les

_____

(1) Il est bon de remarquer que les rations de la Monnaie
sont d'un demi-litre et que celles des aubergistes sont plus petites, et qu'ils ne donnent en général que des ragoûts de choux,
de haricots et de pommes de terre, légumes à fort bon marché.

prix ci-dessous calculés, pour soixante personnes :

7 litres et demi de gélatine......	75 c.
Un demi-boisseau de pommes de terre................................	25
2 litres et demi de haricots.....	50
Assaisonnement...................	15
Ognons.	10
Graisse..........................	40
Combustible......................	50
Main-d'œuvre et gain de l'aubergiste............................	2 f. 65
Total pour soixante personnes..	**5 f. 30 c.**

On peut extraire de la gélatine de toute espèce d'os : son prix dépendra du plus ou du moins de recherche apporté dans le choix des matières premières. Dans beaucoup de cas, la quantité de graisse obtenue sera plus que suffisante pour payer les frais, si même dans les os les plus communs on a le soin de réserver ce qui peut être propre à d'autres usages, et de n'employer que les parties les plus riches en graisse, telles que les jointures, vertèbres, etc. Cette gélatine, qui ne coûtera effectivement rien, peut être utilement employée à animaliser les grains et les farines destinés à l'engrais des animaux qui recherchent les substances animales et les digèrent fort bien. Ne pourrait-on pas aussi animaliser du son, des farines d'orge, d'avoine, de maïs, de sarrasin, etc., en calculant les doses de manière à les rendre semblables aux meilleures farines de froment, par l'addition d'un *gluten* artificiel? Ces farines pourraient être employées à l'engrais des bestiaux de toute espèce, et si l'expérience prouvait que ce mode d'engrais est praticable et avantageux, on pourrait employer les squelettes du cheval, du chien, du bœuf et du mouton à l'engrais de la viande de boucherie : ce serait, il faut en convenir, une nouvelle et singulière métempsycose des corps.

La gélatine peut avoir de nombreuses applications dans les arts : elle peut remplacer la corne de cerf, la colle de poisson, etc. *Papin* avait remarqué qu'elle pouvait donner beaucoup de consistance au feutre et améliorer la fabrication des chapeaux (1). Il l'avait également employée à la conservation des fruits (2); il avait réussi sur quelques espèces, et sur d'autres le résultat de ses expériences avait été moins positif. Dans tous les cas, la gélatine avait pris le parfum des fruits avec lesquels elle avait été en contact, et était devenue fort agréable au goût. Cet habile physicien avait même essayé de conserver ainsi des fleurs (3). La couleur des roses et des œillets fut, au bout de huit mois, légèrement altérée, et leur parfum avait aromatisé la gelée qui les enveloppait. La couleur du hyacinthe bleu n'avait éprouvé aucune altération. « *Je crois*, dit-il à la fin du détail de ses ex-

(1) Page 119
(2) Page 37 et suivantes.
(3) Page 62.

« périences, *que cette manière de conserver les fruits*
« *vaut mieux que toutes celles qui sont en usage*,
« *tant pour le bon marché que pour conserver le*
« *goût du fruit* (1) .»

Il est à désirer que ces expériences soient répétées et appliquées principalement à la conservation de quelques légumes verts, que l'on ne se
procure que dans certaines saisons. Il est probable que les résultats seraient satisfaisans, et que
les légumes conservés, étant ainsi parfaitement ani-
malisés, seraient plus agréables au goût et d'une
digestion plus facile.

On peut aujourd'hui dire avec vérité que *Papin*
fut aussi utile à l'humanité que profond dans les
sciences. Ce sera un nouveau titre à joindre à
l'hommage qu'un savant illustre (2) vient de rendre à son génie. La postérité vengera ainsi sa mémoire de l'oubli dans lequel elle avait été plongée
pendant si long-temps. Cet homme étonnant pour
son siècle semblait en avoir le pressentiment lorsqu'il écrivait ces lignes (3) : « *Les gens ne sont pas*
« *si prompts à donner dans les nouveautés : chacun*
« *se tient sur ses gardes, et on est bien aise de voir*
« *les autres sonder le gué. Cet écrit nous en fournit*
« *une bonne preuve ; car il confirme assez claire-*
« *ment que le digesteur est une invention utile fon-*

(1) Page 67.
(2) M. *Arago*, membre de l'Académie des Sciences.
(3) Préface de la seconde partie de la continuation, etc.

« dée sur de bons principes et appuyée par l'expé-
« rience ; cependant, depuis cinq ans que j'ai
« publié cette découverte, il n'y a que peu de per-
« sonnes qui se soient mises à en faire usage. On
« sait même que quand l'invention des moulins à
« vent et à eau était nouvelle, Pline, quoiqu'il fût
« un des plus habiles gens de ce temps-là, ne trai-
« tait ces machines que de simple curiosité ; il n'y
« a eu que le temps qui ait bien fait voir combien
« elles étaient avantageuses ».

Il faut espérer que nos efforts ne seront pas aujourd'hui infructueux : les circonstances ne sont
pas les mêmes. L'instruction, généralement répandue, ne permet pas de douter que ce procédé n'ait
de nombreuses applications. (*La suite au Numéro
prochain.*)

*Instruction théorique et pratique sur les brevets
d'invention, de perfectionnement et d'importation, rédigée par le chef du bureau des manufactures, au ministère du commerce* (suite) (1).

CHAPITRE DOUZIÈME.

Taxe des Brevets.

Quoique j'aie indiqué dans la 2e section du
septième chapitre, dans les 3e et 4e sections du

(1) Cette instruction se trouve à notre bureau, rue Godot-
de-Mauroy, n° 2, et chez MM. *Bachelier*, libraire, quai des
Augustins n° 55; *Pihan Delaforest*, rue des Bons Enfans, n° 34;

huitième, et dans la 1re section du onzième, les principaux droits à payer pour les brevets, et ceux qui s'y rattachent accessoirement, il ne peut qu'être utile de les rassembler ici; on les connaîtra mieux, et il sera plus facile de consulter, au besoin, cette partie d'une instruction qui doit en offrir la réunion complète. Toutefois, avant de présenter de nouveau, en un seul corps, la taxe avec ses accessoires et ses détails, j'expliquerai sommairement les motifs qui l'ont fait établir, et je terminerai ce chapitre par quelques renseignemens sur l'emploi et la comptabilité des fonds provenant de la délivrance des brevets.

SECTION Ire.

Motifs de l'établissement de la taxe.

Plusieurs personnes s'imaginent que l'établissement de la taxe des brevets est purement fiscal; que l'administration vend les droits qui sont attachés à ces titres qu'elle aurait ainsi intérêt à multiplier, etc.; c'est une grande erreur. Les fonds

---

Pelicier, place du Palais-Royal, n° 243; *Treuttel et Wurtz*, rue de Bourbon, n° 17. Dans notre dernier numéro, nous avons oublié de fournir ces indications. Une autre omission a eu lieu dans le numéro précédent: aux membres que nous avons désignés comme formant la commission de révision des lois qui s'appliquent aux inventions industrielles, il faut ajouter M. de *St-Cricq-Casau* , membre du conseil-général des manufactures.

que versent les brevetés ne s'appliquent jamais
aux besoins de l'état, et la fiscalité était bien
étrangère aux motifs qui ont déterminé à établir
la taxe.

Quels ont été ces motifs?

Il y en a eu deux principaux, fondés tous deux
sur la garantie que le législateur devait exiger des
demandeurs de brevets, en échange de celle qu'il
a accordée à la propriété de leurs découvertes ou
importations industrielles.

Le premier a été de mettre le demandeur de
brevet dans la nécessité de donner une connaissance exacte de l'objet pour lequel il forme sa demande. En la dissimulant, ou en la donnant d'une
manière soit inexacte, soit incomplète, il se soumet
à la déchéance de son titre, et par conséquent à
la perte de ses fonds. (*Voir sections 1*re *et 2*e *du treizième chapitre.*)

Son intérêt est donc de ne rien cacher, et cet
intérêt tourne à l'avantage de l'industrie, qui, aussitôt que vient à cesser la jouissance exclusive des
procédés et moyens brevetés, s'en empare facilement, et avec la certitude du succès.

On serait fréquemment privé d'un avantage aussi
important, s'il n'y avait pas de taxe, parce que
beaucoup d'inventeurs céleraient une partie de
leurs inventions. L'expérience aujourd'hui acquise
n'en laisse aucun doute; un assez grand nombre
d'anciens brevetés, surtout dans les découvertes se
rapportant aux arts chimiques, n'avaient pas tout
dit, malgré le paiement des droits; c'est qu'ils ne

connaissaient pas bien la peine attachée à leur dissimulation ou à leurs réticences. Il y en a moins actuellement que cette peine est mieux connue, et tout porte à croire qu'il n'y en aura plus lorsque la connaissance en sera répandue généralement.

La taxe a été créée par un second motif dont le double but est d'exclure des bénéfices de la loi des brevets les prétendues découvertes qui ne sont que futiles ou insignifiantes, et de l'assurer aux inventions véritables, qui, ayant plus ou moins de mérite, sont destinées à accroître le domaine de l'industrie nationale, à l'expiration de la jouissance privative accordée à ceux à qui elles sont dues. On verrait abonder en foule les auteurs des premières, s'ils n'avaient rien à payer. Eh! quel en serait le profit pour les arts et les manufactures! Avec le système de la taxe, il n'y a que les créateurs des secondes qui déposent volontairement, et par avance, des gages de l'utilité de leurs conceptions. Par là, la société a l'assurance que, sauf les cas où ils se sont fait illusion, elle retirera un jour des procédés et moyens dont ils ne retiennent temporairement l'exploitation que par un sacrifice pécuniaire plus ou moins considérable, les mêmes bénéfices qu'ils en attendent d'abord pour eux.

A ces deux motifs principaux de la création de la taxe, il faut en ajouter un troisième qui n'est pas aussi important. Des dépenses sont nécessaires pour la délivrance des brevets, et pour en garantir la jouissance. L'expédition en est confiée à des agens, que le gouvernement doit salarier : à l'expiration de la durée des titres, la publication qui en est faite par la voie de l'impression et de la gravure, est plus ou moins coûteuse. D'un autre côté, les tribunaux prêtent leur appui aux brevetés, et les couvrent de la protection des lois lorsque l'intégrité de leurs droits est blessée par des contrefacteurs. Il était juste que l'état ne rendît pas gratuitement tant de services, et qu'il fût indemnisé de tous ces frais. C'est par ces considérations que l'article 10 du titre 1er de la loi du 25 mai 1791, porte que la dépense de l'institution et de la délivrance des brevets ne doit pas être à la charge du trésor, et qu'elle est prise uniquement sur les produits de la taxe.

SECTION IIe.

Quotité de la taxe et montant d'autres droits accessoires.

Suivant le tarif qui accompagne la loi que je viens de citer, et d'après ce qui a été dit antérieurement, la taxe et les droits accessoires qui s'y rapportent, sont réglés de la manière suivante :

Brevet de cinq ans. 300
Brevet de dix ans. 800
Brevet de quinze ans. 1500

Ces taxes peuvent être payées intégralement avant la demande; mais on a la faculté de n'en verser d'abord que la moitié, sauf à souscrire une soumission de solder l'autre moitié dans six mois.

Droit d'expédition d'un brevet, quelle qu'en soit la durée. . . .   50

Ce droit est toujours payable comptant, soit avec la taxe entière, soit avec la première partie de la taxe.

Brevet de perfectionnement et d'addition, qui est aussi dénommé *certificat* de perfectionnement, changement et addition   24

Droit de prolongation d'un brevet. .   600

Enregistrement au ministère du commerce, du brevet de prolongation.   12

Enregistrement au même ministère, d'une cession de brevet en totalité ou en partie.   18

Tous ces droits de taxe, et autres, ne peuvent être versés que dans les caisses des receveurs généraux.

Il y a un droit qui ne se perçoit pas fréquemment, et dont la perception est faite directement au Ministère du commerce.

Pour des secondes, troisièmes, etc., expéditions de brevets, quand elles sont requises par les titulaires, leurs héritiers, cessionnaires ou

3.

ayans-cause , et dans le cas où les
tribunaux en ordonnent la délivrance , il est payé par chaque
expédition 5o

(*Décision du 26 juin 1816, fondée sur le
droit exigible à la première expédition.*)

Il n'est rien dû pour les nouvelles expéditions
des brevets ou certificats de perfectionnement et
d'addition.

(*Décision du ministre, du 9 décembre 1826, fondée sur ce que la première expédition de ces titres additionnels n'est soumise à aucun droit ni
taxe.*)

Le paiement du droit de douze francs, compris
au tarif pour la recherche et la communication à
faire dans le dépôt général établi au ministère du
commerce, de la description d'un brevet et des
pièces qui y seraient jointes, n'a jamais été exigé.
(*Voir section IIe, chapitre septième.*)

Enfin trois espèces de droits sont payés aux secrétariats des préfectures.

1° Pour procès-verbal de dépôt de
pièces, soit qu'il s'agisse d'une demande de brevet de cinq, dix, ou
quinze ans, soit que le dépôt ne
concerne qu'un brevet ou *certificat* de perfectionnement et d'addition.   12

2° Pour procès-verbal et enregistrement d'une cession de brevet en
totalité ou en partie.   12

Ce droit est également dû pour la rétrocession qui serait faite par le cessionnaire au cédant, et pour le transport qui en serait opéré par le cessionnaire au profit d'une autre personne.

> 3° Pour la communication, dans les secrétariats de préfecture, du catalogue des inventions et droit de recherche. 3

Lorsque les demandes de brevets sont retirées, et il a été dit à la 1re section du chapitre neuvième qu'on pouvait y renoncer avant l'expédition des certificats, le ministre ordonne le remboursement de toutes les sommes versées, à l'exception de celles remises aux secrétariats des préfectures, qu'il n'y a jamais lieu de rendre.

Section IIIe.

Comptabilité et emploi de la taxe.

Les formes et le mode actuels de la comptabilité de la taxe des brevets, et de ceux des droits accessoires qui ne concernent pas les secrétaires généraux des préfectures, ont été réglés de concert entre les ministres de l'intérieur et des finances, et conformément à l'ordonnance du roi, du 14 septembre 1822, dont l'esprit et le but sont de centraliser au trésor royal les fonds provenant de quelques perceptions que ce puisse être. Voici la marche indiquée à cet égard dans une circulaire du 20 décembre de la même année, et dans des lettres des ministres des deux départemens.

A la fin de chaque mois, le ministre du commerce compte au trésor des légères perceptions qu'il a faites pour nouvelles expéditions de brevets.

Les receveurs généraux y comptent tous les dix jours des recouvremens des taxes entières, ou des premières parties de la taxe, ainsi que des droits d'expédition ; ils y comptent également, dix jours après l'échéance des soumissions relatives aux secondes parties de la taxe, du versement qui en a été fait dans leurs caisses.

Mais si le titulaire d'un brevet ne s'acquitte pas alors, le receveur général en donne avis au préfet, qui invite par écrit le débiteur à se libérer ; le préfet en informe en même temps le ministre, qui examine s'il y a lieu de provoquer la déchéance du titre, comme il est prescrit par l'article 4, titre 2, de la loi du 25 mai 1791, ou de prendre quelque autre mesure. Quelle que soit la décision, elle est communiquée au préfet, qui en fait part au receveur général.

Tous les produits de la taxe étant ainsi centralisés au trésor royal, le ministre du commerce en dispose sur simples mandats ; pour en connaître d'une manière exacte et journellement la quotité, il fait tenir des registres qui servent de contrôle à ceux du trésor duquel il reçoit, chaque trimestre, des états de situation dont l'examen rend les erreurs, sinon impossibles, au moins faciles à réparer. Ainsi, en ce qui concerne les recettes et les dépenses du produit de la taxe, le ministre des finances n'est, à proprement dire, que le banquier de celui du commerce, qui demeure seul comptable de l'emploi. C'est pourquoi la personne chargée de cette partie dans ce dernier ministère, est tenue de justifier à la cour des comptes de ce qu'elle touche et de ce qu'elle paie.

Les dépenses qui sont faites sur le fonds dont il s'agit se distribuent en deux parties, suivant les dispositions de l'art. 10, titre 1er de la loi du 25 mai 1791. La première consiste dans le paiement du traitement des employés qui préparent la délivrance des brevets, et des autres frais qu'en nécessite l'expédition; la seconde a pour but l'avantage des arts et manufactures qui en tirent divers encouragemens, suivant les circonstances, et qui y puisent habituellement, 1° l'instruction que répand la publication des titres dont la durée est expirée; 2° l'émulation qu'excitent entre les fabricans et les artistes les expositions périodiques, générales et solennelles des produits de l'industrie nationale, le paiement de la dépense à faire pour ces deux objets importans étant toujours imputé sur le fonds de la taxe.

CHAPITRE TREIZIÈME.

Déchéance des brevets.

La délivrance de tout brevet fait naître un contrat du genre de ceux que les légistes appellent *synallagmatique* ou *bilatéral*. Il y intervient effectivement deux parties ; c'est, d'une part, la personne qui, se déclarant auteur d'une découverte, d'un perfectionnement, ou d'une importation dans les arts industriels, en réclame là jouissance exclusive pendant un temps déterminé ; de l'autre part, c'est la société ou le public que le ministre du commerce représente, et dont il stipule les intérêts. Chaque partie contractante se lie par des obligations qu'elle est tenue de remplir. Ainsi, le ministre garantit aux brevetés qu'ils jouiront temporairement des droits privatifs attachés à leurs titres, et que, s'ils viennent à éprouver en leur jouissance des empêchemens ou des troubles, ils trouveront dans la protection des lois et dans celle des tribunaux les moyens d'y être réintégrés. En échange des garanties et de la protection que les brevetés reçoivent, ils se soumettent, de leur côté, à satisfaire aux conditions que le législateur leur a imposées dans l'intérêt du public. Ils se soumettent notamment à perdre tous leurs droits, et à en être déclarés déchus 1° si, lors de la demande de leurs titres, ils n'ont pas consigné dans le mémoire descriptif présenté à l'appui, leurs véritables moyens d'exécution; 2° si leur description ne contient pas le détail de tous les procédés qu'ils emploient, ou, s'ils n'y ont pas fait ajouter par des certificats d'addition et de perfectionnement, ceux qu'ils auraient particulièrement découverts; 3° s'ils se sont fait délivrer leurs brevets pour des découvertes déjà décrites dans des ouvrages imprimés et publiés, ou que la publicité qu'elles auraient acquise par d'autres voies, a placées dans le domaine général de l'industrie; 4° s'ils n'acquittent pas la totalité de la taxe; 5° si, dans l'espace de deux ans, à partir de l'expédition du certificat de leur demande, ils n'ont pas mis leurs procédés en activité, sans justifier des causes de leur inaction; 6° s'il est reconnu et déclaré par les tribunaux que les moyens brevetés à leur profit sont contraires aux lois du royaume, à la sûreté publique, ou aux règlemens de police; 7° si, après avoir pris un brevet en France, ils en prennent un pour le même objet en pays étranger. (*Voir l'art.* 16 *de la loi du* 7 *janvier* 1791, *et les art.* 4 *et* 9, *titre* 2, *de la loi du* 25 *mai suivant.*) De là, sept cas particuliers de déchéance.

SECTION Ire.

1er CAS. — Déchéance pour recel des véritables moyens d'exécution.

Il n'est pas à ma connaissance que des brevetés se soient mis jusqu'à présent dans le cas dont il

s'agit. Tous en général donnent en formant leur
demande, la déclaration des moyens qu'ils ont in-
ventés, perfectionnés ou importés. Si quelqu'un
dissimulait les siens, la dissimulation ne serait vraisemblablement reconnue et constatée que par les
tribunaux, lorsqu'ils auraient à prononcer dans les
poursuites en contrefaçon, et que les contrefacteurs opposeraient au poursuivant le recel de ses
vrais moyens. Cependant il ne sera pas inutile de
consigner ici le fait suivant.

Un brevet avait été demandé, et le demandeur
n'avait indiqué que le principe de sa découverte.
Le comité consultatif des arts et manufactures
pensa qu'il devait y joindre la description de ses
moyens et procédés ; il appuya son opinion sur ce
qu'aux termes de la loi, les brevets sont délivrés
pour des *principes*, *procédés* et *moyens*. Ce fut inu-
tilement qu'on réclama la pièce qui avait paru nécessaire au comité consultatif ; le demandeur de
brevet s'obstina à la refuser, en déclarant que son
intention formelle était de ne faire breveter qu'un
principe qu'il appliquait et mettait à exécution
par des moyens connus. Il fallut à la fin lui expédier son titre, à ses risques et périls.

En supposant qu'une contestation se fût élevée
sur ce brevet devant l'autorité judiciaire, j'estime
que la validité du titre aurait été maintenue, si le
titulaire avait prouvé que son principe seul était
nouveau. Tout porte à croire qu'une décision contraire aurait été rendue si le tribunal avait acquis
la preuve que les procédés étaient nouveaux éga-

lement; il y aurait eu lieu alors d'annuler le titre pour recel des moyens d'exécution.

Le motif de la déchéance, dans le cas qui m'occupe, se tire de ce que le breveté a rendu lui-même son titre nul en ne donnant rien à la société en compensation de ce qu'il recevait, tandis qu'il devait y avoir réciprocité d'échanges ; ce qui a imprimé, par son fait, un caractère de fraude au contrat qui s'était formé : ce caractère suffit seul pour que les tribunaux annulent le brevet, comme ils prononcent la rescision de tout acte frauduleux.

Section IIe.

2e cas. — Déchéance pour défaut d'indication de la totalité des procédés et moyens.

Le législateur a attaché la même peine à ce cas qu'au précédent, et par le même motif. Il y a eu aussi fraude de la part du breveté, s'il n'a fait connaître qu'une partie de ses moyens; le contrat ne renfermant pas tout ce qu'il était tenu d'y mettre, se trouve entaché d'un vice qui doit le faire annuler.

Si les personnes qui demandent des brevets d'invention, de perfectionnement ou d'importation, déclarent généralement, comme je l'ai déjà dit, la totalité des moyens et procédés qui sont à leur connaissance, elles ne font pas toujours la déclaration des changemens qu'elles y apportent postérieurement. Ce n'est, le plus souvent, que négligènce de leur part. Il faut dire cependant que, pour quelques-unes, c'est l'effet d'un calcul fondé sur l'ignorance de la législation des brevets. Convaincues par des expériences répétées après la délivrance du titre, que les moyens dont la description est déposée ne réussissent pas, ou ne réussissent qu'imparfaitement sans les améliorations qu'elles ont ensuite découvertes, elles se réservent ces améliorations; elles les cachent soigneusement, et en font un secret, pensant que ceux qui iront consulter leur description tenteraient en vain de les contrefaire, et que leur jouissance exclusive continuera même après l'expiration du brevet, la publication ne pouvant mettre complètement sur la voie de les imiter.

Il ne paraît pas que, jusqu'à présent, des déchéances aient été prononcées pour ce cas; mais il est facile de prévoir qu'il en sera prononcé à l'avenir.

Je ne saurais donc recommander avec trop d'instance aux possesseurs de brevets qui améliorent leurs procédés, d'en faire breveter additionnellement les améliorations. En négligeant ce soin, ils s'exposent à un double péril. D'abord, comme, en vertu de l'article 11 de la loi du 7 janvier 1791, *tout citoyen domicilié* a le droit, ainsi qu'il a été expliqué au chapitre septième, de prendre communication des plans et descriptions dont ils ont fait le dépôt, une personne qui découvrirait, en les parcourant, les moyens d'amélioration qui ne s'y trouveraient pas décrits, ou n'y auraient pas été ajoutés, pourrait requérir la délivrance d'un brevet de *perfectionnement* pour ces moyens, et en arracher l'exercice et la jouissance aux premiers inventeurs. Ils encourent, d'un autre côté, la déchéance de leurs titres, suivant les dispositions du n° 2 de l'article 16 de la loi du 7 janvier 1791, qu'il est bon de citer ici textuellement : « Tout « inventeur convaincu de s'être servi dans ses « fabrications de moyens secrets qui n'auraient « point été détaillés dans sa description, ou dont « il n'aurait point donné sa déclaration *pour les* « *faire ajouter* à ceux énoncés dans sa description, « sera déchu de sa patente. »

SECTION IIIe.

3e CAS. — Déchéance pour défaut de nouveauté des moyens brevetés, à raison de la publicité qu'auraient acquise ces moyens antérieurement aux brevets.

Suivant ce qui a été dit au chapitre quatrième, il n'y a que des moyens nouveaux dans les arts d'industrie, qui puissent faire la matière d'un brevet. Ainsi devient nul celui qui ne présente, sous ce rapport, aucun caractère de nouveauté. La raison en est que le breveté n'a rien mis dans le contrat qu'il avait formé avec le public, et qu'il a agi au contraire pour dépouiller le public de ce qui lui était déjà acquis, soit qu'il l'ait fait sciemment, soit qu'il ait erré de bonne foi en croyant avoir découvert le premier ce qu'un autre avait inventé antérieurement et, dont l'usage n'était pas et ne pouvait être privilégié.

Il y a eu peu de questions aussi longúement et aussi fortement controversées, en matière de brevets, que celles qui se rapportent à ce cas de déchéance. Aujourd'hui elles sont éclaircies ; les opinions sont fixées, et il passe pour constant qu'il y a lieu de priver un breveté de ses droits 1° lorsque, par son fait et antérieurement à son titre, le public a eu connaissance de ses moyens; 2° lorsque sa prétendue découverte était décrite dans des ouvrages imprimés et publiés, en quelque langue que ce soit; 3° lorsque, par d'autres voies de publicité, elle était tombée en France ou à l'étranger, dans le domaine commun de l'industrie.

1°. Les diverses circonstances qui peuvent faire considérer un inventeur comme s'étant dépouillé de tous droits à son invention, en la rendant publique avant d'avoir eu l'idée de s'en assurer la jouissance privative par un brevet, ont été indiquées à la 1ʳᵉ section du chapitre septième. Je ne peux qu'y renvoyer.

2°. Conformément au N° 3 de l'art. 16 de la loi du 7 janvier 1791, tout inventeur ou se disant tel, convaincu de s'être fait breveter pour des découvertes consignées et décrites dans des *ouvrages imprimés et publiés*, doit être déchu de son brevet. Que fallait-il entendre par ces mots? Étaient-ce les ouvrages imprimés et publiés en France seulement, ou ceux qui ont paru dans tous autres pays imprimés en langue française ou enfin ceux publiés soit en France soit ailleurs, dans quelque langue que ce puisse être? Le législateur français ne l'avait

pas exprimé aussi clairement que l'empereur
Alexandre , dans son ukase ou manifeste du 17
juin 1812 , qui porte que les priviléges , en fait
d'industrie, cessent s'il est prouvé par un jugement
qu'au moment où a été présentée la demande du
privilége, *des journaux ou des ouvrages publiés*,
soit en Russie, *soit à l'étranger*, avaient déjà décrit la même invention ou découverte, etc. C'est
en ce sens qu'un arrêt récent de la Cour de cassation, rendu le 9 janvier 1828, entre le sieur Raymond et la dame veuve Lebègue, pour un mode
accéléré de transport par eau , au moyen d'une
roue à aubes adaptée à l'arrière d'un bateau
à vapeur, que ledit sieur Raymond avait fait breveter à son profit, décide qu'il y a lieu d'interpré-
ter cette partie de la loi française.

3°. La voie de la presse n'est pas la seule qui
donne de la publicité à un objet industriel. Si,
après qu'il a été exécuté, même hors de France, il
est mis dans le commerce, et si on peut juger, en
l'examinant , par quels moyens il a été fait, il
est par là devenu public ; il appartient à l'industrie de tous les peuples , et le titre qui en accor-
derait une jouissance privilégiée, dans le royaume,
serait radicalement nul. Telle est l'opinion constamment professée par le comité consultatif des
arts et manufactures , et spécialement lors de
la demande en prorogation du brevet délivré ,
le 17 novembre 1817, pour une drague ou machine à curer les ports, les fleuves et rivières., etc.
C'est en 1826 que cette demande fut faite ; par son

avis du 17 juin de la même année, le comité dé-
clara qu'elle était inadmissible. « On ne peut pas,
« dit-il, proroger un titre frappé de nullité dès
« le principe, et il est constant que la machine
« à draguer était connue, et qu'elle avait été
« employée en Angleterre, environ cinquante ans
« avant la prise du brevet; dès lors, elle était tom-
« bée dans le domaine public. »

Combien donc s'abusait ce manufacturier qui,
ayant demandé un brevet d'importation pour un
objet déjà breveté d'invention, répondit à l'observation qui lui en fut faite par le ministre de l'intérieur, que le brevet délivré ne contenait que la
copie d'une machine qui avait été patentée en Angleterre, et qui ne l'était plus, la patente étant expirée! Il persista en même temps dans sa demande
par le motif qu'antérieurement à la délivrance du
brevet d'invention, il avait importé plusieurs de
ces machines, et il fallut lui expédier, à ses risques
et périls, celui d'importation pour lequel il s'était
mis en règle : c'était véritablement déclarer par
avance à l'administration qu'il requérait un titre
nul.

SECTION IV.

4° CAS. — Déchéance pour défaut de paiement de la totalité de la
taxe.

Les droits attachés à un brevet ne sont définitivement et irrévocablement acquis, qu'après que la
taxe entière a été acquittée. A défaut de paiement
de la seconde partie de cette taxe, c'est l'adminis-

tration qui fait prononcer par des ordonnances royales que les brevetés sont déchus; c'est aussi le seul cas de déchéance qu'elle ait placé jusqu'à présent dans ses attributions, abandonnant aux tribunaux la décision des autres.

Depuis les lois du 7 janvier et 25 mai 1791 jusqu'à la fin de 1827, et tant sous le gouvernement actuel que sous celui qui existait précédemment, sur deux mille trois cent cinquante cinq brevets qui avaient été délivrés, non compris les certificats d'addition et de perfectionnement, il y en a eu cent quatre-vingt-sept mis en déchéance. (*Voir le bulletin des lois*, n° 20, ive *série, et* n°s 10, 37, 61, 120, viiie *série.*) C'est un peu moins d'un sur douze.

Il y aurait eu, dans le cas dont il est question, un beaucoup plus grand nombre de déchéances, si l'administration se conformait littéralement, et à la rigueur, aux dispositions de l'art. 4, tit. 2, de la loi du 25 mai 1791, qui enjoint à tout breveté de verser, dans le délai de six mois, la seconde moitié de la taxe, à peine d'être déchu. Elle traite au contraire les inventeurs, sous ce rapport, avec une bienveillance toute paternelle. Des termes pour le paiement qui leur reste à faire, leur sont très facilement accordés lorsqu'ils les demandent; ils ne reçoivent jamais moins de deux ou trois avertissemens, avant que l'on sévisse contre eux : ce n'est enfin qu'après un an ou dix-huit mois d'attente inutile, et souvent après deux années révolues, que les déchéances sont prononcées.

Quelle que soit la modération avec laquelle l'administration exerce ce droit, il lui est contesté par
quelques personnes qui le revendiquent en faveur
de l'autorité judiciaire. M. Renouard, dans son excellent traité des brevets, ne se prononce pas formellement pour cette opinion; mais il insinue,
pages 409 et 410 de son ouvrage, que l'administration agirait avec plus d'exactitude, et témoigne-
rait plus de déférence envers les tribunaux, si elle
se bornait à leur dénoncer le défaut de paiement
des taxes, et à solliciter des jugemens de déchéance,
avant de proclamer la nullité des brevets.

Sans examiner les motifs qu'il présente, je sou-
mettrai à ses lumières la solution des questions
qui suivent. Un droit que l'administration exerce,
sans réclamation, depuis plus de trente ans, ne
lui appartient-il pas aujourd'hui par l'usage constant qu'elle en a fait? Les tribunaux, qui, dans
l'exécution des lois, ne peuvent user des ménagemens qu'emploie le ministre du commerce, ne trai-
teraient-ils pas plus rigoureusement les brevetés
qui font attendre le paiement de la seconde moitié de la taxe? Quelle utilité y aurait-il à ce que
l'administration fût occupée sans cesse à provoquer
des jugemens de déchéance de brevets, auprès de
tous les tribunaux du royaume, sur des faits de
non paiement qu'elle est elle-même plus en état
de connaître et de constater, et à constituer ainsi
le trésor en frais ruineux que l'on évite par la
marche actuelle?

SECTION V.

5ᵉ CAS. — Déchéance pour défaut d'exploitation, dans les deux premières années du brevet, des procédés et moyens brevetés.

Le même M. Renouard critique, avec raison, une instruction ministérielle du 3o octobre 1813, renouvelée le 1ᵉʳ juillet 1817, qui attribuait généralement et d'une manière absolue au ministère de l'intérieur, la faculté de prononcer les déchéances de brevets dont les titulaires n'auraient pas mis leurs moyens en activité dans l'espace de deux ans, s'ils n'avaient pas justifié des causes de leur retard. C'est par irréflexion sans doute que le rédacteur de cette instruction y avait inséré la disposition qui est attaquée. Aussi l'administration n'a jamais usé du droit qu'il lui avait conféré trop légèrement.

Il n'est pas décidé néanmoins que ce droit ne lui appartient en aucun cas. Dans l'incertitude de savoir si quelques circonstances particulières ne la rendraient pas apte à l'exercer, voici à quoi ses actes se réduisent.

Toutes les fois qu'on lui exprime le désir de voir prolonger le terme assigné à l'exploitation d'un brevet, elle examine si les causes de retard qui sont exposées militent en faveur de la demande. Pour être mis en pratique, il y a des brevets qui exigent de grands capitaux qu'on ne saurait promptement réunir; il en est d'autres qui ont besoin de modèles qu'on ne tire qu'avec beaucoup de frais de l'étranger, et souvent à travers mille obsta-

4

cles; il en est encore dont l'exercice est subordonné à la concession d'une mine, à la permission de former une usine, concession et permission qui ne s'obtiennent qu'après un laps de temps plus ou moins considérable. A portée d'apprécier ces diverses causes, et bien mieux que l'autorité judiciaire, l'administration accorde, quand elle les reconnaît fondées, des prorogations de délai, en ayant toujours soin d'ajouter que c'est seulement en ce qui la concerne.

Comme il arrive aussi parfois que des brevetés lui adressent des certificats ou d'autres pièces tendant à justifier de l'exploitation de leurs moyens dans les deux premières années du brevet; et comme il n'en résulte pas constamment la preuve évidente d'une activité véritable, elle se borne, sans prononcer sur le mérite de ces pièces, à en accuser la réception et à annoncer qu'elle les fait joindre aux dossiers. Ainsi, dans ce cas et dans le précédent, elle a réservé aux tribunaux tous leurs droits pour statuer, s'il vient à s'élever des contestations. M. Renouard conviendra qu'elle leur donne, par de telles réserves, des marques d'une extrême déférence.

L'obligation que la loi impose aux titulaires de brevets d'exploiter, dans les deux premières années de leur droit privatif, à partir de la date du certificat de demande, les moyens dont ils sont auteurs ou importateurs, est fondée sur l'intérêt qu'a le public à ce que ces moyens ne soient pas long-temps stériles. Leurs produits accroîtraient vraisemblablement plus tôt ses jouissances, s'il n'existait point de priviléges au profit de brevetés qui restent inactifs, parce qu'alors d'autres personnes pourraient découvrir ou importer les mêmes moyens et les mettre sans délai à exécution.

SECTION VI.

6° CAS. — Déchéance pour des moyens brevetés, qui seraient ultérieurement reconnus contraires aux lois du royaume, à la sûreté publique, et aux réglemens de police.

Il n'est pas nécessaire d'expliquer les motifs qui ont fait établir ce cas de déchéance. La loi a dû le prévoir, parce que les brevets sont délivrés sans examen préalable du mérite des découvertes.

Jusqu'à présent on n'a pas d'exemple de brevet qui, après sa délivrance, ait été reconnu contraire aux lois du royaume.

S'il n'en a point été annulé comme contraire à la sûreté publique, on peut revoir ce qui a été dit au chapitre III, n° 2, des appareils autoclaves brevetés, sur le danger desquels S. Exc. le ministre de l'intérieur crut devoir appeler l'attention de M. le préfet de police, en le chargeant d'en faire poursuivre, au besoin, les titulaires par application de l'art. 9 du tit. 2 de la loi du 25 mai 1791.

Quant aux brevets susceptibles d'être déclarés nuls comme contraires aux réglemens de police, il en a été délivré un : c'est celui expédié, le 15 mars 1814, pour un savon préservatif de la syphilis. Au lieu d'en poursuivre le porteur, la police se borna à l'empêcher d'annoncer publiquement, par enseigne, écriteau, affiche, etc., la vente de sa préparation. Nul doute, si on l'avait poursuivi judiciairement, que le titre n'eût été annulé. Étant contraire à la morale, il se trouvait par cela même en opposition avec les réglemens de police qui proscrivent toutes les atteintes qu'on y porte publiquement. Le maintien des mœurs permettait-il de consacrer la distribution et la vente, sous le sceau du gouvernement, d'un semblable préservatif?

Section VII.

7ᵉ cas. — Déchéance de tout breveté qui prendrait, hors de France, un titre analogue au sien et pour le même objet.

Il n'a jamais été fait d'application de ce cas de déchéance. Ce n'a pu être que par irréflexion qu'il a été établi contre les intérêts du breveté, et même contre ceux des consommateurs nationaux. Pour peu qu'on l'examine, on sent bien vite la nécessité de sa suppression. Il y a d'autant plus lieu de la prononcer, que la défense de faire privilégier à l'étranger une invention qui forme en France l'objet d'un privilége en exercice, est extrêmement facile à éluder par le titulaire, qui obtient le nouveau titre sous un autre nom que le sien.

CHAPITRE QUATORZIÈME.

Marche à suivre par les brevetés, en cas de trou-
ble, pour se faire maintenir dans la possession
et jouissance de leurs droits.

Me voici arrivé à la partie de cette instruction
qui, présentant le plus de difficultés, exigerait à
elle seule un long ouvrage, et ne pourrait être
traitée et développée convenablement que par un
homme profondément versé dans la connaissance
du droit, de la jurisprudence, et des règles de la
procédure. Forcé de la réduire aux proportions
du plan que je me suis tracé, je me bornerai à
indiquer sommairement, en prenant pour guides
MM. Renouard et Regnault : 1º la manière de procéder dans les contestations qui s'élèvent entre
les brevetés et leurs contrefacteurs ; 2º les moyens
de défense qui sont le plus souvent opposés par
ceux-ci aux poursuites de ceux-là ; 3º divers points
fixés par la jurisprudence relativement à ce double objet.

SECTION Iʳᵉ.

Manière de procéder dans les contestations qui s'élèvent entre les
brevetés et leurs contrefacteurs.

I. Les lois n'ayant pas réglé avec assez de précision la première démarche que serait tenu de
faire judiciairement le titulaire d'un brevet blessé

dans son droit par la contrefaçon de ses procédés
et moyens, il y a été suppléé par un usage fondé
sur le droit commun et sur ce qui se pratique dans
des cas analogues, d'après lequel le breveté présente une requête au juge de paix du domicile ou
de la résidence du contrefacteur : elle tend à ce
que le fait ou les faits de contrefaçon soient constatés le plus tôt possible.

II. Sur cette requête, le juge de paix ordonne
qu'il se transportera lui-même sur les lieux, ou il
commet soit un commissaire de police, soit un
huissier.

III. En exécution de l'ordonnance, il est dressé
par le juge de paix, lorsqu'il procède en personne,
ou par l'officier qu'il a commis, un procès-verbal
qui contient la description détaillée des objets argués de contrefaçon, de leur nombre et de l'état
où ils se trouvent, ou complètement achevés ou
en cours de fabrication seulement; le scellé est
mis ensuite sur lesdits objets s'ils sont peu nombreux, et, lorsque la quantité en est plus ou
moins considérable, sur telle partie qui est estimée
suffisante pour que la vérité se manifeste quand
la représentation en aura lieu devant la justice. Il
est mentionné au procès-verbal que déclaration
de saisie a été faite de tout ce qui est scellé, et la
garde judiciaire en est ordinairement laissée au
saisi.

IV. L'opération qui est faite chez le fabricant
de la contrefaçon, peut se répéter chez les marchands, débitans, et tous autres détenteurs de

ce qui est recherché comme ayant été contrefait.

V. Ces préliminaires remplis, la demande du poursuivant est portée devant le juge de paix à qui a été présentée la requête; elle y est reçue dans les formes et dans les délais prescrits par le livre 1er du Code de procédure civile.

VI. Au jour d'audience qui a été indiqué, les parties comparaissent en personne ou par des fondés de procuration spéciale; elles peuvent être assistées de conseils ou défenseurs.

VII. Pour justifier ses poursuites, le breveté produit d'abord le certificat de demande, à la suite duquel se trouve la description des procédés et moyens dont il est propriétaire.

Il doit établir ensuite que celui qu'il actionne est fabricant, vendeur, ou détenteur, à tout autre titre, d'objets exécutés par les mêmes procédés et moyens.

Et si, comme il arrive fréquemment, la contrefaçon a été masquée par des changemens de proportions ou de formes, des ornemens, ou d'autres modifications qui ne seraient qu'extérieures, c'est encore au demandeur à démontrer que les résultats ne laissent pas d'être identiques avec ceux qu'il obtient de son privilége, et que la contrefaçon n'en existe pas moins ou totale ou partielle.

VIII. Parmi tous les moyens de défense dont il sera parlé dans la seconde section de ce chapitre, le défenseur oppose ceux qu'il juge être les plus favorables à sa cause.

IX. Après avoir entendu les parties soit par elles-

mêmes , soit par leurs fondés de pouvoir ou défenseurs , et après avoir examiné attentivement les
objets saisis qu'il s'est fait représenter , le juge
de paix prononce en audience publique , s'il trouve
l'affaire éclaircie suffisamment. Dans le cas contraire , il peut ordonner des vérifications , exper-
tises , enquêtes ou auditions de témoins, etc..
propres à éclairer sa justice, le tout dans les formes qui s'observent à son tribunal , et jusqu'à ce
que l'instruction étant devenue complète, il puisse
statuer en parfaite connaissance. (*Voir l'art*. 11 ,
tit. 2 de la loi du 25 mai 1791.)

X. Lorsque le breveté obtient gain de cause,
les personnes convaincues de contrefaçon sont
condamnées 1° à la confiscation, à son profit,
des objets contrefaits ; 2° à des dommages et intérêts proportionnés à l'importance de la contrefaçon et arbitrés par le juge ; 3° à une amende du
quart du montant des dommages et intérêts, sans
qu'elle puisse excéder trois mille francs, et le double
en cas de récidive, amende qui est versée dans la
caisse des comités de bienfaisance. (*Voir la fin de
l'art.* 12 *de la loi du* 7 *janvier* 1791.)

Les vendeurs et tous autres détenteurs d'objets
contrefaits , sont condamnés solidairement avec le
fabricant , sauf à eux à se faire garantir et indem-
niser par lui, s'il y a lieu.

XI. Dans le cas où le poursuivant succombe, il est
condamné envers le poursuivi à des dommages et
intérêts qui sont également fixés par le juge sur le
préjudice qu'à causé une action dénuée de fonde-

ment; il est de plus condamné à la même amende qui aurait pesé sur sa partie adverse, si elle eût été convaincue de contrefaçon. (*Voir l'art.* 13 *de la loi du 7 janvier, et* 12, *tit.* 2, *de celle du* 25 *mai* 1791.)

XII. Le juge de paix peut, selon les circonstances, et en usant de la faculté qu'accorde aux tribunaux l'art. 1036 du Code de procédure civile, ordonner l'affiche de son jugement, soit sur les conclusions de l'une des parties, soit même d'office.

XIII. Il peut aussi condamner *par corps* aux dommages et intérêts.

XIV. Sa sentence n'est rendue, en aucun cas, qu'à la charge de l'appel.

XV. S'il déclare sa sentence exécutoire nonobstant appel, ce n'est qu'à la charge de donner caution, et de conserver intacts les objets saisis, afin qu'ils puissent être mis sous les yeux des juges supérieurs.

XVI. L'appel est porté, dans le délai fixé par les règles de la procédure, devant le tribunal de première instance dont relève le juge de paix qui a prononcé.

XVII. Le jugement définitif qui est rendu en appel, peut être déféré à la Cour de cassation, comme tous jugemens en dernier ressort qui ont violé des formes ou faussement appliqué la loi.

Section II.

Moyens de défense contre les poursuites des brevetés.

Les contestations qui s'élèvent pour contrefaçon d'objets brevetés, présentant des moyens de fait qui sont particuliers à chacune d'elles, il serait impossible d'en donner ici l'énumération. C'est aux poursuivis à s'en prévaloir, dans tout ce qui peut favoriser leur défense.

Aux moyens qu'ils tirent des faits ils ne négligent jamais de réunir un ou plusieurs de ceux de droit qui ont été exposés dans les 2e, 3e et 5e sections du treizième chapitre, et voici comme ils les emploient le plus souvent.

1º Lorsque le poursuivant a produit la description de ses procédés, qui est à la suite du certificat de demande dont il est porteur, ils examinent si, à l'aide des seuls procédés décrits, il a pu exécuter son invention; et s'ils viennent à découvrir qu'il a dû nécessairement y en ajouter d'autres, à l'égard desquels il ne représente point de brevet d'addition et de perfectionnement, ils concluent à l'annulation du titre pour défaut d'indication de la totalité des moyens.

Dans le cas où l'examen les conduit à reconnaître qu'ils ont fabriqué les objets argués de contrefaçon, par des moyens qui diffèrent essentiellement de ceux du breveté, ce qui se voit rarement, ils excipent de cette différence qui, lorsqu'elle est bien établie, fait prononcer en leur faveur.

2º Ils opposent fréquemment l'exception qui se fonde sur le défaut de nouveauté des procédés contenus dans le mémoire descriptif.

Ainsi, lorsque antérieurement au brevet, ils faisaient usage des moyens brevetés, ou lorsque d'autres personnes les mettaient en pratique, ils demandent à justifier de l'usage antérieur, et par des témoignages de fabricans, d'ouvriers, etc., et par telles preuves accessoires qu'il est en leur pouvoir d'y joindre.

Ainsi, lorsque la découverte est décrite dans des ouvrages, journaux, etc., publiés en France ou à l'étranger, et imprimés soit en langue française, soit en toute autre langue vivante ou morte, ils exhibent l'ouvrage ou le journal qui en a donné la description.

Ainsi encore, lorsque l'objet breveté, sans avoir été publiquement décrit, et sans dépendre d'un privilége à l'étranger, y était exploité librement, quoiqu'il ne l'eût pas été en France avant le brevet, ils soutiennent que dès lors la prétendue découverte ou importation se trouvait dans le domaine commun de l'industrie.

3° Si le breveté n'a pas mis ses moyens en activité, dans les deux ans qui ont suivi l'expédition du certificat de demande du titre, sans pouvoir justifier des causes de son inaction, les poursuivis demandent qu'il soit déclaré déchu pour défaut d'exploitation au temps prescrit.

C'est un point sur lequel les tribunaux se montrent sévères. Ils ne considèrent jamais comme exploitation, ni des essais ou expériences, encore qu'ils eussent été faits sur une échelle assez étendue, ni des créations de modèles, etc.; toujours ils exigent la démonstration d'une véritable activité.

On demande si, outre ces trois principaux moyens

de défense, les poursuivis en contrefaçon n'ont pas le droit de se servir des autres moyens indiqués dans les 1re, 4e, 6e et 7e sections du chapitre précédent?

Nul doute qu'ils ne pussent faire valoir le premier et le septième, c'est-à-dire, conclure à la déchéance contre le breveté convaincu du recel de ses vrais moyens d'exécution, et contre celui qui, après s'être fait délivrer un brevet en France, en aurait ensuite pris un en pays étranger, pour le même objet; mais comme aucun de ces deux cas ne s'est encore présenté, je n'ai pas besoin d'expliquer les motifs de l'opinion que je viens d'émettre.

Il est évident, dans un sens opposé, que l'emploi du sixième moyen est interdit aux personnes actionnées en contrefaçon. Demander la déchéance d'un brevet qui contiendrait des moyens contraires aux lois du royaume, à la sécurité publique, ou aux règlemens de police, ne serait autre chose que revendiquer pour soi ce qui est nul entre les mains du breveté, et le rend plus ou moins coupable. S'il mérite d'être déchu, c'est à la seule partie publique à requérir l'annulation de son titre.

Quant au 4e moyen, on a vu que l'administration l'emploie envers beaucoup de brevetés qui n'acquittent pas la seconde partie de la taxe, et qu'après avoir eu de grands ménagemens pour eux, elle finit cependant par provoquer leur mise en déchéance. Il n'en résulte pas que les tribunaux ne pussent, de leur côté, en faire aussi l'application, si elle leur était demandée contre des poursuivans qui se trouveraient dans le même cas. Je ne sache pas qu'il y en ait eu des exemples jusqu'à ce jour : s'il était réservé à l'avenir d'en présenter quelques-uns, ils seraient infiniment rares, parce que, avant de commencer des poursuites, un breveté aura toujours soin de se mettre en règle en ce qui concerne la taxe.

Tous ces moyens, sauf le 6e, peuvent donc être opposés, par exception, devant le juge de paix qui, alors, prononce même sur la validité du brevet.

Le poursuivi en contrefaçon a en outre le droit de faire suspendre les poursuites dirigées contre lui; il est nécessaire, à cet effet, qu'il forme une action principale en déchéance, devant les juges du domicile du breveté : dans ce cas, le juge de paix surseoit à statuer jusqu'à ce qu'il ait été prononcé sur la demande principale. (*Voir le Traité des brevets d'invention, chap. X, section* 3, § 1er.)

Je pense qu'il sera utile, en terminant cette section, de dire quelques mots sur les deux questions de savoir si, pour demander l'annulation d'un brevet, il faut être poursuivi en contrefaçon? et ce qu'il y a lieu de statuer judiciairement, lorsque la contestation s'agite entre deux brevetés?

M. Renouard s'est prononcé formellement pour la négative de la première, et son opinion est fondée en principe. Je peux exercer un genre d'industrie qu'il ne m'est pas nécessaire de mettre, à mon profit, sous les entraves du monopole; un

autre s'en empare, et le fait breveter en sa faveur :
mes intérêts sont blessés profondément, ma propriété est envahie, et on ne saurait me contester
le droit de poursuivre la déchéance du titre obtenu
à mon préjudice, sans attendre que celui qui en a
requis l'expédition, se mette en mesure de me
troubler dans une jouissance qui m'était acquise
antérieurement. Aussi un de nos premiers chi-
mistes, M. Clément Desormes, demanda, en 1827,
qu'il lui fût délivré, à ses frais, des duplicata de
deux brevets pris par un Anglais en 1825 ; il se
proposait d'en poursuivre judiciairement la déchéance, en son nom, par le motif qu'ils conte-
naient des moyens que son père et lui avaient rendus
publics en 1811 ; et que de nouvelles réflexions
l'avaient conduit à exploiter en grand. L'administration était sur le point d'accueillir sa demande,
et celle qu'il voulait porter devant les tribunaux
aurait sans doute été admise, sauf justification,
lorsqu'il renonça à son projet d'exploitation desdits moyens.

Dans le cas où la contestation s'élève entre deux
brevetés, pour un objet parfaitement identique, la
priorité est adjugée à celui qui a fait, le premier,
le dépôt de ses pièces au secrétariat de la préfecture, conformément à l'article 2 du décret du
25 janvier 1807, et le titre du second est déclaré
nul en son entier. S'il y a dissemblance en quelques parties, le second brevet est maintenu, pour
les moyens qui ne seraient pas énoncés dans le
brevet de date antérieure ; mais l'exercice de ce

reste de privilége est subordonné aux conditions indiquées dans le Ve chapitre, section Ire, n° 2.

SECTION III.

Jurisprudence sur divers points du contentieux des brevets.

A l'exposé des principaux moyens d'attaque et de défense dans les contestations que font naître les droits attachés aux brevets, il sera utile d'ajouter l'indication succincte de divers póints de jurisprudence sur la même matière. Presque tous ces points ont été fixés irrévocablement par la cour suprême, et j'en ai déjà cité deux à la Ire section du VIIe chapitre, et au chapitre XIIIe, IIIe section ; il en est seulement quelques-uns qui, sans avoir en leur faveur la même autorité, se trouvent néanmoins solidement établis, soit parce qu'ils résultent de jugemens rendus dans une parfaite conformité avec l'esprit de notre législation sur la propriété industrielle, soit parce que ces jugemens n'ont été l'objet d'aucun appel ou recours en cassation, ni d'aucune critique. Voici ce qu'en offrent de plus digne d'attention les ouvrages et recueils que j'ai consultés, et les renseignemens particuliers que j'ai pu obtenir : je réduis le tout en forme de propositions qui paraissent irréfragables, parce qu'elles ont été résolues complètement, et qu'elles sont propres à servir de règle dans les cas analogues à ceux où les décisions ont été portées.

Ire PROPOSITION. — Un breveté peut poursuivre en contrefaçon, en vertu du certificat de demande délivré par le ministre, sans attendre que son brevet soit promulgué par une ordonnance royale insérée au bulletin des lois. (*Sentence du juge de paix du 6ᵉ arrondissement de Paris, du 14 février 1827, confirmé par jugement de la 3ᵉ chambre du tribunal de 1ʳᵉ instance du département de la Seine.*)

De l'un des considérans du jugement il résulte que, si la faculté de poursuivre en contrefaçon ne peut être exercée qu'après la délivrance du certificat, les droits inhérens au brevet ont pris antérieurement naissance, lors du dépôt des pièces au secrétariat de la préfecture.

IIᵉ. — Quand une demande principale en déchéance de brevet est formée pendant le cours des poursuites en contrefaçon, le juge de paix surseoit à statuer jusqu'à ce qu'il ait été prononcé sur la demande principale. (*Jugement de la justice de paix du 3ᵉ arrondissement de Paris, du 11 septembre 1821.*)

IIIᵉ. — Lorsque la déchéance d'un brevet est demandée par action principale, il y a lieu d'appliquer l'art. 16, nº 3, de la loi du 7 janvier 1791, et la description dans un ouvrage imprimé et publié est la seule preuve admissible.

Si au contraire la déchéance est opposée par exception, c'est l'art. 11 du titre 2 de la loi du 25 mai, qu'il faut suivre, et on doit admettre en conséquence la preuve testimoniale.

(*Arrêté de la cour de cassation, des 22 frimaire*

an X, 29 *messidor an XI*, 20 *décembre* 1808, 30
avril 1810 *et* 19 *mars* 1821.)

IVe. — En matière de contrefaçon, les tribunaux
civils peuvent ordonner l'impression et l'affiche
de leurs jugemens. (*Arrêt de la cour de cassation,
du* 31 *décembre* 1822.)

V^e. — Le juge de paix peut, en vertu de l'art.
126 du code de procédure, condamner par corps
les contrefacteurs au paiement des dommages-
intérêts. (*Jugement du juge de paix du* 3e *arrondissement de Paris, du* 14 *janvier* 1825.)

VIe. — Un brevet est nul, lorsque l'invention
pour laquelle il a été pris était devenue publique
antérieurement par le fait de l'inventeur. (Arrêt
de la cour de cassation du 10 février 1820.)

VIIe. — Un brevet n'encourt pas la déchéance
de son droit exclusif, pour en avoir laissé partager
à d'autres la jouissance pendant plusieurs années.
(Arrêt de la cour de cassation du 18 janvier 1803,
28 nivose an 11.)

VIIIe. — Un brevet doit être déclaré nul, s'il est
prouvé que l'industrie qui en forme l'objet était
exercée antérieurement, soit par le poursuivi en
contrefaçon, soit par des tiers. (*Arrêts de la cour
de cassation, des* 20 *décembre* 1808 *et* 19 *mars*
1821.)

IXe. — L'emploi d'un procédé connu est susceptible de brevet, lorsqu'on adapte ce procédé à
un nouvel usage; mais chacun reste libre d'adapter le même procédé à des instrumens, machines

5.

ou autres objets différens de ceux auxquels le breveté a le privilége de l'adapter. (*Arrêt de la cour de cassation du 11 janvier 1825.*)

X^e. — Lorsqu'une découverte n'existe que par un perfectionnement apporté à un objet principal qui appartenait au domaine public de l'industrie, il y a lieu néanmoins en cas de contrefaçon, et si le principal ne peut pas être séparé de l'accessoire, à confisquer entièrement les produits du contrefacteur, au profit de l'auteur breveté du perfectionnement. (*Arrêt de la cour de cassation, du 2 mai 1822.*)

XIe. — La contrefaçon de mécaniques brevetées à l'aide desquelles l'inventeur donne aux nankins français le pli, la forme, l'odeur, et l'apprêt du nankin des Indes, entraîne la confiscation non seulement des mécaniques contrefaites, mais encore des nankins apprêtés, l'apprêt donné aux nankins étant inséparable des nankins eux-mêmes. (*Arrêt de la cour de cassation, du 31 décembre 1822.*)

(*La suite aux numéros prochains.*)

ÉCONOMIE PUBLIQUE.

Notice sur le Pétrisseur mécanique, déjà mis en usage dans plusieurs boulangeries de Paris.

Dans le pétrissage ordinaire avec les mains ou avec les pieds, la pâte reçoit la sueur de l'ouvrier, et s'imprègne de sécrétions qui répugnent à l'i-

magination autant qu'elles sont contraires à la santé:
d'un autre côté, le boulanger n'est jamais assuré
de la qualité du pain ni du produit de la farine,
parce que l'un et l'autre dépendent en grande partie de la force, de l'habileté ou même de la
bonne volonté des pétrisseurs; enfin, ces derniers
ne tardent pas en général à succomber à la vio-
lence du travail.

Depuis long-temps, les gouvernemens, les boulangers éclairés et les sociétés philanthropiques s'oc-
cupaient en vain de la recherche des moyens propres à faire cesser des inconvéniens aussi graves.
Deux boulangeries mécaniques qui se sont élevées à
Paris, semblaient avoir résolu le problème; mais
ces établissemens, montés en grand, opérant par
des procédés compliqués, ne peuvent satisfaire à
tous les besoins parce qu'ils ne sont susceptibles
d'être formés que dans les grandes agglomérations
d'individus; toutefois ils menaçaient l'existence
des boulangers des villes principales.

Une machine plus simple et qui réunit tous les
avantages, vient d'être inventée; elle a reçu le
nom de *Pétrisseur mécanique.*

Le *Pétrisseur mécanique* peut recevoir toutes
les dimensions, et fabrique toute espèce et toute
quantité de pâte. A volume égal, il fournit plus
de pâte que le pétrin ordinaire; il se prête à toutes
les convenances, se place dans toutes les localités;
il sert également aux boulangers, aux pâtissiers,
aux établissemens publics et militaires, aux grandes

exploitations rurales et industrielles, aux ménages, aux navires, etc. Sa solidité, sa longue durée ne laissent rien à désirer.

Toutes les opérations qui constituent la fabrication de la pâte, *délayage*, *frasage*, *contre-frasage*, *pétrissage*, ainsi que les *levains*, se font successivement dans le *Pétrisseur mécanique*. La main de l'homme n'intervient jamais dans la fabrication.

Cette machine présente à la fois économie de temps et de dépense, perfection constante et accroissement de produit.

Depuis près de quatre mois, M. Dupont, boulanger, rue Godot, n° 1, s'en sert exclusivement pour le service de sa boulangerie. L'usage y a fait reconnaître de nombreux avantages. Bien que les inventeurs n'aient voulu offrir que depuis peu de jours leur procédé au public et aux boulangers, déjà des pétrisseurs mécaniques manœuvrent sur différens points de la capitale. Indépendamment de celui indiqué chez M. Dupont, on peut en voir opérer chez M. Joubert, rue de Grenelle-Saint-Honoré, n° 42; M. Poirier, rue Godot, n° 28; M. Richefeu, rue Coquillière, n° 26. Bientôt le nombre en sera plus considérable lorsque la société aura pu satisfaire aux demandes qui lui ont été adressées, tant par des boulangers de Paris et de la banlieue que par ceux des départemens.

Le prix des machines est fixé ainsi qu'il suit : pour 1000 livres de pâte à la fois, 1800 fr.; pour

800 livres, 1500 fr.; pour 600 livres, 1200 fr.; pour 400 livres 1000 fr. ; pour 300 livres, 800 fr.; pour 50 livres, 300 fr.

Les lettres et demandes doivent être adressées à MM. Cavallier frères, et compagnie, rue Caumartin, n° 7, à Paris.

ÉCONOMIE AGRICOLE.

Mémoire sur les avantages qu'il y a à cuire et à amollir par la vapeur la plupart des alimens destinés aux bestiaux, et description d'un appareil perfectionné pour ce genre de cuisson.

En voyant le petit nombre de fermiers et de propriétaires qui ont adopté la méthode de cuire à la vapeur les racines et autres alimens destinés aux animaux domestiques, on serait porté à penser que la supériorité qu'acquièrent, sous le rapport des qualités nutritives, les substances ainsi préparées, et l'économie considérable qui en résulte, ne sont pas encore universellement reconnues. Il est cependant une règle générale, c'est que, lorsqu'un végétal a subi une altération quelconque par suite de sa conservation, une nouvelle altération est nécessaire pour contrarier l'effet de la première, ou, en d'autres termes, qu'une nourriture artificielle exige une préparation artificielle. Par exemple, le maïs, lorsqu'il a un an ou plus, devient trop dur pour le pouvoir digestif de presque tous les animaux, et conséquemment demande à être amolli. Une autre règle générale que les fermiers et les propriétaires devraient toujours avoir présente à l'esprit, c'est que les divers organes des animaux ont été créés pour l'*état de nature*, et sont exposés à se déranger et à s'altérer à l'état domestique. Ainsi, il est à présumer que dans le cheval sauvage les molaires des deux mâchoires présenteraient des surfaces directement opposées l'une à l'autre, à quelque degré de vieillesse que parvînt l'animal; mais, lorsqu'il a été privé de la nourriture tendre et humide que lui avait destinée la nature, pour les alimens secs et durs de la vie artificielle, on remarque dans ces dents une usure non naturelle, qui leur donne une inclinaison oblique vers l'intérieur de la bouche, au point que la mastication devient presque impossible pour les vieux chevaux.

Le pouvoir digestif n'est pas le même chez tous les animaux. Ainsi l'estomac du chien digérera les os et l'ivoire, avant la pomme de terre, le panais et autres végétaux; tandis que les sucs gastriques des ruminans dissoudront promptement les substances végétales, mais ne feront point d'impression sur les matières animales. L'estomac de l'homme dissout également et les végétaux et la chair des animaux.

Lorsque dans l'estomac des animaux remarquables par la force de leur gésier, tels que poules, canards, oies, etc., on introduit du grain couvert de son enveloppe et renfermé dans des tubes de fer blanc, perforés de plusieurs trous, ce grain n'éprouve aucune altération, quoique le tube soit souvent courbé et bosselé. Ce fait prouve que le pouvoir dissolvant des sucs gastriques n'agit que lorsque les alimens sont brisés par l'action mécanique de l'estomac. Ceux dont l'estomac n'a point de force musculaire, comme la corneille, le héron, etc., brisent avec leur bec le grain et les autres substances dures qui doivent leur servir d'alimens; et rejettent dans l'état où ils l'ont pris, le grain qu'ils ont avalé entier. Chez l'homme, les quadrupèdes, les poissons et les reptiles dont l'estomac est composé de membranes délicates, cet organe n'exerce pour ainsi dire aucune action mécanique, ses fonctions s'exécutent conséquemment à l'aide des sucs gastriques. Ainsi lorsque des alimens durs et non macérés sont introduits dans l'estomac de l'animal, ils lui causent de la douleur sans le nourrir.

Il résulte évidemment de tout ce que nous venons de voir qu'il est de la plus grande importance que les alimens soient convenablement préparés avant d'être introduits dans l'estomac, et il n'est sans doute aucun fermier qui ne reconnaisse qu'il est plus difficile pour les animaux herbivores de macérer des substances dures et sèches, que l'herbe verte et tendre des champs; et qui ne sente combien il serait avantageux de rendre la nourriture d'hiver plus profitable aux bestiaux par l'emploi de moyens artificiels. Le plus efficace de tous est, sans contredit, la préparation par la vapeur.

La matière nutritive des végétaux, consistant principalement en mucilage, en matière sucrée, en albumen, en extrait amer, et en principes salins, est soluble dans l'eau. Ces cinq substances sont les seules qui se dissolvent dans l'estomac; la fibre ligneuse des plantes en sort brisée en petits fragmens, et forme le crottin de l'animal.

Les avantages de la préparation par la vapeur sont une grande économie, d'abord, en ce que l'on convertit en excellent fourrage beaucoup de substances qui sont ordinairement jetées à l'écart et perdues; ensuite en ce qu'on évite la dépense nécessaire pour moudre le grain, tout en le rendant plus agréable et plus nourrissant, et par conséquent plus propre à entretenir les bestiaux en bonne santé et en bon état. Parmi les substances dont la préparation par la vapeur est profitable, nous placerons toute espèce de grains, la paille, le foin, les tiges de pomme de terre, le glui, les betteraves, les turneps, les navets, les pommes de terre et autres racines; l'avoine et les autres grains destinés à la nourriture des porcs et des vieux chevaux doivent être toujours traités par la vapeur. Les bestiaux mangent avec plaisir la paille nouvellement battue; mais lorsqu'elle a été amollie par la vapeur, et qu'on y a ajouté un peu de sel, elle forme un fourrage plus agréable et plus nourrissant. Le foin, surtout lorsqu'il a déjà quelque temps de garde, est prodigieusement amélioré par la même préparation. Les tiges de pommes de terre hachées, attendries par la vapeur, et saupoudrées d'un peu de son, quelquefois même de sel en petite quantité, sont une nourriture que mangent même avec avidité les vaches d'un grand appétit. Les propriétaires et les fermiers ne connaissent point toute la substance nutritive que renferment les tiges qu'ils laissent blanchir dans leurs champs par les intempéries de l'hiver. Elles renferment beaucoup de matière sucrée, la plus nourrissante de toutes les substances végétales. De la paille hachée, mélangée et *cuite* à la vapeur avec des racines, est un fourrage excellent. Les cosses des plantes légumineuses contiennent beaucoup de matière nutritive ; brisées, puis cuites à la vapeur, elles sont un aliment précieux. On a essayé de nourrir une vache pendant plusieurs semaines de suite seulement avec des cosses étuvées à la vapeur, et au bout de ce temps elle avait le poil lisse et brillant Un boisseau de grain et de cosses moulus ensemble donnent à la distillation autant d'esprit qu'un boisseau de grain seul. Il n'est peut-être aucun végétal qui, préparé à la vapeur, soit plus amélioré et d'une utilité plus générale pour le fermier que la pomme de terre. Mélangée de paille hachée, elle remplace le foin et le grain dans la nourriture des chevaux. Un agronome de Liverpool, pour comparer le mérite relatif de ce légume cru ou cuit, a fait des essais en grand sur un certain nombre de chevaux. Bientôt après il observa que ceux nourris avec des pommes de terre étuvées à la vapeur avaient le poil lisse et brillant, tandis que ceux auxquels ce légume avait été donné cru, avaient le poil hérissé, et paraissaient en mauvais état. Les expériences nombreuses et précises de M. Curwen ont établi d'une manière incontestable l'utilité et les avantages de la préparation des pommes de terre par la vapeur. Elles sont, dans cet état, une nourriture excellente pour engraisser les porcs et la volaille. La cuisson à la vapeur est bien préférable à la cuisson dans l'eau, en ce qu'elle les rend plus farineuses et plus nourrissantes.

Maintenant que nous avons indiqué quelques-uns des avantages résultant de la préparation par la vapeur des alimens destinés aux bestiaux, il ne nous reste plus qu'à expliquer les moyens de l'effectuer et la dépense qu'ils nécessitent. Nous avons vu plusieurs appareils; mais nous croyons devoir donner la préférence à celui dont suit la description.

Voir la fig. 1re planche 125-126.

A est un cylindre de bois creux d'environ trois pieds de longueur sur deux pieds de diamètre, dans lequel on introduit un fourneau ou cylindre métallique, semblable à ceux usités chez quelques particuliers pour le chauffage des bains, et servant à chauffer l'eau dont il est entouré.

En B sont des tubes servant à faciliter la circulation de l'eau dans le cylindre en bois. A l'aide de cette disposition, il faut très peu de combustible pour élever l'eau au degré de chaleur auquel elle se convertit en vapeur.

F est une addition au cylindre en bois, destinée à servir de réservoir à la vapeur, mais dont on peut se passer toutes les fois que la masse de fourrages ou de légumes que l'on veut étuver n'est pas très considérable.

G est une soupape de sûreté.

D un entonnoir pour l'introduction de l'eau, muni de son robinet E.

C, C robinets pour reconnaître la hauteur de l'eau.

K point où le tube H est joint au réservoir F.

I robinet pour régler la quantité de vapeur à laquelle on veut donner issue.

N porte du fourneau.

En faisant communiquer l'autre extrémité du tube H avec le fond d'un baril, d'une marmite hermétiquement fermée, ou de tout autre vase renfermant les racines ou le fourrage que l'on veut étuver, on complète l'appareil. Toutes les fois que cela est possible, il faut préférer, pour renfermer les végétaux, une boîte en métal ou en bois, imperméable à l'air, et dont un des côtés peut s'enlever à volonté pour faciliter l'introduction et le déplacement des substances que l'on veut étuver. Une boîte semblable de cinq pieds de hauteur et de longueur, sur quatre de largeur, contiendra assez de pommes de terre pour la nourriture de 50 vaches pendant vingt-quatre heures; il suffit d'une heure pour les étuver convenablement avec une dépense de combustible trop minime pour entrer en considération.

Ce même appareil peut être d'une grande utilité pour un infinité d'usages domestiques, particulièrement pour le blanchissage du linge.

(*Journal américain.*)

INDUSTRIE MANUFACTURIÈRE.

Suite du Mémoire sur les fabriques d'étoffes de soie et de la filoselle, par M. Ozanam (1).

§ XIII. Décreusage et cuite.

Dans certaines circonstances on emploie des soies écrues pour certaines étoffes, et alors on se sert des soies blanches que l'on teint presque à froid.

Mais pour la majeure partie des étoffes, il faut des soies décreusées et cuites. Décreuser la soie, c'est lui enlever, par le bain de savon bouillant, la substance gommo-résineuse dont elle est enveloppée, et qui forme environ le quart de son poids; on a essayé beaucoup de procédés pour cet objet, mais jusqu'à présent on ne connaît que le savon qui opère ce décreusage. M. Ozanam, de Lyon, a découvert un autre procédé, mais qu'il

(1) Voyez le numéro 16, tom. vi, pag. 54. — Le numéro 17 tom. vi, pag. 192. — Le numéro 20, tom. vii, pag. 184. — Le numéro 22, tome. viii, pag. 43.

n'a pas publié encore et dont il n'a pris aucun brevet d'invention. Pour dépouiller une soie complètement de toute matière étrangère, il faut plusieurs opérations :

1° Le dégommage, qui consiste à tremper la soie, pendant un quart d'heure, dans un bain bouillant de savon blanc, dont on met 1/10° du poids de la soie.

2° La cuite. On place la soie dont les écheveaux sont pantimés avec un fil fort, pour que les fils ne se brouillent pas, dans une sache. On la plonge dans une chaudière contenant 20 p. o/o de savon relativement au poids de la soie, et avec une barre de bois, on la tourne et retourne pendant trois heures ; on la retire, on la fait égoutter, on la lave, on la tord.

3° Quand on veut un grand blanc, on plonge la soie dans une eau légère de savon, on lui donne un rebouillage de 30 à 40 minutes, on la retire, on la passe à la rivière et on la cheville, puis on la passe à la vapeur du soufre pour lui donner le dernier blanc.

M. Board, ancien directeur des Gobelins, prétendait dégommer et cuire les soies en une seule opération. Ce procédé, qui consistait simplement en une cuite comme ci-dessus art 2., fut essayé à Lyon, mais on reconnut qu'en laissant cuire la soie dans son premier bain, la matière colorante abandonnait les autres substances étrangères et se reportait sur le brin de soie qui restait empreint d'une couleur jaunâtre indélébile, inégale et vergée, avec des *biscuits* ou taches plus ou moins foncées, par conséquent, la teinture devenait imparfaite et très mauvaise; les teinturiers de Lyon rejetèrent, avec raison, ce procédé défectueux.

Mais ces trois opérations ne sont pas toujours nécessaires, et les teinturiers les modifient selon les couleurs qu'ils ont à traiter. Ainsi, par exemple, un dégommage simple suffit pour les noirs, les gris foncés et toutes les couleurs qu'il faut engaller, excepté les cramoisis.

La cuite simple convient pour les jaune, bleue, vert, orange, ponceau et leurs dérivés.

Il faut un dégommage, une cuite et un rebouillage pour les cramoisi fin, jaune serin, rose, lilas et violet clair, bleu céleste, vert d'eau et leurs nuances; les blancs purs dits blanc Gonin exigent, après le soufrage, une cinquième opération. On prépare un bain d'eau séléniteuse, où l'on délaie une certaine dose de carbonate calcaire, bien blanc et délité, que l'on aiguise, avec un peu d'acide sulfurique; ou bien au lieu du carbonate, on emploie le sulfate calcaire, tel que la poudre d'albâtre, ou, enfin, le phosphate calcaire, extrait des os dont on a enlevé la gélatine; on y plonge les soies à froid et on leur donne quelques lisages. Le savon qui est resté sur la soie se décompose; le sulfate de chaux insoluble se porte sur la soie, s'y cristallise et elle acquiert le reflet argentin le plus brillant : on peut lui donner un ton rosé avec quelques légères doses de solution de cochenille, ou un bleu très clair avec la solution d'indigo. Cette dernière opération peut donner à la soie un surpoids de 4 à 5 p. o/o.

§ XIV. *Assouplissage.*

Assouplir la soie, c'est lui enlever la substance colorante et ramollir cette gomme résine qui la rend élastique, pour ensuite la mettre en teinture; ce procédé ne lui enlève pas plus de 3 à 4 pour o/o. On assouplit ordinairement les trames et fort peu les organsins sur lesquels cette opération est un peu plus difficile. L'assouplissage qui ne peut se faire qu'avec les acides minéraux, est un procédé bâtard et défectueux, qui ternit la soie et l'empêche de recevoir des couleurs vives et brillantes; il a été inventé pour fabriquer les étoffes que l'on vend au poids, et dans lesquelles la trame est recouverte par la chaîne. Mais au bout de quelque temps les couleurs se détériorent complètement par l'action de l'air et de la lumière, et l'étoffe se pique ou se coupe.

Cette nouvelle préparation n'a pas peu contribué à porter préjudice à la fabrique de Lyon, dans son commerce avec l'étranger, qui a porté de justes plaintes dans le temps au gouvernement français.

Ce fut un teinturier de Lyon, nommé *Pons*, qui trouva ce procédé il y a environ 15 ans. Mal récompensé par les fabricans de Lyon, il porta sa découverte et ses talens en Angleterre, où l'assouplissage se fait mieux actuellement qu'en France.

La méthode pour l'assouplissage est la suivante :

On lisse la soie, pendant plus ou moins de temps, dans une barque pleine d'eau acidulée avec l'acide nitro-muriatique à la saveur d'un vinaigre faible, et chauffée à 30 ou 40 degrés. La soie prend d'abord une teinte vert olive clair et ensuite gris blanc; on la retire, on la lave et on lui donne une battue à la rivière; on la met ensuite pendant 24 heures au soufre, on la retire pour la lisser dans une chaudière pleine d'eau, aiguisée avec celle que l'on retire du soufroir, et que les teinturiers nomment acide sulfureux; on la chauffe à 50 degrés, et l'on y jette quelques cusses d'une légère eau de savon, de manière, cependant, à ne pas faire tomber le grès, c'est-à-dire, la gomme résine de la soie; on la retire au bout d'une à 2 heures, on la cheville et on la remet 24 heures au soufroir : par ce moyen on obtient une soie décolorée, d'un blanc grisâtre ou jaunâtre mat, à laquelle on donne ensuite le bain de teinture désiré.

Ce procédé est vicieux en ce que si l'acide nitrique est plus ou moins pur ou en plus ou moins grande dose, les soies en sont aussi plus ou moins altérées, et en ce que le prétendu acide sulfureux des teinturiers est un véritable acide sulfurique très étendu, dont les lavages ne dépouillent pas entièrement les soies et qui n'est pas neutralisé par la petite quantité d'eau de savon qu'on ajoute au dernier bain, ce qui fait que les couleurs prennent inégalement, et que les rose, les ponceau et les bleues se piquent en jaune, et les étoffes se coupent : les souples teintes en noir ne tardent pas à devenir brun sale.

Les Anglais opèrent mieux : ils emploient un mélange d'acides composé de : acide nitrique pur 1 partie, acide hydrochlorique 2 parties, et mettent demi-once de ce mélange par livre de soie dans une barque pleine d'eau, constamment chauffée par un cylindre à 40 degrés.

Ils assouplissent ensuite dans une chaudière chauffée de même par un cylindre à vapeur, avec 2 tiers d'eau et un tiers d'acide sulfureux liquide, obtenu de l'acide sulfurique distillé sur la sciure de bois et recueilli dans de l'eau froide; puis ils donnent 24 heures de soufroir; leur blanc est plus égal, plus clair et moins terne que le nôtre.

Quelques Anglais assouplissent à froid dans un bain de carbonate de soude à 2 degrés du pèse sel.

§ XV. *Sur les fraudes commises par les teinturiers.*

Il est reconnu par l'expérience que la soie perd au décreusage de 25 à 27 p. o/o, c'est pourquoi il est d'usage que les fabricans passent au teinturier un déchet de 4 onces par livre de 15 onces, ce qui fait 26 2/3 pour 100, c'est-à-dire, que le teinturier qui reçoit 15 onces de soie, n'est tenu qu'à en rendre 11 onces teinte, excepté cependant pour la teinture en noir lourd, où ils rendent poids pour poids. Mais il y a une infinité de cas où il

6.

n'est pas nécessaire de décreuser complètement la soie ainsi qu'il a été dit ci-devant, et les teinturiers en profitent malgré l'ordonnance de Louis XIV, du mois d'août 1669, qui prescrit de cuire à blanc toutes les soies destinées à toute espèce de teinture; il n'y a que les couleurs blanche, bleu de ciel, rose, lilas clair, hortensia jaune, paille et leurs dérivés, qui exigent ce degré de cuite. Les autres n'ont besoin que d'un dégommage et d'une légère cuite qui *ouvre* la soie, c'est-à-dire, qui détache bien les fils comme les ponceau et quelques autres nuances rouges auxquelles la cuite à blanc est nuisible en ce qu'elle fait *fariner* la couleur.

La soie simplement dégommée ne perd plus que 20 p. o/o au lieu de 25, ce qui fait par conséquent un bénéfice de 5 p. o/o pour le teinturier, mais ce bénéfice est bien plus grand encore lorsque le teinturier engalle les soies. En général, toutes les soies engallées peuvent donner un surcroît de poids de 1/16e à 1/10e, excepté les couleurs noires fortes qui donnent de 20 à 30 p. o/o.

Il y a ensuite le coup de cheville ou tordage de la soie et le degré plus ou moins grand de dessiccation, qui laissent plus ou moins d'humidité à la soie teinte. Il y a mieux : cette soie bien séchée est tellement hygrométrique, que son exposition à un air humide lui donne en peu de temps 2 à 3 p. o/o de poids.

Outre l'engallage, toutes les autres teintures donnent un surcroît de poids à la soie; nous avons vu que le blanc lui donne 4 à 5 p. o/o. Des expé-

riences faites par le docteur Ozanam, sur 77
nuances de couleurs, lui ont fourni un tableau
fort exact de ce que chaque couleur donne de
poids à la soie, depuis le rose tendre qui produit
1 à 1 1/2 p. o/o, jusqu'au noir lourd qui produit
jusqu'à 30 p. o/o. Ce tableau devrait être entre
les mains de tous les fabricans. Nous y remar-
quons particulièrement des soies jaunes qui, par
l'addition de la gélatine animale qui en avive sin-
gulièrement la nuance, gagnent 6 à 8 p. o/o, et
d'autres qui, unies à une solution d'amidon, donnent 12 à 15 p. o/o.

On voit donc quels sont les bénéfices que peut
faire un teinturier en rendant au négociant fabricant le poids de soie voulu par les réglemens.

Le teinturier infidèle, qui sait le poids que ren-
dra une soie après la teinture qu'il va lui donner,
commence par enlever de la partie une quantité
d'écheveaux proportionnée au poids qu'il lui donnera par la couleur.

Après avoir enlevé ainsi diverses petites parties
pour en former une masse, composée de soies de
différens titres, séparées en trames et organsins; lorsqu'il lui survient une forte partie d'une
soie bien suivie à teindre, il en retire un poids
égal à celui qu'il remplace avec les diverses parties
qu'il a soustraites d'ailleurs, et alors il a une partie
complète de soie d'un même titre, qu'il vend ensuite bien plus facilement à quelque fabricant af-
fidé, qu'on nomme à Lyon *piqueur d'once*, qu'il
ne vendrait ses parties disparates.

Mais il est des moyens de reconnaître de combien les soies sont surchargées en couleurs, et surtout de savoir si on a engallé contre les réglemens celles qui ne doivent pas l'être. Nous les indiquerons dans un autre numéro.

Mais outre ces moyens de donner du poids à la soie avec les couleurs, on leur en donne encore, beaucoup par différens moyens chimiques : ainsi, une solution de muriate de mercure dans l'alcool, la vapeur du calomélas placé sur le feu dans un creuset, un bain où l'on a délayé du muriate de baryte, dont on fait un sulfate insoluble avec un peu d'acide sulfurique, la solution d'amidon, de fécule de pomme de terre, etc., etc., sont autant de fraudes employées pour surcharger les soies ; de sorte que si le fabricant est trompé d'abord dans l'achat des soies écrues, surchargées de matières hétérogènes telles que de miel, de mélasse, de gommes, de gélatine des vers à soie écrasés dans les bassines des fileurs, etc., que la condition ne peut enlever ; il n'est pas moins trompé ensuite par la surcharge des couleurs à la teinture : il n'est pas étonnant alors que ses bénéfices soient limités et parfois nuls : il faut dire aussi que la faute en est à lui en partie, parce qu'il devrait acquérir assez de notions chimiques-pratiques pour reconnaître toutes ces fraudes, au lieu qu'il est la dupe de son ignorance, qui, surtout à Lyon, est des plus grandes à cet égard.

INDUSTRIE MANUFACTURIÈRE.

Machine au moyen de laquelle on peut créper
80 pièces par jour.

Cette machine inventée à Lyon, en 1792, par
MM. Bagnon, a été depuis perfectionnée par
M. Bon qui y a gagné une belle fortune. Elle est
représentée ici sur une échelle de demi-pouce
par pied.

Elle a cinq pieds de long, cinq pieds de hauteur,
et quatre de large, plus un pied et demi pour le
jeu de la manivelle de la roue à dents. Elle est
construite en bois de chêne de quatre pouces d'é-
quarrissage formant son châssis.

Le cylindre est en bois de chêne vert ou bien
en bois de citronnier sauvage, bien sec, de 17
pouces de diamètre sur 40 pouces de longueur.

Il est mis en mouvement par une roue en bois
dur dentelée, de trois pieds de diamètre, fixée à
l'un des axes du rouleau, au moyen d'un fort
écrou. Cette roue reçoit à son tour le mouvement
d'une petite roue d'engrenage en bois dur de six
pouces de diamètre et pleine, que l'on tourne avec
une manivelle de huit à dix pouces de rayon.

Au dessus du cylindre est une pièce de bois
carré de quatre pouces de haut sur cinq de large
et de la longueur du cylindre sur lequel elle est

placée parallèlement. Elle porte à ses deux extrémités des goupilles en fer d'un pouce carré qui
se meuvent facilement dans deux coulisses pratiquées aux montans de la machine et qui ont 6
pouces de longueur sur dix-huit lignes de largeur
et autant de profondeur. Les goupilles ont un
pouce de saillie.

Cette pièce de bois est garnie d'un coussinet de
drap qui y est fixé par des boutonnières qui s'at-
tachent par dessus avec des vis à tête ronde im-
plantées dans la pièce. Ces mêmes vis servent à
y fixer, avec des cordelettes, une demi-peau de
veau fraîche ou ramollie à l'eau, que l'on dispose
à rebrousse poil, c'est-à-dire la partie postérieure en
devant. Cette peau sert à faire créper le crêpe qui
passe entre elle et le cylindre.

Une autre demi-peau est placée sur le cylindre
le poil en dehors, sans y être fixée.

Entre le cylindre et la pièce de bois se trouve
une tablette de noyer ou de fer poli de la largeur
du cylindre placée horizontalement sur celui-ci et
aboutissant juste vers le milieu de la circonférence
ou perpendiculairement à son axe. Elle est taillée
en biseau à sa partie supérieure pour se trouver à
fleur du cylindre. Elle reçoit le crêpe à mesure
qu'il passe sur celui-ci. Cette table a deux pieds
de large, et vers les trois quarts de sa largeur elle
reçoit une vis de bois qui, par sa pression la fixe
plus ou moins près du cylindre, pour augmenter
ou diminuer le frottement de celui-ci. Elle peut
avancer ou reculer étant placée dans une coulisse.

La pièce de bois revêtue de la peau, est garnie à ses deux extrémités de deux barres de fer de neuf lignes sur trois pieds de long servant de levier, et au bout desquels sont deux poids de dix à douze livres chacun, pour exercer une pression modérée sur le crêpe.

Au dessous du grand rouleau, et à environ un pied de distance, se trouvent trois petits rouleaux d'environ deux pouces de diamètre, très mobiles sur de petits axes en fer fixés dans les montants de la machine; ils sont placés en triangle, savoir :

Le 1er inférieurement à un pied du sol.

Le 2e au-dessus et à huit pouces du 1er en avant de celui-ci.

Le 3e au-dessus du 2e, à même distance et en arrière, ce qui fait le profil qu'on voit fig. 4, pl. 123. Au dessus de ce 3e rouleau est une barre de bois très unie, posée en avant du dernier rouleau, et fixée au châssis.

Voici l'usage de ces rouleaux : la pièce de crêpe ayant été trempée dans l'eau à la température ordinaire, et tordue, l'ouvrier la prend par un bout et l'étend sur le rouleau n° 1 en la plaçant par la partie inférieure de celui-ci de l'arrière en avant; il l'étend ensuite sur le rouleau n° 2 de l'avant en arrière, la fait repasser sous le n° 3 dans le sens contraire, la ramène à lui, puis l'étend sur sa barre, et de là la présente en biais, par un des coins, sur le rouleau entre la peau de veau, de manière à ce que la pièce de crêpe y passe diagonalement à sa longueur. La pièce, après avoir passé sous ce cylindre, va se ramasser sur la planchette, où elle se trouve en chiffon et toute crêpée. On l'étend ou plutôt on la suspend sur des perches sans l'étirer pour la faire sécher; de-là elle passe au teinturier. Voyez planche 123, fig. 2 et fig. 3. — A, A, A, charpente de chêne servant de châssis ou de support à la machine.

B, roue en bois dur, dentelée, fixée au cylindre auquel elle donne le mouvement.

C, petite roue d'engrenage faisant agir la grande.

D, cylindre crêpeur.

E, pièce soutenant le coussinet et la pièce de veau, armée de ses deux tiges en fer avec leurs poids pour régler la pression du cylindre sur le crêpe.

F, planchette de noyer pour soutenir le crêpe.

G, vis de pression servant à fixer la planchette sur le cylindre.

Figure 2. — H, H, H, les trois cylindres mobiles au dessous du grand cylindre.

J, barre de bois fixe et arrondie pour diriger le crêpe sous le cylindre.

K, siége où s'assied l'ouvrier crêpeur.

La manivelle de la roue C est mise en mouvement par un homme ou tout autre moteur. Elle doit faire tourner le cylindre de l'avant en arrière.

Figure 4. — Position des rouleaux qu'on voit, figure 3, en H, H, H.

OZANAM, *correspondant.*

ÉCONOMIE PUBLIQUE.

Notice sur un nouvel établissement qui se forme à Paris, et en particulier sur les moyens offerts aux villes par cet établissement pour appliquer des numéros à toutes les maisons.

On nous a communiqué le prospectus d'un établissement qui manquait à Paris; mais dont l'importance sera surtout appréciée dans les départemens. Fidèle à la tâche que nous nous sommes imposée, de faire connaître tout ce qui peut intéresser les administrations des villes, nous nous proposons d'offrir à nos lecteurs, dans une des prochaines livraisons de notre recueil, un tableau détaillé des diverses opérations que doit embrasser cet établissement, qui nous paraît destiné à devenir le lien d'une communication constante entre la capitale et les autres villes du royaume.

Cette compagnie a signalé son apparition par l'envoi d'une circulaire à tous les maires des départemens pour les inviter à s'occuper du numérotage des maisons et de l'inscription des noms de rues, en leur offrant les moyens d'établir un numérotage parfait. Nous n'examinerons pas si une simple société particulière avait mission à cet effet; toujours est-il que, malgré les légères objections que l'on pourrait faire à cet égard, de telles démarches ne peuvent qu'être fécondes en heu-

reux résultats, en instruisant les administrations
de tout ce qui est bon, utile et avantageux, et en
facilitant en même temps les débouchés de notre
industrie. En effet, combien de petites choses
concourent, dans telle ville, à son embellissement, à sa salubrité, au bien être et à la commodité de ses habitans, qui souvent sont ignorées
dans les autres villes du même département, où
cependant elles seraient sans doute favorablement
accueillies, si elles venaient à y être proposées.
Nous prendrons pour exemple le numérotage des
maisons et l'inscription des rues.

Il serait inutile de faire ressortir ici les avantages d'un bon système de numérotage, et d'inscription des rues ; ils sont, depuis long-temps,
d'autant mieux appréciés qu'on en a été plus généralement privé par l'insuffisance des moyens
jusqu'ici adoptés pour donner au public ces mêmes
indications. (1) L'un de ces moyens consiste très
souvent à préparer avec le plâtre un petit tableau
sur lequel on applique des couches de peinture,
et ensuite les noms ou les chiffres. On a reconnu depuis long-temps les inconvéniens qui en
résultent ; on sait combien la nature de la maçonnerie des murs, la qualité du plâtre et des matières qui composent la peinture, le temps sec ou
humide pendant lequel on exécute le travail,

_____

(1) La plupart des faits et des calculs insérés dans cette
notice sont tirés d'un rapport de M. Pattu, ingénieur en chef des
ponts et chaussées.

l'exposition et la vétusté des maisons, et d'autres circonstances influent sur la solidité de ce tableau, qui, quelquefois, est détruit au bout de deux ans seulement.

Il fut proposé à Paris, vers 1804, un prix pour la manière la plus convenable de numéroter les maisons et d'indiquer les noms des rues. Quelques manufacturiers présentèrent des plaques de faïence; mais, si elles étaient adoptées, on serait bientôt forcé de les abandonner, parce que l'émail, ne se dilatant ou ne se retirant pas comme la terre cuite qu'il recouvre, dans les variations de la température, se fendille, se détache et tombe.

On présenta aussi des plaques de tôle vernissées; mais chacun a pu remarquer avec quelle rapidité celles que les compagnies d'assurance emploient, s'altèrent et deviennent illisibles.

On en présenta aussi de cuivre émaillé, elles étaient trop dispendieuses et ne furent point admises.

En 1822, on proposa la peinture en émail sur verre et des caractères détachés qu'on aurait réunis dans des chassis de fonte. Ce mode fut même généralement adopté dans les rues de Paris; mais on ne tarda pas à y renoncer à cause sans doute de la fragilité du verre et de la non durabilité de l'inscription. Aux caractères sur verre on substitua la tôle de fer émaillée, qui les remplaça dans les châssis de fonte; mais il y avait encore dans ce mode un inconvénient qu'il nous semble qu'on aurait dû prévoir. La tôle de fer venant à s'oxider par l'humidité, la rouille eut bientôt pénétré ou détaché l'émail, et les inscriptions ne furent plus distinctes. C'est à la suite de ces deux essais que l'on a adopté la *lave de Volvic émaillée*, qui promet d'avoir plus de durée.

Il convenait donc d'avoir recours à des moyens plus certains et moins dispendieux. Celui qu'offre l'établissement dont nous avons parlé, en proposant l'emploi des plaques en porcelaine dure de Bayeux, doit incontestablement avoir la préférence, puisqu'il fournit des inscriptions et des numéros inaltérables, et qu'il entraîne en même temps moins de dépenses, comme nous le démontrerons bientôt.

Toutes les plaques sont ovales : celles des numéros ont 20 centimètres (7 po. 5 lignes) de longueur sur 16 centimètres (5 po. 11 lig.) de largeur, les chiffres ont sept centimètres (2 po. 7 lig.) de hauteur. Celles où les noms des rues sont écrits ont 33 et 40 centimètres (1 pied ou 1 pied 3 po.) de longueur et 25 centimètres (9 po. 3 lig.) de hauteur. Chaque plaque a deux trous dans lesquels on fait passer les extrémités taraudées de deux chevilles de fer scellées dans le mur : deux écrous extérieurs retiennent invariablement cette plaque. Les plaques des numéros coûtent 1 fr. 50 c. la pièce, celles des noms, 5 fr. 50 c.; la pose, écrous compris, est de 50 c. Mais nous ferons observer que les dimensions et les prix ci-dessus pourraient être réduits proportionnellement pour les endroits où l'on ne voudrait qu'un *numérotage utile* et ne contribuant point à l'embellissement de la ville. Comme ce sont cependant les seuls adoptés jusqu'ici, nous les prendrons pour terme de comparaison pour apprécier les dépenses.

Un tableau peint sur les murs et servant au numérotage des maisons coûte ordinairement 75 centimes; il a 50 centimètres (18 po.) de longueur, et 35 cent. (1 pied 1 po.) de largeur; les chiffres ont 15 cent. (5 po. 7 l.) de hauteur. On ne sera pas accusé d'exagération en assurant que ces numéros ne seront plus visibles au bout de huit ans. Supposons qu'il y ait 1,000 maisons dans une ville; la personne qui voudrait en entreprendre le numérotage, dépenserait, à raison de 75 centimes par tableau, 750 fr. qui devraient être remboursés en huit ans. En admettant un intérêt de 5 p. o/o, elle devrait recevoir :

131 fr. 25 c., la première année; — 126 fr. 5 c., la seconde; — 121 fr. 87 c., la troisième; — 117 fr. 18 c., la quatrième; — 112 fr. 50 c., la cinquième; — 107 fr. 81 c., la sixième; — 103 fr. 17 c., la septième; — 98 fr. 43 c. la huitième.

Mais si l'on emploie les plaques de porcelaine dure de Bayeux, comme elles sont indestructibles, la ville ne devrait payer que l'intérêt de 2,000 fr., prix de mille plaques toutes posées, ou 100 fr. chaque année; la dépense serait ainsi beaucoup diminuée. On ne serait pas fondé à objecter que les numéros sur porcelaine n'ont que sept centimètres de hauteur et qu'ils ne seront pas aussi visibles que ceux des tableaux peints sur les murs;

car le noir brillant des chiffres, et le fond blanc
et pur sur lequel ils se détacheront, les feront
apercevoir bien mieux, malgré la différence des
dimensions.

On avait craint que les plaques ne fussent cas-
sées dans la pose ou par des chocs; mais on a été
rassuré en examinant la forme de leurs attaches;
et en considérant qu'elles seront appliquées sur
un enduit frais, où elles se moulent exactement,
de manière que tous les points de leurs revers sont
également appuyés. D'ailleurs leur forme con-
vexe et la dureté considérable de la porcelaine de
Bayeux, si connue par sa solidité au feu, suffiraient
pour dissiper la crainte de cet inconvénient, si
une expérience d'environ huit années, dans les
villes de Bayeux, de Caen, du Hâvre, etc., ne venait pas confirmer toute la supériorité de ce mode
de numérotage et d'inscription.

On pourrait s'étonner maintenant que le moyen
offert aux villes par la manufacture de Bayeux,
et employé déjà avec succès dans quelques-unes,
n'ait pas encore été généralement adopté. Ce re-
tardement doit être attribué à la difficulté que
l'administration éprouve à introduire des améliorations qui, au premier abord, paraissent un luxe,
et qui font naître des critiques peu fondées. Nous
espérons cependant que la vérité se montrera peu
à peu, et que le premier exemple donné dans les
villes que nous avons citées d'un numérotage
parfait, sera suivi dans les autres; et nous ne
pouvons que féliciter l'établissement dirigé par

M. Chalon, d'avoir contribué, par sa circulaire aux
maires, à lui donner la publicité nécessaire.

Il n'y a en France qu'un très-petit nombre d'é-
tablissemens où l'on s'occupe de la confection des
plaques propres au numérotage des villes. Dans ce
nombre nous devons citer aussi la manufacture de
M. Arnoux établie à Toulouse, dont les produits
sont dignes d'éloges. Plusieurs échantillons mis
sous nos yeux nous ont offert beaucoup de netteté
et la possibilité de varier beaucoup le choix des
couleurs des plaques et des numéros.

SCIENCES PHYSIQUES.

Nouvel instrument d'optique.

M. *William Shires* (mathématicien) a inventé
l'instrument que représente la figure 5, planche
123, pour réduire à une ligne droite la réflexion
de trois corps célestes.

A, B, deux plaques d'argent extrêmement polies,
et servant de glaces.

A est fixé dans la monture F.

F et G sont placés à angles droits, l'un par rapport à l'autre.

B est fixé à une section de la roue à dents H,
dont le centre de mouvement est en C.

C, D, un axe servant de verge à la charnière qui unit A et B.

I, K, une vis sans fin qui, en agissant sur la roue H, fait tourner B doucement, et forme avec A tel angle nécessaire pour obtenir la correspondance des trois réflexions avec le rebord C D, et la plaque au miroir A.

L, une vis qui serre I K, autant que de besoin, sur la roue H, particulièrement lorsque la coïncidence requise des angles est obtenue.

(Trad. angl.)

ÉCONOMIE INDUSTRIELLE.

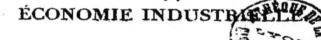

Petit gazomètre portatif pour les expériences.

La chimie étant devenue, en quelque sorte, une science populaire en Angleterre, depuis qu'on l'enseigne dans les institutions mécaniques, on voit se multiplier, à bon marché, les appareils qui avaient toujours coûté trop cher pour être à la portée des simples ouvriers, ou pauvres artisans. Nous allons en décrire un très simple, qui a le mérite de pouvoir être transporté d'un gazomètre sur un autre, dans un court espace de temps, et de s'appliquer dans plusieurs cas auxquels les anciens appareils ne seraient pas propres.

Voir la figure 6, planche 123.

A, B, l'entonnoir, son tuyau et son robinet.

C, la place dans laquelle est très solidement établi un bouchon de liége, qui doit descendre au moins d'un pouce et demi.

D, le gazomètre qui contient, au maximum, une pinte et demie (de Paris).

E, un tuyau de verre, du diamètre intérieur d'un quart de pouce.

F, dans cette partie on applique tels autres tuyaux, etc., nécessaires à la circonstance.

H, le support (en éponge, en charbon de bois, en terre à pipe ou en verre) des matières soumises à l'action du gaz.

En supposant, par exemple que D soit chargé de chlorine, on remplira d'eau l'entonnoir, et en ouvrant le robinet B, on en fera descendre assez pour chasser au dehors la quantité de gaz requise.

Ainsi, on obtient des résultats tels qu'on le désire, avec le moins de consommation possible des substances, et sans que celui qui opérera soit exposé au moindre inconvénient.

L'orifice en F, est un peu plus large, lorsqu'on opère sur des feuilles métalliques.

Un seul gazomètre peut servir à un très grand nombre d'expériences, et il est évident, en outre, que le petit appareil peut être successivement placé sur une très grande quantité de gazomètre; enfin qu'il serait difficile d'en construire un moins coûteux et donnant plus de résultats.

Nous espérons que MM. les professeurs des institutions nouvelles de la France accorderont quelque attention à la description que nous venons de donner.

(*Trad. angl.*)

INDUSTRIE MANUFACTURIÈRE.

Pistons métalliques dilatables de J. Winter.

Il est de nécessité absolue que le piston d'une machine à vapeur soit impénétrable à la vapeur, et sans la plus légère friction : leurs entourages ou garnitures, le chanvre couvert d'huile ou de graisse, sont insuffisans, indépendamment de tous les autres inconvéniens que ces matières entraînent; en conséquence un piston susceptible de se dilater et de presser le cylindre d'une manière toujours égale et sûre, doit être un objet du plus grand intérêt pour les mécaniciens.

La figure 7, planche 123, représente une section horizontale du piston nouveau : il est composé de trois segmens A A A, formant un cercle, et faits de bronze ou d'acier durci et trempé : ces segmens sont tenus en place par trois coins triangulaires en métal B B B, qui agissent uniformément sur eux par la pression de trois forts ressorts héliaques, posés sur des axes en acier (non apparens) : quand les segmens trouvent à s'élargir, les plaques ou coins s'avancent par la force des ressorts C C C, et vont remplir l'espace qu'autrement ils auraient laissé vide.

A l'extérieur ou à la périphérie du cercle formé par les segmens et les coins, il y a trois rainures, dont celles de dessus et de dessous, doivent chacune avoir un anneau en métal avec une clef bien et étroitement ajustée ; ces cercles servent à maintenir les différentes parties, et à empêcher le moindre de leurs déplacemens : la rainure de milieu sert à contenir l'huile ou la graisse destinée à rendre le piston et ses mouvemens faciles : le piston a résisté à la pression de 20 atmosphères dans une machine pour la compression du gaz hydrogène.

(*Trad. angl.*)

Piston métallique perfectionné (du même).

Le nouveau perfectionnement consiste dans un autre arrangement des anneaux, et à tenir l'ouverture expansive d'un anneau flexible, impénétrable à la vapeur, par des moyens excentriques et des anneaux non expansifs.

Les figures 8, 9, 10 et 11 (planche 123), représentent l'arrangement de toutes les parties de cette mécanique.

Dans l'élévation (fig. 8), A est un anneau flexible expansif, et B C, deux anneaux non flexibles et non expansifs. La fig. 9 représente une section verticale d'un piston complet. La figure 10 est le plan d'un anneau flexible et expansif, vu dans l'élévation et dans la section ; et la figure 11 offre de même le plan des deux anneaux inflexibles, marqués B C dans l'élévation et dans la section.

Dans la fig. 10 de l'anneau flexible, on voit une ouverture, et pour prévenir, par ce point, toute perte de gaz, on a placé en dessus et en dessous les anneaux inflexibles B et C. Il faut observer que ces derniers ont un nœud avec un conducteur, et qu'il y a deux ressorts héliaques qui pressent le côté de l'anneau auquel ils sont fixés excentriquement du piston : quand ces anneaux sont adaptés au piston, l'ouverture de l'anneau flexible A doit être à l'opposite des nœuds des anneaux inflexibles. Alors quand le piston est mis dans le cylindre, ces deux anneaux excentriques, B et C, pressent contre cette partie du cylindre immédiatement au dessus et au dessous de l'ouverture de l'anneau élastique A, et suppléent au défaut occasionné dans le piston par une telle ouverture dans l'anneau élastique.

(*Trad. angl.*)

Piston métallique de Jessop's.

Le perfectionnement de ce piston consiste dans la figure spirale que l'inventeur lui donne. Voyez fig. 12, pl. 123.

Le piston est premièrement garni de chanvre, comme fond à la partie métallique, et pour empêcher qu'il ne s'échappe de la vapeur. Le ressort en spirale est placé entre les plaques supérieure et inférieure du piston; au moyen de verroux, les plaques, en tournant, se rapprochent et se pressent les unes contre les autres. Ainsi maintenue en dessus et en dessous, la bande métallique, se resserre latéralement sur les côtés du cylindre, et, par sa force égale, en empêchant tout épanchement de gaz, ne produit qu'une friction très faible.

(*Tad. angl.*)

MINÉRALOGIE.

Notice sur le gisement de la strontiane sulfatée de Bouvron, et nouvelles recherches sur sa composition (1er janvier 1829);

Par M. A. DAURIER (Correspondant.)

M. de Launaguet, capitaine du génie, demeurant à Toul, découvrit le premier à Bouvron (1), en 1788, la strontiane sulfatée qu'il prit pour du sulfate de baryte; ce ne fut que huit ans après, que ce naturaliste en donna quelques échantillons à M. Mathieu de Nancy. Ce dernier se mit à la recherche du minéral, en trouva une certaine quantité parmi les décombres (2), et le répandit dans

(1) Petite commune du département de la Meurthe, à 7 kilomètres au nord de Toul.
(2) Journal de physique, de chimie et d'histoire naturelle par de Lamétherie, tom. III, an 6, page 119.

les cabinets, après en avoir envoyé à M. Lelièvre
qui, l'ayant soumis à l'action du chalumeau, soup-
çonna que ce pouvait être de la strontiane, par la
flamme purpurine que donnait cette matière (1).
En l'an VI, M. Vauquelin publia une note sur ce
minéral, et sur les combinaisons de cette terre,
nouvelle alors en France (2). Depuis cette époque
jusqu'à présent, au rapport des plus anciens habitans et du sieur Hurel, propriétaire de la bri-
queterie, il n'a été fait dans cette localité aucunes
recherches pour se procurer le minéral. D'ailleurs
aucun naturaliste n'ayant parlé de son gisement,
je crus devoir visiter les lieux, afin d'avoir des
données positives à cet égard.

M. le général comte Villatte, mon beau-père,
s'intéressant à ces recherches, voulut bien se joindre à moi pour obtenir du tuilier actuel la permission de faire des fouilles, et M. Colin, un des
anciens propriétaires de cette glaisière, m'engagea
à les diriger dans le voisinage du ruisseau qui se
trouve sur le bord du chemin. En conséquence,

---

(1) Journal de la société des pharmaciens de Paris ; première année, page 137.
Bulletin de la société philomatique de Paris, n° XI, plu-
viôse an 6, p. 83.
(2) Journal de la société des pharmaciens de Paris, première année, page 137.
Bulletin de la société philomatique de Paris, n° XI, plu-
viôse an 6., p. 84.
Journal de physique, de chimie et d'histoire naturelle, par
de Lamétherie, tom. III, an 6, pag. 150.

dans le courant d'octobre 1828, on creusa une fosse parallèle à la route, ayant 4^m 50 de longueur sur trois mètres de largeur, placée à 0^m 60 du ruisseau, et à 14^m de l'angle du mur du cimetière. A 1^m de profondeur, j'aperçus en travers de cette fosse, à 0^m 90 d'une de ses extrémités, et sur toute sa largeur, une couche fracturée de sulfate des strontiane, composée de morceaux bien joints et bien alignés, ayant environ 0^m 10 carrés, placés de champ les uns au dessus des autres, et seulement d'une épaisseur de 0^m 005 au sommet.

On continua donc à creuser jusqu'à la profondeur de 4^m 60 en enlevant avec précaution la terre glaise qui se trouvait de chaque côté du minéral, et j'observai que la couche prenait une position horizontale, ensuite inclinée, et se terminait en escalier jusqu'au fond de l'excavation; les échantillons les plus grands, les plus beaux et les plus épais, composaient la couche inclinée; ceux de la partie verticale supérieure étaient plus minces, quoiqu'assez grands; et de petites portions, qui diminuaient progressivement de grandeur et de grosseur jusqu'au fond de la fosse, formaient les marches de la partie inférieure. L'excavation s'étant remplie de terre et d'eau, plusieurs jours se passèrent sans que l'on exploitât le minéral; ce ne fut qu'au retour du beau temps qu'on vida la fosse pour en extraire avec précaution tout le sulfate de strontiane qu'elle contenait. Curieux de savoir si ce lit se prolongeait, je fis creuser des deux côtés de la fosse, et j'y trouvai encore le minéral, mais principalement vers le chemin ; il est probable qu'il traverse une partie de la glaisière et de la prairie qui se trouve vis-à-vis, et s'étend même indéfiniment, suivant le rapport des anciens habitans du lieu.

J'ai observé que les morceaux de strontiane composant cette couche étaient, les uns placés de champ, et dont les fibres avaient par conséquent une position horizontale, tandis que les autres, qui formaient des marches d'escalier, se trouvaient posés à plat, et leurs fibres dans une direction perpendiculaire. Le minéral de ces gradins ou marches formait un rebord qui saisissait la contre-marche, tellement qu'elle semblait être maintenue par cette espèce de crochet.

Il est probable que par quelque grand bouleversement de la nature, survenu à l'époque de la cristallisation de cette matière, cette couche aura été brisée en différens endroits, de manière à lui donner la forme que j'ai signalée, et à intervertir le sens des fibres du minéral, par une cause qui m'est absolument inconnue : aussi je m'abstiens de toute réflexion sur cette singulière disposition, laissant aux géologues le soin d'en donner l'explication.

Je me proposais de pénétrer à une plus grande profondeur, afin d'atteindre l'endroit où ces marches se terminent, quoique je fusse presque sûr qu'elles ne s'étendaient pas beaucoup plus loin, à en juger par l'amoindrissement du minéral, lorsque le lendemain je trouvai de nouveau ma fosse comblée par l'éboulement des terres, ce qui m'obligea à y renoncer, et avec d'autant plus de raison que le propriétaire ayant vu que je faisais enlever la strontiane sulfatée (1), ne voulut plus me permettre de continuer mes recherches, et imagina, à l'exemple du cordonnier de Bologne (Casciarolo), que cette production si lourde contenait quelques métaux précieux, et que je lui enlevais un trésor.

Je n'ai pas besoin de faire observer que les terrains avoisinant la glaisière se composent en général d'une marne argileuse parsemée de petits cristaux de chaux sulfatée. Afin de mieux faire connaître la disposition du minéral, il m'a paru convenable de joindre à cette notice le profil de la couche de strontiane sulfatée. Je fais des vœux pour que l'on tente de nouvelles recherches, afin d'utiliser un minéral qui paraît être si abondant dans cette commune.

D'après l'analyse faite par M. Vauquelin, le fossile de Bouvron est composé de

Sulfate de strontiane.... 0,83
Carbonate de chaux..... 0,10
Eau 0,05
Fer et cuivre.......... Vestiges.

Ayant eu occasion de faire quelques essais sur

---

(1) On m'en a expédié plus de 800 kilogrammes : j'en ai fait polir quelques échantillons qui ont l'apparence du marbre bleu turquin, et présentent des lames nacrées d'un aspect fort agréable.

ce minéral, j'ai trouvé une proportion de carbonate calcaire beaucoup plus considérable que celle indiquée par ce célèbre chimiste, ce qui m'a engagé à en faire l'examen avec soin. 100 grammes de sulfate de strontiane provenant de l'intérieur d'un échantillon choisi, ont été réduits en poudre impalpable et exposés pendant dix minutes à une chaleur rouge dans un creuset de platine; le minéral avait perdu 3 grammes. Les 97 grammes restans, traités par l'acide hydrochlorique pur et affaibli, ont produit une vive effervescence; la partie insoluble, bien lavée et chauffée au rouge, pesait 68,9.

La liqueur acide contenant en dissolution les autres élémens de la pierre a été évaporée à siccité avec les précautions nécessaires; le résidu repris par l'alcool a laissé un dépôt insoluble : bien lavé avec de l'eau alcoolisée, et convenablement desséché, il pesait 0,105; dissous dans l'eau bouillante, l'hydrochlorate de baryte y formait un précipité abondant, insoluble dans l'acide nitrique; de plus, la même liqueur, essayée par l'oxalate d'ammoniaque déposa de l'oxalate de chaux.

Le liquide contenant l'hydrochlorate de chaux en dissolution dans l'alcool fut évaporé, et on y versa un excès d'ammoniaque qui produisit un dépôt : séparé par le filtre, bien lavé avec de l'eau et desséché, son poids était de 0,2; chauffé au rouge avec de la potasse caustique et repris par l'eau, il est resté de l'oxide de fer qui pesait 0,15 après la dessiccation ; la liqueur filtrée était d'une belle

couleur verte due au manganèse; cet oxide représente un poids de 0,05.

La liqueur ammoniacale, de laquelle on avait
séparé les oxides de fer et de manganèse, n'a pas
pris un teinte bleue : saturée par un acide, elle ne
s'est nullement colorée en rouge par l'hydrocyanate
ferruré de potasse; d'où j'ai conclu qu'elle ne contenait pas de cuivre.

Il résulte de cette analyse que le minéral dont
il s'agit est composé ainsi qu'il suit :

Eau.   3
Sulfate de strontiane.   68,9
Sulfate de chaux.   0,105
Carbonate de chaux.   27,795
Protoxide de fer.   0,15
Oxide de manganèse.   0,05
                                        ─────
                                        100

Ces proportions ne sont pas constantes, ainsi
que j'ai eu lieu de l'observer; celles que je viens
d'indiquer sont le résultat d'une première analyse.

On trouve sur plusieurs morceaux du minéral
des cristaux très prononcés de sulfate de strontiane, transparens et légèrement bleus; ils ne contiennent pas de carbonate de chaux, mais seulement
une très petite quantité d'oxide de fer. M. Barruel
ayant trouvé une quantité assez notable de sulfate
de strontiane dans le sulfate de baryte d'Auver-
gne (1), j'avais pensé qu'il serait peut-être possible

_____

(1) Annales de chimie et physique, tom. xxxi, page 219.

que le minéral de Bouvron contînt du sulfate de baryte; cependant mes recherches à cet égard ont été infructueuses, quoique j'eusse employé l'hydrofluate acide de silice, comme le meilleur réactif que je connaisse pour distinguer les sels de baryte de ceux de strontiane.

EXPLICATION DE LA PLANCHE, FIG. I ET II,
PLANCHE 124.

Fig 1re. Couche de strontiane sulfatée vue de profil.

A, surface de la glaisière.

B, marne argileuse. Hauteur, 1 mètre.

C, couche verticale de strontiane sulfatée, ayant $0^m,75$ de hauteur, composée d'un seul rang de pierres placées de champ les unes au dessus des autres, de l'épaisseur de $0^m,005$ à sa naissance, $0^m,015$ vers le milieu, et $0^m,03$ à la base, régnant, ainsi que les couches suivantes, sur toute l'étendue de la fosse large de 3^m.

D, couche horizontale de strontiane, $0^m,50$ de largeur, et $0^m,03$ d'épaisseur.

E, couche inclinée de strontiane de la hauteur de 1^m et de $0^m,06$ d'épaisseur.

F, sulfate de strontiane ayant la forme d'une contremarche. Hauteur, $0^m,40$; épaisseur, $0^m,05$; le minéral placé de champ.

G, Sulfate de strontiane formant une marche d'escalier, $0^m,20$ de largeur, sur $0^m,05$ d'épaisseur, le minéral posé à plat.

1 , 2 , 3 , 4 , strontiane en forme d'escalier ; marches et contre-marches semblables à l'indication des lettres F , G ; les portions de strontiane irrégulières, moins grosses et moins épaisses vers la fin.

H, terre glaise du fond de la fosse, recouvrant le minéral à une profondeur inconnue, mais qui paraît ne pas s'étendre beaucoup plus loin.

Fig. 2e. Couche représentant avec plus de détails les lettres F , G , de la figure 1re, ainsi que la disposition du minéral, le sens de ses fibres et le crochet qui déborde à chacune des marches.

2. BEAUX-ARTS.

ARCHITECTURE.

Démonstrations des principes de stabilité et d'équi-libre des deux élémens de l'architecture, servant d'introduction au cours écrit sur les principes fondamentaux de l'architecture grecque et romaine, par M. Louis Lebrun, architecte, élève des écoles de peinture, d'architecture et polytechnique (1).

M. Lebrun est auteur du *Précis Universel* de la statique des voûtes, format in-4°. Dans cet ouvrage, qui se vend chez Bachelier, on trouve : 1° Le vrai principe de stabilité non connu dans les livres de science. 2° Deux élémens de l'architecture grecque et de l'architecture romaine, qui ne sont pas mentionnés dans les livres des architectes. 3° Des principes de statique et de proportion des quatre ordres de l'architecture grecque,

(1) Un de nos correspondans nous envoie cet article en nous priant de l'insérer dans notre Recueil. Quoiqu'il soulève des questions très-graves sur une nouvelle théorie, quoique l'auteur, en champion déterminé, soit résolu d'attaquer de front

le Pestum, le Dorique, l'Ionique et le Corynthien.

D'un *Cours d'Architecture* grecque et romaine, écrit et professé, où se trouve, 6e leçon, le développement d'une science nouvelle en statique, appelée *Graphimétrie*. De la démonstration des principes d'équilibre de la poussée des voûtes contre les supports, par la *graphimétrie*. De la définition du beau en architecture, fondée sur les élémens ternaires, la *stabilité*, la *proportion* et la *forme*. Ce cours se trouve chez Carillan Gœury, quai des Augustins.

---

l'ancienne méthode et d'examiner sévèrement les résultats qu'elle a produits, quoiqu'enfin il paraisse ne redouter aucune des raisons qu'on pourrait lui opposer soit en s'appuyant sur la science, les principes de l'art ou l'usage traditionnel, nous nous déterminons à faire cette insertion précisément dans le but de provoquer une controverse, qui, selon nous, ne peut être qu'utile. Nous devons penser en effet que quelque architecte fort de son expérience, quelque ingénieur instruit, quelque vieux praticien, relèveront le gant et examineront la théorie et les nouveaux principes de M. Lebrun. S'ils sont fondés sur l'erreur, il sera facile, par la voie de la publication, de faire écrouler le système de cet architecte ; si la méthode au contraire mérite l'attention des hommes de l'art, nous nous féliciterons de lui avoir consacré quelques pages de ce Recueil.

Nous n'avons pas besoin d'ajouter que nous accueillerons également tous les mémoires, tous les faits qui pourront venir à l'appui ou démentir le système de M. Lebrun, et avec d'autant plus d'empressement que cet artiste provoque la discussion pour mettre plus en lumière sa nouvelle théorie.

(*N. du R.*)

Avant d'entrer en matière, je crois devoir expliquer les motifs d'intérêt public qui m'ont obligé de retirer mon cours écrit d'architecture du Journal connu sous le nom du *Génie civil*, et de continuer, dans le *Recueil Industriel*, mon cours annoncé en six leçons, dont trois ont paru dans le premier de ces journaux.

Le but de mon cours est d'appliquer sans exception, les principes de l'architecture aux monumens de tous genres, parce que ces monumens n'ont point été construits d'après les principes de la science architecturale, et qu'il est important de faire connaître la puissance des principes vrais et l'impuissance des principes faux qui leur ont été appliqués. J'ai vu, après avoir montré dans les trois premières leçons l'application des principes vrais aux édifices des architectes, qu'il était également utile de les appliquer aux édifices des ingénieurs ; et en général, qu'il fallait les opposer à toute fausse architecture. Persuadé en outre que les savans se sont fourvoyés depuis qu'ils s'occupent de constructions, et qu'ils sont depuis cent cinquante ans environ les prôneurs de principes contraires au goût, aux belles formes, à la solidité et à tout ce qui tient au premier des beaux arts, *l'architecture*, j'annonce que mes prochaines leçons auront rapport aux édifices des ingénieurs, et que je corrigerai les principaux ouvrages en construction dont ils se sont occupés depuis l'ingénieur Péronet jusqu'à nos jours. Avant tout, je rectifierai les ponts nouveaux qu'ils entreprennent, et il leur sera montré comment les ponts doivent être construits d'après ma nouvelle méthode.

Voilà les motifs d'intérêt public qui m'ont fait retirer mon cours du Journal du Génie civil, où les applications de cette méthode n'ont pu obtenir l'extension qu'il est utile de leur donner pour le triomphe des vrais principes de la science que les Grecs pratiquaient.

Si messieurs les architectes et ingénieurs croyaient devoir prouver le contraire des principes que j'annonce, ils sont invités à vouloir bien appuyer leurs raisonnemens sur des figures, des plans des élévations, etc., pour soutenir la controverse, parce qu'en matière d'architecture tout consiste dans la forme, et qu'une démonstration qui ne justifierait pas la convenance de cette forme, de laquelle résulte toujours la stabilité, serait alors facile à reconnaître par les figures qu'on produirait.

D'après cet exposé, messieurs les abonnés à ce recueil industriel sauront que mon cours y sera inséré et connaîtront le but que je me propose. J'annonce pour un prochain numéro, l'analyse des trois premières leçons, afin qu'ils aient aussi connaissance des premiers développemens de mon cours, et qu'ils soient parfaitement au courant des trois autres leçons. Dans l'introduction de ma troisième leçon, j'explique *pourquoi* et *comment* les lois de la mécanique ont été appliquées mal-à-propos aux constructions des voûtes. J'y démontre par le raisonnement, en attendant la démonstra-

8.

tion qui fait l'objet de cet article, que les calculs de la mécanique n'ont amené en construction qu'un équilibre sans forme et sans solidité, et que le véritable équilibre que la construction rejette, ne peut être obtenu que par la science nouvelle, appelée *statique graphimétrique* dont je suis l'auteur, et qui est de même la seule science par laquelle on démontre le principe de stabilité de l'architecture.

Jusqu'ici les savans qui ont traité les voûtes ne les ayant considérées que pour le cas d'équilibre, et n'ayant envisagé que les calculs pour l'obtenir, sont tombés dans les plus grandes erreurs, d'abord en n'y cherchant que des considérations hypothétiques qu'ils n'ont pu définir, et qu'ils ont abandonnées tour à tour pour en chercher d'autres ; ensuite parce que la stabilité est fondée en principe et qu'on n'en peut obtenir la limite par l'équilibre. Enfin les savans ne comprenant rien dans la statique qui démontre la stabilité, se sont résumés en dernier lieu dans les mêmes systèmes hypothétiques, pour démontrer l'équilibre des voûtes qu'ils ont alors assimilé à l'équilibre de quatre leviers inflexibles et pesants, comme si définitivement il était besoin de chercher des moyens étrangers aux voûtes pour les mettre dans cet état d'équilibre, encore bien qu'il soit complètement inutile de les y mettre.

L'équilibre des machines est le seul équilibre qui soit du ressort des calculs ; mais l'équilibre des constructions en pierre s'obtient par une science nouvelle en statique ; la seule propre à l'expliquer ainsi que la stabilité relative à l'architecture. Laissons donc à l'algèbre et aux calculs différentiels le pouvoir de résoudre le problème de l'équilibre mécanique, et appelons au secours des voûtes les lois de la stabilité et les moyens de la graphimétrie, pour fixer tout à la fois les limites d'un support stable et les conditions exactes de la véritable poussée des voûtes, que la véritable architecture repousse et que les sciences algébriques n'ont point encore pu résoudre.

Démonstrations.

L'architecture se compose de supports et de fardeaux dont les formes se modifient selon les lois de la nature et les propriétés de la matière. Le fardeau des voûtes se compose de deux parties distinctes, la partie en surplomb et la partie correspondante. Les élémens de l'architecture expliqués par les figures 2 et 12 de la seconde leçon, et qui sont ici représentés par les figure 3 et 4, planche 125 et 126, comportent un principe d'égalité entre les supports et le fardeau, et entre la partie en surplomb et correspondante. Les deux figures 1 et 2, pl. 125 et 126, en état d'équilibre en dérivent, et n'ont perdu de leur forme que du côté de la largeur des supports. La stabilité des voûtes n'avait été considérée jusqu'ici qu'après avoir passé par les calculs de l'équilibre, et cela, parce que le principe de stabilité auquel l'architecture est due

nous était inconnu ainsi que la graphimétrie qui
sert à le démontrer.

La manière dont l'action du fardeau doit agir
sur les supports était pourtant un point fort important à considérer en construction, et c'est
au défaut de la loi de stabilité dont le principe
agit dans le sens de la gravité dans les plates-ban-
des et tend à agir de la même manière dans les voûtes, que l'équilibre fut considéré comme le seul
principe des voûtes.

C'est à ce même principe d'équilibre qu'on doit
les erreurs des savans, les confusions des définitions
et les controverses qui ont anéanti jusqu'à la moindre idée de chercher en architecture les principes de statique, sur lesquels elle se fonde. Mais on
ne pouvait se rendre compte de l'action exercée
par le fardeau, que par la position du centre de
gravité commun, résultant de ce qu'on considère
toutes les parties de ce fardeau comme un système de corps. Nous ferons remarquer que ce n'est
pas une supposition, car dans la nature des choses, et lorsqu'il s'agit de constructions, les masses
stables ne bougent pas. Comment en effet bouge-
raient-elles, lorsque nous admettons d'une part
que le sol est consolidé, et de l'autre que le poids
du fardeau en surplomb est contrebalancé par des
poids égaux compris dans les mêmes masses? Ces
poids toutefois ainsi contrebalancés ne sont pas
la même chose que des forces égales qui n'ont pas
entre elles des poids égaux et qui agissent contre
les supports au lieu d'agir dessus.

Ces masses sont donc les formes sur lesquelles il faut opérer, et ces masses étant constituées en principe de stabilité, les parties qui les composent, liées invariablement entre elles selon les règles de l'art, ne peuvent montrer aucune désunion ni à l'intrados ni à l'extrados; car si elles en montraient, elles ne seraient pas stables. Le seul cas où il pourrait y avoir désunion dans les fardeaux est celui de l'état d'équilibre. Mais comme nous avons la stabilité en premier lieu, il ne s'agit que de prouver l'équilibre et de connaître comment l'action des masses y agit; ainsi, dans les deux cas de stabilité et d'équilibre, les masses représentant les supports et le fardeau, seront considérées comme étant d'une seule pièce.

Soit donc le fardeau de la plate-bande figure 1re, pl. 125 126, q, N, S, A, qu'il s'agit de mettre en état d'équilibre; dans ce cas, les pieds-droits sont constitués de manière qu'ils tendent à être renversés, et tout le système de la voûte se sépare en quatre parties contenant deux couples de masses comprenant chacune un support et un fardeau correspondant.

Ce système d'équilibre exige que l'arète extérieure de la base du pied-droit M ne change pas de position. Voici ce qui doit arriver dans le cas de destruction de ce système. La pression N du point culminant de la clef agit sur le point B du support comme point d'appui dans la direction N, B, M, et le point q de l'intrados s'ouvre au même moment que les points O et A s'élèvent, de sorte que

la pression N, B, du fardeau ayant lieu, les points
G et B du support remontent, et au même moment le point Z s'abaisse, et tout le système tourne
sur le point de rotation M, point où tout se détruit.

D'après la manière dont le fardeau agit sur le
support, il est évident que la droite C, V, L, partant du centre de gravité C, ne peut passer que
sur le point d'appui V, où le fardeau pirouéterait
sans son opposé, et qu'elle indique la direction de
la poussée contre le support.

De ce système de composition du fardeau et
du support, il résulte qu'on aura l'équilibre parfait de ce couple de masses, si le moment de la
force de la partie supérieure, qui tend à faire tourner la partie inférieure dans un sens, est égal au
moment de la force de cette dernière qui tend
à faire tourner la première dans un sens opposé. Ainsi, en considérant les droites C D et E F
comme les bras de levier des momens du couple
de masse, on aura, CD : EF :: VAKR : qNSA,
ou ce qui revient au même CD × qNSA =
EF × VAKR; de plus il résulte du rapport égal
des deux forces du support et du fardeau les propriétés suivantes, 1° que le centre de gravité du système total est en H sur l'arête intérieure du support, car on a F : C :: CH : HF, ou, ce qui revient au même, qNSAKRV : CF :: VAKR : HC;
2° EF = TK, puisqu'il représente l'énergie du
couple du support, de même CD = KL, puisqu'il
représente l'énergie de couple du fardeau; d'où il

résulte que LT représente un levier, sur lequel agit le poids du fardeau en L, et le poids du support en T, et qu'ainsi il y aura encore équilibre en contre-bas du système de ces couples; car deux puissances qui agissent l'une contre l'autre par le moyen d'un levier, ont leurs masses en raison réciproque de leurs distances au point d'appui: on a donc L : T :: TK : KL.

Ces trois conditions sont constantes pour le cas d'équilibre en construction, et concourront toujours ensemble à déterminer l'équilibre parfait des voûtes quelconques sur leurs supports. La première condition se montre dans l'égalité des momens du couple de masse; la seconde, dans l'équilibre des masses donnant le centre de gravité total sur l'arête intérieure du support; et la troisième, dans l'équilibre de la poussée, au point de rotation K du support, puisque KL ou CD représente la poussée.

La figure 2 représente l'élément des voûtes; mais avant d'en démontrer l'équilibre, dont les conditions sont les mêmes que dans la plate-bande, je vais expliquer le centre de gravité de la demi-voûte.

Le point C est le centre de gravité du système de la demi-voûte. Sa position est la conséquence de la démonstration suivante, copiée littéralement dans mon appel aux savans, page 9, publié en juin 1820, et relative à la fig. 4 dudit ouvrage.

Soit le quadrilatère ABCD, fig. 5, dont il s'agit de déterminer le centre de gravité K. Les deux triangles ABC, ACD ayant tous les deux la même base AC et les centres de gravité MN de ces deux triangles étant déterminés et joints par la droite MN qui coupe en O la base commune AC, je dis que les parties NO, MO sont entre elles comme la surface des triangles dans lesquels ces lignes sont tirées; car si sur la base commune on abaisse les deux perpendiculaires PM, Nq, on aura deux triangles semblables, PMO et NqO, puisqu'ils ont chacun un angle droit, et que leurs angles opposés au sommet sont égaux: on a donc PM : qN :: OM : ON; mais PM et qN sont chacun le tiers de la hauteur de IB et LD des triangles auxquels ces droites appartiennent, et comme ces triangles ont la même base, leur surface sont entre elles comme leur hauteur ou comme le tiers de leur hauteur: on peut donc dans la proportion substituer les surfaces aux lignes PM, qN, et on a ABC : ACD :: MO : ON (1re proposition).

Mais d'après la théorie des centres de gravité, les surfaces sont entre elles réciproquement comme la distance des centres de gravité particuliers est au centre commun de gravité. On a donc ABCD : NM :: ABC : KN, de même ABC : ADC :: KN : KM (2e proposition).

Le rapport ABC, ACD étant commun aux proportions 1 et 2, on a MO + ON : MO :: KN + KM : KN, mais OM + ON = MN, donc OM = KN. Ainsi on aura toujours le point K, centre de gravité commun des deux triangles, en partant OM de N en K.

C'est sur cette démonstration entièrement nouvelle en géométrie, que je fonde les moyens de la statique graphimétrique, science nouvelle et qui remplace les calculs qu'on peut faire pour prendre ou trouver les centres de gravité des surfaces et des solides de toutes figures de géométrie et d'architecture.

La sixième leçon de mon cours sera celle où je développerai les applications de cette nouvelle science; mais pour le présent, la figure 6 étant la conséquence de la graphimétrie, on y voit que le point q indique le point C de la demi-voûte qNSAV, figure 2, et que CD et EF sont les bras de levier de ce couple des masses. On a donc $CD : EF :: VAKR : qNSAV$, ou, ce qui revient au même, $CD \times qNSAV = EF \times VAKR$. De plus on a $F : C :: CH : HF$, ou, ce qui est la même chose, $qNSKRV : CF :: VAKR : HC$. De même $CD = KL$, et on a $L : T :: TK : KL$, ainsi les trois conditions constantes qui déterminent l'équilibre parfait d'une voûte sur son support, sont démontrées.

Je vais maintenant démontrer la stabilité des figures 3 et 4 représentant les deux élémens de l'architecture.

Le centre de gravité fig. 3, est en V dans la direction VBq, puisque $CB = BE$, et la masse CNFE est en équilibre au point B, comme point d'appui, mais la direction VBq indique celle du poids du fardeau représenté par son centre de gravité V, il n'y a donc pas de poussée dans l'élément de la plate-bande, et la pression oblique CL, fig. 1, du fardeau qui a lieu dans l'équilibre des forces n'existe plus dans l'équilibre des masses égales, ainsi la pression CB de l'intrados fig. 3, et NH de l'extrados est réduite à zéro, c'est-à-dire qu'elle est égale sur un point comme sur un autre entre les distances CB et NH de la partie en surplomb. De plus si on tire la droite VM, le centre total du système de l'élément sera en S, moitié de VM, parce que le support est égal au fardeau, et que la pression totale se fait en O dans la base du support aux trois quart de l'arête extérieure et au quart de l'arête intérieure ; de sorte que la demi plate-bande adhérente au support restera fermement debout, tandis que, dans l'équilibre, le centre total étant en H, fig. 1ʳᵉ, sur l'arête intérieure du support, rien n'y serait affermi.

La figure 4 représente l'élément de l'arcade. Le centre V n'est point comme dans la plate-bande, dans le prolongement de Bq, parce que les deux parties en surplomb et correspondantes NCBH et HSLB sont de formes différentes. On trouvera que BL largeur du support vaut le quart du diamètre de l'élément, et qu'il doit être d'un vingtième plus fort pour que la partie BHSL soit exactement égale à la partie en surplomb BHNC. Alors le centre V avance en même raison du côté du support ; mais pour les proportions, laissons les choses comme elles sont, c'est un excédant qui n'est pas nuisible. Si donc on tire la droite VB, fig. 4, et qu'on la prolonge sur la base, on aura la direction de la poussée au point I, qui se confondra avec la direction de la gravité du support, tirée de son centre A. Or, dans le cas d'égalité parfaite des deux parties du fardeau, le centre V recule insensiblement, et la direction de la poussée n'en est pas moins sur la base à une distance au-delà, infiniment petite de la perpendiculaire ; ce qui prouve que cette poussée, qu'on peut appeler de *stabilité*, n'est pas dangereuse, étant compensée. De même en tirant la droite AV d'un centre à l'autre, on aura la moitié au point S, parce que le support peut être regardé comme égal au fardeau. La pression totale du système de la demi-voûte se fait au petit poids placé entre les points q et I, dans la base du support à la distance de 5/6 de l'arête extérieure et à 1/6 de l'arrête intérieure, et tout ce système adhérent ensemble tiendra debout, tandis que, dans le cas d'équilibre, tout y serait sollicité vers sa chute.

Nous considérerons que l'effet de la pression des parties intrados et extrados de la voûte n'est point égal au même degré à celui de la pression de la plate-bande, puisque la position du centre de gravité du fardeau n'est point dans le prolongement Bq et que la masse représentant la demi-voûte pirouéterait en dedans, sans son opposé : ce qui prouve que tout le poids en surplomb tend à presser en N ; mais cette pression est fortement corrigée, par la raison que la poussée agit dans les bases et que le poids du fardeau est compris dans deux formes de l'intrados et de l'extrados qui, en construction de stabilité, doivent se bender hori-

zontalement et circulairement. De sorte que la pression des points en dessus et en dessous des voûtes
stables sera regardée comme insensiblement inégale et non dangereuse en raison du peu de poussée du fardeau.

Dimension des deux élémens en équilibre. Figure 1re, plate-bande.

Hauteur des supports..... 12 pieds.
Hauteur du fardeau....... 6
Largeur des supports..... 1 7322
Largeur du vide......... 3 pieds.

Poids du support représenté par sa surface,
20, 80; et le poids du fardeau 28, 40.

Dimension de l'arcade. Fig. 2.

Hauteur des supports..... 12 pieds.
Fardeau..... 6
Diamètre.... 4
Largeur du support...... 1, 5.

Poids du support représenté par sa surface, 18
pieds.

Poids du fardeau......... 20, 43.

*Comparaison entre les élémens stables et en équi-
libre, et propriété des principes en général des
élémens de l'architecture.*

Il est évident que le principe d'équilibre n'est
pas un principe de construction, parce qu'il contient le vice d'agir obliquement contre les supports, et que, pour le corriger, il faut en sortir
sans savoir où s'arrêter pour obtenir la véritable

stabilité ; dès lors il faut tomber dans l'excès ou le défaut de matière. Mais la stabilité est un principe sûr dont la conséquence résout la plus importante question qu'on puisse se proposer en matière d'architecture. La voici : la stabilité donne la forme et la proportion aux édifices, et ce principe rend ses résultats indépendans les uns des autres, en construction. Le [principe d'égalité de la plate-bande est invariable, car toujours la largeur du vide vaut deux plains dans la plus grande extension. Il n'en est pas de même du principe d'égalité dans la voûte, parce que la hauteur du fardeau des voûtes, plein ceintre, ou surbaissées, diminue ou augmente la largeur des supports.

La plate-bande de l'élément est plus forte que la voûte, parce qu'elle n'a pas de poussée et que le fardeau y est porté à moitié, tandis que dans l'élément de l'arcade il n'y est porté qu'au tiers. Ce qui est invariable dans les deux élémens, comme dans les produits de l'architecture, c'est le principe constituant d'égalité entre les supports et le fardeau, auquel on doit la solution du problème des voûtes ; problème dont la solution est si importante en architecture, et qui, quoique retourné en tous sens depuis cent cinquante ans, n'avait pas encore été résolu.

Conclusions.

Il est juste et nécessaire d'avoir une idée fixe et vraie sur la nature des obligations qu'on s'impose en architecture. Les architectes n'ont réclamé jusqu'à présent que la puissance du goût sans calculs pour faire des édifices, et les savans n'ont réclamé que la puissance des calculs sans goût, pour arriver au même but. Ces erreurs, il faut l'avouer, ne sont autre chose que la preuve de la faiblesse humaine, qui n'approfondit rien et qui ne cherche que des moyens prompts pour jouir, plutôt que d'entrer dans le labyrinthe de l'étude. La statique et la géométrie sont les sciences que les savans possèdent ; mais que signifie l'application de ces sciences à l'architecture qu'on ne connaît pas et qui n'existe que par les principes de stabilité qu'on ignore ; en vérité l'aveuglement n'est pas plus grand. De même que signifie le pouvoir du goût sans guide certain pour s'en servir ? Cela prouve que les sciences et le goût sont impuissans lorsqu'ils sont dans une fausse direction. Cela prouve aussi la nécessité du principe de stabilité et de la révolution salutaire qu'il doit opérer en architecture et dans le langage de l'art. Car, n'ayant ni base pour bien construire ni pour bien parler sur cette science, il faut s'attendre à ce qu'on y substitue l'emploi de tous les moyens que l'intelligence peut découvrir pour obtenir des résultats, et aussi de toutes les ressources d'esprit pour les justifier. Mais comme ces moyens ne vont pas au but, et qu'on est désorienté dans le langage, parce que l'architecture se démontre jusqu'à la plus petite partie, il faut bien se pénétrer de la profondeur de l'erreur dans laquelle on se trouve, et nous verrons que les connaissances acquises par les sens, ou par le discernement des yeux, de même que celles acquises par les calculs sont entièrement insuffisantes pour la véritable architecture. Dans cet état de confusion de goût et de confusion de science, il a fallu fermer les livres des architectes et les livres des savans pour envisager cet art sous son véritable point de vue. Ce parti à prendre était nécessaire, parce qu'il y a erreur et insuffisance de part et d'autre. D'abord parce qu'il n'y a pas de science dans les livres des architectes, ensuite parce que les sciences actuelles sont dénuées de moyens propres pour expliquer la stabilité et sa loi. A ces sciences, il leur manque aussi la statique graphimétrique, si utile et si importante, pour tout ce qui regarde les constructions et par conséquent l'architecture.

C'est dans ce dénûment d'idées vraies sur cette science que les erreurs ont abondé dans les connaissances scientifiques, et qu'on s'est imaginé que la construction d'un édifice formait une connaissance à part indépendante de l'architecte, et qu'un constructeur, qui n'est, dans la vraie signification du mot, qu'un homme secondaire, était un autre architecte. C'est une erreur capitale, qu'on doit principalement aux savans, parce que leur tension d'esprit aux calculs leur ôte le goût des beaux arts, et qu'ils n'ont vu dans l'architecture que des murs et dans les sciences que les résultats difformes de l'équilibre pour les maintenir. Cependant le moindre mur dépend de l'architecture, quoiqu'il

n'ait ni moulure ni colonne, attendu que tout ce qui
est construction doit être proportionné. Ainsi l'architecte est le véritable constructeur, et comme il
n'y a pas d'édifice sans construction , c'est l'architecte qui doit déterminer la nature des pierres qui
manifestent cette construction, et qui doit calculer
les causes physiques qui pourraient altérer ses
parties.

La confusion des enseignemens des écoles des
ponts et chaussées et des écoles d'architecture
existe autant du côté des sciences que du côté des
routines, et nous voyons des deux côtés des in-
structions opérer en raison inverse du but qu'elles
doivent se proposer. C'est ainsi qu'à l'école des
beaux arts les sciences y sont accessoires pour l'architecture, et qu'à l'école des ponts et chaussées
c'est l'architecture qu'on y regarde comme accessoire. Cependant c'est l'architecture qui perfectionne les ponts de tout genre et de toute matière. Le véritable enseignement qu'on peut appeler national est donc celui de l'architecture, parce
que cette dernière est la mère des arts ; c'est le premier qu'on devait avoir en vue dans l'origine des
connaissances humaines ; mais ce qui n'a pu avoir
lieu au commencement de la civilisation, doit exister lorsqu'elle est arrivée à son plus haut degré
de splendeur.

Les ingénieurs civils et militaires doivent prendre, d'après la nature de leurs travaux, la qualité
d'architecte du corps de génie , ou de celui des
ponts et chaussées ou de fortifications, attendu que

rien ne peut se faire en construction sans architecture, et qu'il faut être architecte pour appliquer
les principes de cette science à tous les genres de
besoins qui ont la construction pour objet.

Les ponts en pierre et les ponts suspendus offrent aux architectes des ponts et chaussées, à ces
nouveaux artistes, appréciateurs des sciences, une
nouvelle carrière à parcourir. Les édifices en pierre
abandonnés jusqu'à présent aux théories des savans,
sont peu solides et n'offrent que des formes sans proportions et sans combinaisons. Les ponts suspendus,
abandonnés aux mêmes théories, sont loin de la
perfection qu'ils pourraient avoir. Les proportions
graphiques du parallélogramme des forces sont
les moyens nouveaux de la science qu'on doit leur
appliquer pour les rendre dignes de figurer parmi
les édifices d'une grande nation.

Les hommes sensés, à même d'apprécier les
malheurs de l'ignorance et les bienfaits de la
science nouvelle qui la détruit, doivent voir
dans l'affaire des principes une question de pro-
bité, à laquelle se rattache les devoirs du véritable
architecte, qui doit éviter le gaspillage des constructions et toute fausse dépense. J'appelle au
secours des principes et des méthodes nouvelles qui en facilitent l'application, toutes les classes d'hommes incapables de mentir à leur conscience, parce qu'ils verront que l'architecture se
démontre comme une proposition de géométrie,
et qu'elle doit être établie en principe pour méri

ter l'approbation générale de l'opinion, et pour obtenir dans ses applications l'économie si désirée dans cette branche de nos connaissances à régénérer (1).

TABLETTES DE L'ARTISTE.

== *Société des amis des arts de la ville de Douai.* — Toujours empressée à concourir aux progrès des arts et de l'industrie, cette ville offrira au public, en juillet prochain, une exposition des produits du pays et des autres départemens de la France. Nous pensons que MM. les manufacturiers et artistes de Paris, seront jaloux d'ajouter à l'éclat de cette exposition, en y envoyant le fruit de leurs travaux. Les expositions précédentes ont prouvé combien ce moyen de faire connaître les produits nationaux était avantageux à leurs auteurs, et nous ne doutons pas que l'exposition de 1829 ne soit aussi brillante que celles qui ont déjà eu lieu.

Les personnes qui désireront s'associer aux efforts de la société, pourront se faire inscrire au bureau du *Recueil Industriel, Manufacturier, Agricole et commercial ; de la salubrité publique et des Beaux-Arts*, chez M. de Moléon, directeur propriétaire, rue Godot-de-Mauroy, n° 2, où les souscriptions seront reçues ; ou bien les adresser directement au secrétaire de la Société, à Douai.

(1) J'annonce dans la quatrième leçon les développemens de l'ordre ionique et la rectification des ponts en pierre et des ponts suspendus.

3. TÉLÉGRAPHE.

ANALYSE DES SÉANCES DES SOCIÉTÉS SAVANTES.

PARIS.

=Institut. — *Académie des Sciences.* — (Mars 1829.
— M. Dusson soumet un tableau propre à l'*enseignement de l'arithmétique et de la géométrie.*— M. Babinet communique une *machine pneumatique* perfectionnée , et une *boussole à réflexion* très portative.—M. De Prony présente, de la part de madame veuve Brisson, un ouvrage posthume de feu son mari, intitulé : *Essai sur le système de la navigation intérieure de la France , suivi de l'Art de projeter les canaux à point de partage,* par MM. Dupuis, De Torcy et Brisson. — M. le docteur Deleau adresse un instrument de son invention qu'il nomme *Kiotome articulé*, destiné à la résection des amygdales.—M. Lehot, ingénieur des ponts et chaussées adresse un Mémoire concernant un nouvel *Optiomètre*, dont il décrit la construction et l'usage, en indiquant des applications utiles et variées de cet instrument. — M. Cottereau adresse l'explication détaillée de l'*appareil pour l'emploi du chlore dans les affections pulmonaires.* —Le Ministre de l'intérieur, et le Directeur général des mines adressent un ouvrage intitulé : *Nouveau moyen d'éprouver la poudre de guerre*, par M. Barre , officier d'artillerie. — MM. Chevalier et Langlumé envoient un fragment de *pierre siliceuse* qu'ils ont employée pour la lithographie.—M. Masucci envoie de Rome le dessin d'un *mécanisme qu'il croit propre à naviguer dans l'air avec moins de danger.* — MM. Huzard et Silvestre font un rapport sur le Mémoire de M. Bonafous, concernant la comparaison de l'*emploi des feuilles de mûrier sauvage et greffé, pour la nourriture des vers à soie.*—M. Barré, chef de bataillon

d'artillerie , adresse une *Notice relative aux paratonnerres placés sur les magasins à poudre*, *dans les places de Valenciennes*, *Condé, etc.*

══ *Société d'encouragement pour l'industrie nationale.* (Mars 1829.) ── M. Vinet-Buisson, de Montmirail (Marne), adresse le dessin des *leviers volans, bascules et manivelles*, pour lesquels il a obtenu un brevet d'invention. ── M. Luzier , arquebusier, à Paris, présente des *armes à feu portatives tirant deux coups avec un seul canon et une seule charge.* ── M. Gelaze-Métrin , des *cordages exécutés par un nouveau procédé.* ── M. Sauvage , maire d'Audemer (Gironde), envoie le dessin et la description d'une *baratte*, avec laquelle on peut fabriquer une livre de beurre en moins d'une minute. ── MM. Germain , Cordier et Touchon présentent des *boulons en cuirs* , auxquels ils annoncent avoir apporté de notables perfectionnemens. ── M. Deschamps, médecin, adresse une boîte, contenant un nouveau *Mémoire relatif à la dessiccation des viandes* , ainsi qu'un modèle de l'appareil qu'il emploie pour cette opération. ── M. Lecomte, commissaire de la marine au Havre , envoie une caisse, contenant des *viandes desséchées*, par M. Deschenaux. ── M. Saintourens, membre de la société d'agriculture des Landes, transmet 1° un ouvrage, intitulé : *Manuel de l'amateur des vers à soie ;* 2° un Mémoire ayant pour titre : *Questions sur les Landes.* ── M. Denis , percepteur des contributions directes de la ville d'Auray (Morbihan), envoie un Mémoire sur les *plantations de pins* qu'il a faites dans ce département. ── M. Milleret fait hommage de son *Projet de réduction du droit sur les sels.* ── M. Avril , architecte à Paris , d'un Mémoire intitulé : *Choix d'un emplacement pour un palais des expositions et du musée de l'industrie manufacturière.* ── M. Baillet lit un rapport sur *plusieurs machines*, présentées par M. Huet, négociant. ── M. Gaultier de Claubry fait un rapport sur divers *savons de toilette.* ── M. Desrone donne communication du procédé de M. Dumont, pour la *fabrication du sucre de betterave.* ── M. Pelletier, manufacturier à Saint-Quentin, sollicite un rapport sur sa *fabrique de linge de table damassé en fil.* ── M. Pons-de-Paul, adresse un Mémoire, intitulé : *Description de plusieurs échappemens et compensateurs de nouvelle invention.* — MM. Thilorier et Barrachin présentent des *lampes hydrostatiques.* — M. Daudé, des *œillets métalliques pour corsets.* — M. le comte Chaptal remet un Mémoire de M. le comte de Marolles, sur un *moyen de conserver et de durcir les échalas*, en les immergeant dans l'eau avec leur aubier pendant un temps donné. Il dépose deux morceaux de bois, dont l'un a été durci par ce procédé. — M. Rey fait hommage de son ouvrage, ayant pour titre : *Dissertation sur l'emploi du vinaigre à la guerre* (1).—On donne lecture d'un rapport sur des *outils fabriqués par M. Camus*, serrurier à Paris. — M. Bertin fait un rapport sur l'*atlas commercial de M. Francklin.*—M. Baudrillart lit un rapport sur une Notice de M. Girod de Chantrans, relative à *la culture du pin laricio.*—M. de Puymaurin fils lit un Mémoire sur *l'application qu'il a faite aux usages alimentaires de la gélatine extraite des os*, *par le moyen de la vapeur,* suivant le procédé de M. d'Arcet (2).

== *Société royale d'agriculture* (Mars 1829). — L'Académie royale des sciences et arts de Bordeaux transmet des réponses aux questions sur la *culture et la préparation du chanvre et du lin.* — La société d'émulation du département des *Vosges* fait une semblable communication. — Le secrétaire perpétuel de la société d'agriculture de Mâcon envoie des graines et des tubercules d'une variété de *pomme de terre*, très productive et d'une très bonne qualité, qu'il cultive en grand depuis plusieurs années.—M. Barbon sollicite l'examen des *machines et des procédés nouveaux* qu'il destine à suppléer au *rouissage,* en améliorant le produit des plantes textiles. — M. Bourlet adresse un projet d'*amélioration de l'agriculture en France.*— M. Vilmorin transmet une Notice contenant l'historique des *améliorations exécutées en Sologne*, par M. de la Giraudière, président de la société d'agriculture de Loir et Cher. — Le chef du dépôt d'étalons de Montier-en-Dier, adresse le Mémoire

(1) Il a été imprimé dans ce recueil.
(2) *Idem.*

qu'il vient de publier sur l'état d'*amélioration de la race des chevaux*, dans l'ancienne province de Champagne. — On présente de la part de M. Berthier de Roville, des *tubercules de pommes de terre séchées* à l'air depuis 1816, et que les bestiaux mangent sans répugnance. — M Tessier lit un Mémoire sur le *bas prix des laines fines*, sur les causes et sur les moyens d'y remédier. — M. Labove de Lille, propriétaire à Chappoy (Jura) sollicite l'avis de la société sur une *machine à bras, propre à égrainer*, dont il a fait déposer le modèle au conservatoire royal des arts et métiers. — M. le comte de Bussy remet des *tubercules d'une variété de pomme de terre*, apportée de Chandernagor, il y a trois ans, et qu'il a multipliée depuis. Indépendamment de son produit et de la qualité de sa chair, elle offre le précieux avantage de se conserver très tard sans végéter et de fournir une nourriture saine jusqu'en juin et juillet. — On donne lecture d'une *Notice sur les plantations* de M. le comte Le Marrois, dans ses domaines de la presqu'île du Cotentin. — M. Vilmorin rend compte des essais faits pour la *nourriture des porcs avec des topinambours*; il en est résulté que ces animaux ont refusé d'en manger, soit crus, soit cuits; mais il annonce que par des renseignemens qui lui ont été communiqués, il paraît que cette répugnance n'est pas générale et que particulièrement les porcs de la race anglo-chinoise, introduite en France depuis plusieurs années, ne faisaient aucune difficulté de manger de ces tubercules. — M. Vilmorin fait ensuite connaître l'essai très avantageux qu'il a fait de la *culture du topinambour*, dans la Sologne, sur des terres qui n'étaient susceptibles d'aucun autre emploi fructueux, seulement la récolte en a été assez difficile à cause de la nature argileuse du sol. Mais attendu que le parfait nettoiement de ces tubercules est presque impossible, à raison des grandes inégalités de leur surface, M. Vilmorin exprime le désir qu'on pût se procurer une variété à surface lisse dont les germes reproducteurs, au lieu de former des enfoncemens plus ou moins profonds, fussent à peu près superficiels. Il se propose en conséquence dans cette vue, de faire un semis avec des graines de topinambour qui lui ont été envoyées du midi de la France. — M. Bonafous fait un rapport sur l'ouvrage de M. le marquis de Lascaris, intitulé : *De l'emploi le plus avantageux des arbres courbes, défectueux et d'un grand diamètre*. — La société d'agriculture de Saintes adresse des réponses aux questions sur la *culture et la préparation du chanvre et du lin*. — M. le président de la société d'agriculture du Cher adresse des renseignemens sur les *ravages* qu'exerce dans ce département l'*alucite des blés*; ces renseignemens sont renvoyés à la commission chargée de proposer les moyens de détruire cet insecte. — M. Huzard communique une lettre adressée à M. le comte de Polignac, par MM. Paulin, père et fils, de Sedan, par laquelle ils lui font le rapport le plus avantageux sur la *qualité des pièces de draps* de couleur différente, qu'ils ont fabriquées avec la *laine provenant de ses moutons mérinos*.—On commence la lecture d'un Mémoire de M. Des Michel, sur la *culture et la propagation des oliviers*.

INDICATEUR INDUSTRIEL ET SCIENTIFIQUE.

═ *Guitare-Harpe*. — Le son de cet élégant et nouvel instrument est égal à celui de la harpe ; il est aussi portatif que la guitare ordinaire, et beaucoup plus facile à apprendre. Une connaissance complète de cet instrument peut être acquise en très-peu de leçons, ou seulement à l'aide de la méthode. On peut le voir et l'entendre, et il ne peut être acheté que chez M. *Levien*, guitariste de S. A. R. la duchesse de Glocester, inventeur breveté et professeur, rue de la Ferme-des-Mathurins, n° 30.

═ *Nouveaux cuirs à rasoirs, dits inclinés*. Chez Boitin, coutellier, rue Favart, n° 12, au coin du boulevart des Italiens.

Ces cuirs, pour lesquels M. Boitin a obtenu un brevet d'invention, sont d'une forme nouvelle. Les avantages incontestables que présente leur disposition, et la manière particulière dont ils sont confectionnés, les rendent supérieurs à tout ce que l'on a fait jusqu'à ce jour. Rien de semblable n'a encore paru en France ni à l'étranger, et l'on ne doute pas que désormais ce nouveau genre de cuir à cause du moyen sûr qu'il offre de bien affiler soi-même les rasoirs, de les conserver long-temps en bon état, sans avoir besoin de les faire repasser sur la pierre, ne soit généralement préféré. La surface de ces cuirs est plate et inclinée; il en résulte que la lame du rasoir descend nécessairement et passe tout entière sur le cuir. La pression étant plus égale, l'on n'a pas à craindre, par défaut d'attention, d'altérer le fil du rasoir, et l'on est sûr au contraire de le bien faire couper depuis la pointe jusqu'au talon.

Ces cuirs, que M. Boitin a produits sous les formes les plus simples comme les plus élégantes, sont montés sur ivoire ou sur bois; ils contiennent intérieurement une substance spongieuse et élastique qui donne au cuir proprement dit, une grande souplesse, et le fait céder facilement à la pression de la lame. Le cuir est entretenu au moyen d'un enduit perfectionné dont M. Boitin est également l'inventeur.

ANNONCES DE LIVRES.

Livres français.

20. *Traité de l'embouchure du cheval*, ou Moyen de lui adapter le meilleur mors, etc., par Achille de Santeul; in-8°. A Paris, chez Huzard.

21. *Un mot* sur les deux rapports de la commission. Imp. d'Éverat, à Paris.

Livres étrangers.

18. *Commerce extérieur de l'empire de Russie en 1826*; sous ses différens points de vue; in-4°. St-Pétersbourg 1827. (Russe).

19. *Description historique des conduits souterrains de Londres, pour l'écoulement des eaux, et le conduit du gaz pour l'éclairage des maisons. Par John Williams ;* in-8°. Londres, 1828. Carpentier. (Anglais.)

BULLETIN DE L'INDUSTRIEL ET DE L'ARTISTE,

DE L'ACHETEUR ET DU VENDEUR, DU VOYAGEUR ET DU CURIEUX, ETC. (1).

OBJETS A VISITER DANS PARIS. — *La Baleine Royale des Pays-Bas*, place Louis XV. Prix d'entrée, 3 fr. aux premières places. — Le *Diorama*, Vue du mont St-Gothard, et du grand canal de Venise. Prix d'entrée, 2 fr. 5o, boulevart St-Martin, au Château d'Eau. — *Tivoly*, rue de Clichy, n° 8o.

INDUSTRIE. — *Cafetière à ébullition accélérée*, et *lampe hydrostatique perfectionnée*; ces deux objets se trouvent chez M. Palluy, ferblantier-lampiste, rue Grenetat, n° 65, passage de la Trinité. — *Appareils intérieurs à foyers rayonnans*, de l'invention de M. L'homond, rue Coquenard, n° 36. L'appareil simple 3o fr. y compris la pose, et 8o fr. le plus cher.

A VENDRE. — Les propriétaires sont prévenus que la vente annuelle des béliers, brebis et agneaux à laine longue et brillante des *troupeaux de M. Hennet* et compagnie, aura lieu à la ferme du Champ-de-Mars, du 1er au 3o juin. — Le 21 juin en l'étude de Me Lenormand, notaire à Nemours, il sera vendu 1° une tannerie montée pour fabriquer 12 à 15oo *gros cuirs* des abats de Paris. 2° Une maison tenant à la tannerie. — On désire vendre à un prix modéré quinze mille paires de *vieux draps de lit* en toile de chanvre. S'adresser à M. Garnier, rue Popincourt, n° 44. — Belle *fabrique de carreaux*, *briques* et *poteries*, située à 4 lieues de Paris, sur un terrain où les matières premières d'une qualité supérieure fournissent à la fabrication tous les avantages possibles. S'adresser à M. Lallemand fils, rue Lévêque, n° 16. — Un moulin à meule de pierre, propre *à moudre le grain*. S'adresser rue de Pontoise, n° 16 *bis*. — A vendre une *collection de renoncules* la plus com-

---

(1) L'objet de ce Bulletin est d'indiquer d'une manière très sommaire ce qui mérite, chaque mois, de fixer, sous divers rapports, l'attention de nos lecteurs, et de mettre à même ceux des départemens de se procurer, à Paris, une foule d'objets utiles ou d'agrement, dont l'annonce ne peut figurer dans le corps de ce Recueil. Il nous a été demandé par un grand nombre de souscripteurs comme le complément du *Télégraphe*. C'est toujours de l'industrie, considérée sous une nouvelle face. Nous serons obligés de répéter quelquefois certains articles, selon le désir des parties intéressées.

-plète qui existe en Europe de plus de 400 variétés, au nombre de 40 à 50 mille. Elle doit convenir à un jeune homme qui désirerait alimenter le commerce. S'adresser à M. Grand Didier, quai de la Mégisserie, n° 70.

Modes. — Les chapeaux de femme sont à passe très-évasée et à calotte ronde. La passe est tout en blonde. — Il y a beaucoup de canezous en jaconnat blanc sur les robes de couleur, ainsi que des manches dites à *l'imbécile*. — On porte beaucoup de *Popeline lilas*. — On voit des pavots blancs sur beaucoup de chapeaux de paille d'Italie ; sur d'autres, c'est une branche de chèvrefeuille. — Les robes de *guinganp* sont recherchées. — Quelques élégans portent, au lieu de col de chemise, une espèce de colerette à 2 rangs, qui dépasse la cravate d'un pouce. Leurs gants sont de soie faits au métier ; ils sont gris ou perle. — Les habits sont à *poches d'uniforme*. Les redingotes sont en *drap zéphir*, bleu anglais, avec collet à châle, en velours de la même nuance. Leurs souliers sont en forme de guetres, pareils à ceux des dames ; et les pantalons en mérinos de couleurs très-claires.

Gravures nouvelles. — *Souvenirs de Jeunesse*, gravé à l'aquatinta, par Dubucourt, d'après Burneth, 12 pouces sur 9. — Le *Départ* à l'aquatinta, par Jazet, d'après Corbould ; 2 pouces 1/2 sur 8. Chez Aumont, rue J.-J. Rousseau, n° 10.

Lithographies nouvelles. — Portrait de madame Malibran Garcia, par Grevedon. Chez Chaillou et Potrelle, rue St-Honoré. Prix, 4 francs.

Histoires, Mémoires et Romans nouveaux. — *Examen des nouvelles salles du Louvre*, contenant les antiquités égyptiennes, grecques et romaines. Par le *chevalier Alexandre Lenoir*. A Paris, chez Farcy — *Lettre d'une belle-mère à son gendre*, sur quelques sujets d'histoire et de politique. Chez Sautelet, rue de Richelieu, n° 14. Prix 6 francs. — *Pauline et Fanchette*, ou mémoire d'un Champenois, par le baron B***, 4 vol. in-12. A Paris, chez Mame et Delaunay Vallée, rue Guénégaud, n° 25 ; prix, 12 fr. Les *Souvenirs et les Regrets du vieil amateur dramatique* ; chez Froment, quai des Augustins. L'ouvrage aura 6 livraisons à 3 fr. chacune. — *Vues pittoresques des chateaux de l'Allemagne*, à Strasbourg, chez Levrault.

Paris, imprimerie de Gaultier-Laguionie.

Pl. 123.

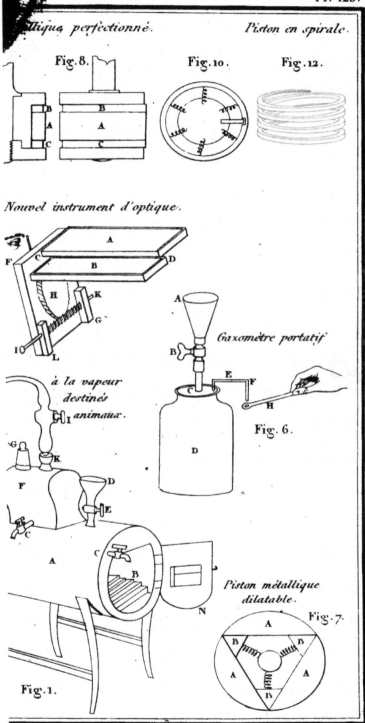

...tique perfectionné.

Piston en spirale.

Fig. 8.

Fig. 10.

Fig. 12.

Nouvel instrument d'optique.

Gazomètre portatif.

à la vapeur
destinés
animaux.

Fig. 6.

Piston métallique
dilatable.

Fig. 7.

Fig. 1.

Dessiné par De Moléon.

Pl. 124.

A

Fig. 1.

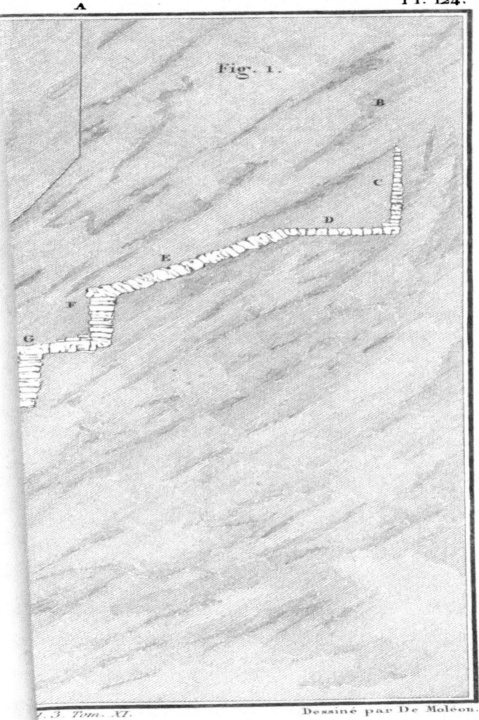

B

C

D

E

F

G

Dessiné par De Moléon.

PL 125

RECUEIL INDUSTRIEL,

MANUFACTURIER,

AGRICOLE ET COMMERCIAL,

DE LA SALUBRITÉ PUBLIQUE

ET DES BEAUX-ARTS,

AUQUEL EST RÉUNI LE

JOURNAL HEBDOMADAIRE

DES ARTS ET MÉTIERS DE L'ANGLETERRE.

1. INDUSTRIE.

SCIENCES PHYSIQUES.

Mémoire sur la direction des parachutes et même des aérostats, et description d'un gouvernail aérien, inventé par M. Jules Vasseur.

La nacelle A B C D, fig. 1, planche 127, qui a ici la forme d'une corbeille, est suspendue au ballon par la corde E F, et attachée au parachute par les cordons G G G ; le fond circulaire B C est percé à son centre pour livrer passage à la tige I H qui, jointe à la corde I J, par l'émérillon I, porte à son extrémité inférieure un plateau circulaire E F, avec lequel elle fait un angle de 45°. Ce plateau circulaire E F n'a ici l'apparence que d'une simple ligne, parce qu'il est supposé perpendiculaire au plan du dessin ; si on le supposait dans toute autre position, il aurait dans le dessin la forme d'une ellipse telle que E K F L. La barre M qui traverse diamétralement le haut de la nacelle porte en son milieu un trou, par lequel passe la verge I H, et à l'endroit de ce trou elle est traversée par une petite vis de pression M qui, lorsqu'on la serre suffisamment, empêche la verge de tourner, et retient ainsi le plateau dans la position qu'on lui a fait prendre ; d'ailleurs cette tige I H ne peut jouer de bas en haut à cause des arrêts N N qui lui sont fixés de chaque côté du fond de la nacelle, de manière à ne lui permettre qu'un mouvement de rotation.

Cela posé, si l'aéronaute applique sa force à l'extrémité O du bras de levier O I implanté dans la verge I H, il fera tourner cette verge et par conséquent le plateau circulaire E F, dans telle direction qu'il voudra.

Direction des Parachutes.

Quand l'aéronaute, soit à dessein, soit par suite d'accident arrivé au ballon, coupe la corde qui l'y tient attaché, et descend du haut des airs au moyen du parachute, il n'y a pour lui aucun danger tant qu'il est à une certaine distance de la terre, ni même quand il y aborde sur un terrain découvert : mais comme il n'a aucun moyen de se diriger dans sa chute, il peut très bien arriver qu'il tombe dans une rivière ou pièce d'eau quelconque (1), ou bien sur quelque point élevé, tel qu'un clocher, un arbre, une maison, etc., d'où, en retombant après avoir probablement mis en pièces son parachute, il ne pourrait guère échapper à la mort. Je devrais donc m'estimer heureux si mon gouvernail aérien fournissait à ces hommes intrépides qui de temps en temps bravent la mort au milieu des airs, pour se rendre, par leurs expériences, utiles à la société, un moyen sûr et facile d'éviter les dangers auxquels ils s'exposent.

En voici l'explication :

Je suppose la nacelle surmontée du parachute, séparée du ballon : dans le mode actuel, tout étant symétrique par rapport à la ligne qui joindrait le sommet du parachute au centre de la nacelle, et que l'on peut considérer comme l'axe du système, la résistance que l'atmosphère oppose de bas en haut à la descente du parachute, n'a sur lui d'autre effet que de ralentir sa vitesse, mais elle ne peut nullement le faire dévier de la direction qu'il a commencé à prendre, de sorte qu'il descendra suivant une ligne droite, verticale s'il fait un calme absolu, et plus ou moins inclinée suivant que l'air est plus ou moins agité. Si, au contraire, la nacelle A B C D est munie du plateau E F que j'ai déjà décrit, la résistance de l'air agissant de

_____

(1) J'ai même entendu dire que ce malheur avait failli arriver il y a quelques années dans une fête publique à Paris, où un aéronaute, après s'être élevé des Champs-Élysées, effectua sa descente tellement près des bords de la Seine, que déjà quelques bateliers se préparaient à aller le repêcher.

10.

bas en haut sur ce plateau qui est oblique à sa direction, s'y décompose en deux, l'une s'opposant à la descente du système, l'autre qui le fait dévier dans le sens indiqué par la flèche P ; comme le sens de cette déviation ne dépend que de la situation du plateau E F dont l'aéronaute peut disposer à son gré en faisant jouer le bras de levier O I, cet aéronaute est donc entièrement libre de choisir pour sa descente tel point qu'il voudra d'un espace à peu près circulaire, dont l'étendue est proportionnée à la hauteur du point où il quitte le ballon. Si donc dans cet espace il se trouve un seul endroit où l'on puisse aborder sans crainte, il est sûr d'y descendre ; dès qu'il aura de l'habitude, il y parviendra tout d'un coup sans aucune peine ; si au contraire l'expérience ne lui a pas encore formé le coup d'œil, il sera peut-être obligé de changer plusieurs fois la direction du gouvernail I J, mais après tout il ne lui en coûtera que quelques tâtonnemens ; il pourra devenir tellement sûr que s'il descend dans une île, il n'aura pas à craindre de rester perché sur le toit de quelque maison, mais il ne tiendra qu'à lui, pour ainsi dire, de choisir pour sa descente telle rue qu'il voudra, et même telle partie de cette rue qu'il lui plaira. Il est facile de se convaincre, par l'expérience, du jeu de cet appareil : si on laisse tomber d'une certaine hauteur un corps léger et plat, telle qu'une feuille de carton, en le tenant dans une position inclinée, au lieu de tomber verticalement au-dessous du point de départ, il s'en va tomber à une certaine distance; et pour le faire aller dans telle ou telle direction donnée, il suffit de l'incliner dans une direction convenable. La nature elle-même nous fournit un exemple à ce sujet dans la semence de quelques arbres : si l'on observe les semences du marronnier lorsqu'elles tombent de l'arbre qui les a produites, on les voit ordinairement tomber en s'écartant du pied de l'arbre, non pas en ligne droite, mais en tournoyant et en décrivant une sorte de spirale, ce qui provient de ce que leur surface est *gauche*. Comme l'appareil en question adapté à un aérostat, muni d'un parachute, permet de descendre en dirigeant ce parachute avec la même facilité et d'après les mêmes principes que le gouvernail adapté à une barque en soumet la direction au pilote qui la monte, il convient assez de lui donner le nom de *gouvernail aérien*. Dans ce gouvernail circulaire, la résistance de l'air agissant symétriquement par rapport au centre, ne s'oppose nullement à ce qu'il tourne; ainsi l'aéronaute n'ayant à vaincre, pour le manier, que le frottement seul, peut guider sa nacelle sans la moindre fatigue.

Il est aisé de voir que tout ce que j'ai dit de l'usage du gouvernail dans la direction des parachutes, s'applique également au cas où la nacelle descend avec le ballon sans parachute. La partie Q, qui est un plan vertical de forme quelconque, est fixée à l'extrémité d'un roseau attaché solidement à la nacelle : elle joue le même rôle que ces feuilles métalliques que l'on place au sommet de

certains tuyaux recourbés adaptés au haut des
cheminées pour remédier à la fumée, c'est-à-dire,
de tenir la nacelle et tout ce qui en dépend dans
une position constante par rapport aux vents, en
l'empêchant de tourner sur elle-même. Par ce
moyen, l'aéronaute, en tournant son gouvernail
dans un sens donné, est sûr d'aller droit dans une
direction déterminée ; tandis qu'au contraire, si le
système venait à tourner, la direction de sa chute
changerait par cela même; et il serait obligé, pour
la corriger, d'avoir continuellement la main au
gouvernail. Cette espèce de girouette Q n'est pas
moins essentielle dans la direction du ballon lui-
même au moyen du gouvernail aérien.

Direction des aérostats en cas de vent.

J'ai supposé jusqu'ici que le plateau du gouvernail eût par rapport à la tige une inclinaison fixe,
mais il est bien aisé de le joindre à cette tige par
une articulation au point R qui permette à l'aéronaute de lui donner toute inclinaison désirée. Si
même cette articulation se trouve à une distance
du fond de la nacelle égale au rayon RE du plateau, on pourra le faire coïncider avec la tige IH,
et alors il sera dans une position verticale; dès à
présent je le suppose, pour plus de clarté, dans
cette situation : soit donc AQ, fig. 2, planche 127,
la direction du vent et par conséquent de la
girouette Q, fig. 1re. Soit E'F', la projection hori-
zontalle du plateau; ce plateau étant perpendiculaire à AQ, ne changera en rien la direction de la

marche du ballon ; celui-ci sera entraîné par l'action du vent suivant la ligne AQ, comme les aérostats ordinaires. Mais, si l'on fait prendre à ce plateau la position GG′, l'aérostat sera emporté dans un sens tel que AN de l'autre côté de la ligne AQ ; il serait de même entraîné dans un certain sens AG′ ; si on inclinait le plateau ou gouvernail suivant la ligne NN′ ; comme la direction du gouvernail dépend uniquement de la volonté de l'aéronaute, il s'ensuit qu'au lieu d'être obligé, comme on l'était jusqu'ici, de suivre en esclave la direction du vent, on pourra désormais s'en écarter à son gré d'un côté ou de l'autre, en faisant toutefois avec elle un angle moindre que 45°.

Pour se faire une juste idée de ce mode de direction, il suffit de considérer une barque se dirigeant, au moyen de son gouvernail, en se laissant entraîner par le courant, sur une rivière d'une largeur indéfinie : le cas est absolument le même. Il est inutile de faire remarquer que l'aéronaute pourra désormais se servir avec avantage de la boussole et de la carte des lieux sur lesquels il domine. On peut voir maintenant que ce que j'ai dit, en supposant le plateau vertical, s'applique tout aussi bien quand il a une inclinaison quelconque par rapport à la tige : seulement dans ce cas l'action du gouvernail sur la marche de l'aérostat n'est pas aussi énergique, car la force du vent, au lieu de faire seulement dévier le ballon, lui donne un mouvement d'ascension ou de descente suivant qu'il frappe la face inférieure ou supérieure du plateau. Quoique le procédé que je viens d'exposer soit loin de résoudre le grand problème de la direction absolue des ballons, il contribuera néanmoins, je l'espère, à rendre plus sûrs et plus faciles les voyages aérostatiques. Comme il est simple, peu dispendieux, aisé à exécuter, et qu'il n'entraîne aucun danger, je serais bien aise que quelque aéronaute en fît bientôt l'épreuve.

Direction des aérostats en cas de calme.

J'ai toujours supposé, pour la direction des ballons, que l'air fût agité : c'est en effet le cas le plus général et le plus difficile; car sans les obstacles de la part du vent, la direction des aérostats n'offrirait pas beaucoup de difficultés. Dans ce cas, le gouvernail aérien fournirait encore un moyen d'avancer dans telle ou telle direction donnée. En effet, comme il existe différens moyens de produire successivement un mouvement d'ascension ou de descente, tels que de jeter du lest et de lâcher du gaz, etc., etc., si l'aéronaute s'élève en tenant le plateau EF dans la position indiquée par la fig. 1re, il s'avancera en même temps vers la droite; s'il venait à descendre en tenant le plateau dans la même position, il reculerait : mais si, en commençant à descendre, il fait faire au gouvernail EF une demi-révolution, il avancera encore vers la droite; quand l'aérostat se trouvera en équilibre, si l'aéronaute recommence la même manœuvre, le même jeu recommencera aussi, de sorte qu'après avoir parcouru une ligne brisée ou *zigzag*, ce qui ressemble bien à ce que, dans la marine, on appelle *louvoyer*, tout le système se trouvera avancé dans telle direction qu'il aura plu à l'aéronaute. On voit donc que le gouvernail aérien fournit un moyen sûr de guider, dans tous les cas, les parachutes, et même de diriger jusqu'à un certain point les aérostats.

Détails de construction.

Le plateau EF devant être essentiellement de construction légère, on pourra le faire d'un cercle de bois fortifié par plusieurs diamètres de roseaux ou bambous; ces roseaux qui nous viennent, je crois, de l'Amérique et qui sont bien connus par leur usage dans la pêche à la ligne, sont précieux dans ce cas, pour leur légèreté et leur roideur. Ce châssis sera revêtu par dessous d'une toile qui y sera solidement cousue; il sera bon que le diamètre dans le sens EF soit une barre de bois, car la partie F de ce diamètre étant nécessairement le premier point du système qui touche terre au moment de la descente, doit avoir assez de force pour résister au choc qu'elle éprouve. Le plateau, après avoir touché terre, s'inclinera avec la nacelle et coïncidera bientôt avec le sol. La nacelle se trouvant alors penchée, si elle n'est pas trop profonde, l'aéronaute pourra alors en sortir en enjambant par dessus les bords; s'il ne peut en sortir commodément par ce moyen, il le fera par une ouverture latérale pratiquée du côté ABH, et qui pendant le temps du voyage aérien se tiendra fermée par quelques cordons.

Quant à la tige IH, on pourra la faire de bois ou de fer, selon qu'on le jugera à propos.

JULES VASSEUR,

Londres, 4 avril 1829.

Instruction théorique et pratique sur les brevets d'invention, de perfectionnement et d'importation, rédigée par le chef du bureau des manufactures, au ministère du commerce (fin) (1).

CHAPITRE QUINZIÈME.

Publication officielle des descriptions et dessins des brevets dont la durée est expirée, et de ceux qui, avant le terme assigné à la cessation du privilège, tombent, par déchéance ou autrement, dans le domaine général de l'industrie.

Il n'y a qu'un très petit nombre de brevets en exercice, dont on ne puisse consulter les descriptions et les dessins au dépôt général établi au ministère du commerce. C'est ce que j'ai expliqué dans la deuxième section du chapitre septième. J'y ai expliqué également que toutes les autres descriptions et tous les autres dessins sont com-

---

(1) Voyez tom. X, n° 30.

muniqués en exécution de l'article 11 de la loi du
7 janvier 1791, et suivant le mode que l'usage a
établi.

La conséquence à tirer de cette communication
légale est que l'intention du législateur a été que
les procédés et moyens pour lesquels il a été pris
des brevets, soient rendus publics, sans que la
publicité puisse nuire aux droits des titulaires ; il
n'aurait pas prescrit, s'il en était autrement, de
les communiquer aux personnes qui ont de justes
motifs de s'en faire donner connaissance. Aussi,
plus nous avançons, plus s'augmente le nombre
des brevetés qui publient ou laissent publier les
descriptions de leurs titres. Il y en a qui les publient dans leur propre intérêt, engageant tout le
monde à faire l'essai de leurs moyens pour en constater le mérite, et offrant de céder leurs droits à
un prix raisonnable. D'autres permettent qu'on
insère leurs mémoires descriptifs, ou ne s'opposent
pas à leur insertion, soit dans des traités spéciaux,
soit dans des ouvrages périodiques consacrés aux
arts et à l'industrie manufacturière : c'est ainsi
qu'on en a vu plusieurs paraître successivement
dans le *Recueil industriel* que dirige M. de Moléon ;
c'est ainsi que MM. *Lenormand*, *de Montgery* et
Peclet, qui ont écrit, le premier sur l'art de la
distillation, le second sur les machines à feu, et le
troisième sur l'éclairage, n'ont pu rendre leurs
traités complets sans faire connaître les procédés
des nombreux brevets qui contiennent les perfectionnemens dont ces arts se sont enrichis.

Pour peu que cela continue, nous en viendrons au point où se trouvent en Angleterre, sous ce rapport, les priviléges industriels dont le bureau des patentes expédie les descriptions à tout venant, sans compter qu'elles sont mises au jour par le *Repertory of arts*, six mois au plus après la délivrance de la patente.

Alors se termineront les sacrifices considérables qu'entraîne l'ouvrage que l'administration publie officiellement, sur les brevets qui ont cessé d'être l'objet d'un privilége.

On pense généralement que cet ouvrage, qui comprend déjà quatorze volumes in-4°, et dont le quinzième est sous presse, s'imprime avec trop de luxe ; les planches, qui en sont faites avec un talent remarquable par M. *Leblanc*, dessinateur du Conservatoire royal des arts et métiers, contribuent encore à en élever le prix, ce qui est cause que peu de personnes sont en état d'y atteindre, parmi celles à qui il serait le plus utile.

Pendant long-temps il n'a offert que les descriptions et les dessins des brevets dont la durée était expirée. On y a joint postérieurement ce qui, pour les titres de la même espèce déclarés en déchéance à défaut de paiement de la seconde partie de la taxe, méritait d'être connu. En attendant l'amélioration du système qui régit la propriété industrielle, cet ouvrage sera complété par la publication des brevets qu'annulent les tribunaux : toutes les mesures nécessaires ont été prises pour que ce complément soit mis à la disposition du ministre du commerce. (*Voir la lettre de S. E. le ministre du commerce et des manufactures, du 13 août 1828, et la circulaire de S. G. le garde des sceaux à MM. les procureurs généraux près les cours royales, du 4 octobre suivant.*)

LETTRE ET MODÈLES.

N° 1.

Lettre qui a paru dans le Recueil Industriel, manufacturier, agricole et commercial, etc., n° 20, mois d'août 1828.

Paris, 9 juillet 1828.

A M. le rédacteur du *Recueil Industriel*.

Vous avez inséré dans votre numéro du mois de mai dernier, page 194 et suivantes, une dissertation de M. Regnault, sur le sens à donner au mot *spécification*, qu'on trouve à l'art. 11 de la loi du 7 janvier 1791, relative aux inventions et aux moyens d'en assurer la propriété aux auteurs. L'administration avait expliqué que légalement il signifiait *l'indication exacte et précise de tout ce qui forme le caractère distinctif d'une découverte ou d'un perfectionnement dans les arts industriels.* Une telle interprétation restreindrait la valeur de ce terme, suivant M. Regnault, et la diminuerait d'une manière contraire à l'intention du législateur et au texte de la loi. Aussi s'attache-t-il à prouver que la *spécification* doit s'entendre de la *description détaillée des principes, moyens et procédés constitutifs d'une découverte.*

En examinant cette question, qui ne roule que sur un mot, je suis conduit à penser que si elle a produit une erreur de la part de l'administration, cette erreur est devenue plus grave sous la plume de l'estimable avocat qui a voulu la rectifier. Voici les motifs de mon opinion.

Il y a un axiome de droit d'après lequel les lois rendues sur une matière quelconque dérogent à celles portées antérieurement sur la même matière : *posteriora derogant prioribus.*

La loi du 25 mai 1791, rapprochée de celle du 7 janvier précédent, offre deux applications de cet axiome, qui sont d'autant plus remarquables qu'elles ont été faites par le législateur lui-même, et que la seconde est décisive pour l'objet qui m'occupe.

Dans la loi du 7 janvier, il avait été déclaré solennellement que les titres à délivrer aux inventeurs seraient appelés *patentes*: le mot *patente* y est reproduit et répété quinze ou seize fois. On avait aussi, dans l'art. 11, qualifié de *spécifications* les mémoires descriptifs ou explicatifs des découvertes industrielles.

Ouvrons la loi du 25 mai suivant. Nous n'y trouvons plus que les titres destinés à garantir temporairement la propriété des inventeurs conserveront la dénomination de *patentes*; nous y voyons, au contraire, qu'ils prendront celle de *br.* *d'invention*. Et quant aux *spécifications*, s'il n'y en est fait mention aucune, elles sont remplacées, soit dans le tarif dont la loi est suivie, soit dans les modèles qui l'accompagnent, par les expressions de *mémoires descriptifs* ou *explicatifs, descriptions, pièces descriptives.*

J'en conclus que le législateur n'a entendu garder ni cette dénomination, ni celle de *patente*. L'une n'est pas aujourd'hui plus légale que l'autre. Établies par la loi du 7 janvier 1791, elles ont été légalement et complétement abolies par celle postérieure du 25 mai de la même année.

L'administration a donc commis une erreur en parlant de la *spécification*; cette erreur n'est pas dans la définition qu'elle a donnée du mot dont il s'agit, ni dans l'application qu'elle en a faite à ce qui caractérise une invention : elle consiste uniquement à avoir dit que cette application était légale. M. Regnault a donc aussi erré comme l'administration, et bien plus gravement, par l'insistance qu'il a mise à vouloir démontrer que non seulement le même mot est consacré par la loi, qu'une autre loi a postérieurement abrogée sur ce point ; mais encore qu'il signifie l'ensemble des pièces descriptives produites à l'appui des demandes de brevets.

En effet, abstraction faite de la légalité qui ne reste pour rien dans la question débattue, la *spécification*, qui, prise en général, n'est que l'expression, la détermination d'une chose particulière, mais détermination fixée par des termes courts et précis, paraît très susceptible de s'appliquer particulièrement aux caractères descriptifs d'une découverte, et à ce qui la différencie de toute autre. Y attacher une idée plus étendue, et telle qu'elle embrasserait des descriptions souvent assez longues pour remplir quarante ou cinquante pages d'impression, c'est dénaturer le mot, et en forcer le sens ; c'est lui faire prendre une acception qu'il n'a pas, et qui est beaucoup plus restreinte par l'usage.

Ne serait-ce pas ces motifs qui déterminèrent le législateur à renoncer, dans la seconde loi, au mot *spécification*, dont il s'était servi dans la première ?

Quoique l'auteur de l'excellent traité des brevets d'invention, semble avoir partagé, avec l'administration et avec M. Regnault, le tort de croire que cette dénomination était encore légale, il a parfaitement senti que notre langue n'y attribuait pas et ne pouvait pas y attribuer le sens qu'y affectent les lois anglaises concernant les patentes. C'est ce qui l'a porté à ne l'employer seule que très rarement ; presque partout il l'a accolée à celle de description, les expliquant l'une par l'autre, et cherchant à les rendre en quelque sorte synonymes. On peut voir à ce sujet les deux premières sections du chap. VII de son ouvrage, intitulées *de la Description ou spécification, et publicité de la description ou spécification.*

Si mon opinion est fondée, il résulte de ce qui vient d'être dit :

1° Qu'on s'est trompé généralement jusqu'à ce jour, en considérant l'art. 2 de la loi du 7 janvier 1791 comme subsistant dans toutes les dispositions qu'il présente, sans en excepter celle qui avait désigné les pièces descriptives d'une découverte par le terme étrange de *spécification*, qui ne s'entend pas ainsi en français.

2° Que la loi postérieure, du 25 mai de la même année, a remplacé ce terme par d'autres équivalens plus conformes à l'usage, exprimant mieux ce qu'il s'agit d'indiquer, parmi lesquels il convient d'employer de préférence celui de *description*, qui comprend tout à la fois les mémoires descriptifs ou explicatifs, et les plans ou dessins, s'il y en a; car on décrit par le crayon comme par l'écriture, et d'autant plus que les dessins correspondent aux mémoires par des lettres de renvoi.

3° Que rien ne s'oppose cependant à ce que l'administration continue d'appeler *spécification*, comme elle le fait dans ses catalogues, *ce qui forme le caractère distinctif d'une découverte ou d'un perfectionnement*, mais sans y attacher rien de légal, le sens qu'elle a ainsi prêté et prêtera à ce mot étant bien celui qu'il a dans la langue française.

4° Que pour mettre plus en harmonie un autre de ses acte avec les lois qui régissent la matière, elle devrait modifier le titre du grand ouvrage qu'elle publie sur les brevets qui tombent dans le domaine de l'industrie. Vous savez qu'il est conçu en ces termes : *Description des machines et procédés spécifiés dans les brevets d'invention, de perfectionnement et d'importation, dont la durée est expirée.* Le participe du verbe *spécifier* est ici d'un mauvais choix; il ne tend qu'à perpétuer l'erreur générale née du mot *spécification*, pris dans le sens qu'y avait assigné l'art. 2 de la loi du 7 janvier 1791. Il serait préférable d'intituler l'ouvrage suivant la définition donnée par M. Regnault des pièces descriptives d'une découverte, et de dire en conséquence : *Description des principes, procédés et moyens consignés dans les brevets*, etc.

A une époque où l'on réclame la révision et l'amélioration, depuis si long-temps projetées, de la législation relative aux brevets, j'ai cru qu'il fallait s'entendre sur les dispositions actuelles de cette législation. C'est dans ce but que ces observations ont été écrites; si vous les jugez utiles, Monsieur, je vous prie de les publier par la voie de votre intéressant recueil.

N° 2.

MODÈLE DE DEMANDE DE BREVET.

18

MONSEIGNEUR,

Je prie votre Excellence de vouloir bien me délivrer un brevet (*indiquer s'il s'agit d'invention, de perfectionnement, d'importation, et donner l'exacte dénomination à affecter au titre*), de (*assigner le nombre d'années de jouissance exclusive*) ans, pour (*spécifier les moyens que l'on entend faire breveter*). J'ai rempli à cet effet les formalités et satisfait à toutes les conditions prescrites par les lois des 7 janvier et 25 mai 1791.

Je suis avec respect, etc.

Lorsque la demande est faite pour un certificat de perfectionnement et d'addition à un brevet principal pris antérieurement, elle peut être ainsi conçue :

18

MONSEIGNEUR,

Je prie votre Excellence de vouloir bien me délivrer un certificat de perfectionnement et d'addition au brevet (*rappel de la dénomination du titre principal*), que j'ai pris le (*date de la délivrance du même titre*), pour (*spécification des procédés et moyens originairement brevetés*). J'ai rempli, à cet effet, les formalités et satisfait à toutes les conditions prescrites par les lois des, etc.

A son Excellence le Ministre-Secrétaire d'État du Commerce et des Manufactures.

N° 3.

MODÈLES DE DESCRIPTIONS,

ou

MÉMOIRES DESCRIPTIFS.

1er Modèle. — *Description produite, sans aucune autre pièce, à l'appui de la demande d'un brevet.*

Mémoire descriptif d'un métier propre à fabriquer une pièce d'étoffe de trois aunes et un quart de large, à l'aide d'un seul homme assis au milieu du métier.

Ce métier ne diffère des métiers ordinaires de tisserand que dans sa largeur et dans l'application d'un mécanisme pour lancer la navette. Ce mécanisme consiste en une poignée en fer à deux branches, montée à bascule sur le milieu de la longueur de la chasse; à chaque branche de cette poignée est attaché le bout d'un fil de fer, dont l'autre bout est fixé à un levier à deux branches formant bascule, destiné, par son action, à chasser la navette en la frappant. Il suffit, pour que cet effet ait lieu, que l'ouvrier placé au centre du métier incline alternativement à droite et à gauche la poignée, dont il tient une des branches dans la main droite.

(*Extrait de la page 139 du XIV volume des Descriptions des machines et procédés consignés dans les brevets d'invention, de perfectionnement et d'importation, dont la durée est expirée.*)

2ᵉ Modèle. — *Autre description qui n'est également accompagnée d'aucune pièce.*

Mémoire descriptif des procédés de fabrication de mouchoirs en soie et coton dits *Cotepali.*

La chaîne de ces tissus est en coton teint en fil, par les procédés ordinaires, en différentes couleurs, suivant les dessins que l'on veut obtenir; cette chaîne s'ourdit comme on a coutume de le faire pour les étoffes de coton.

L'invention consiste dans la trame, qui est en soie écrue, ce qui constitue un tissu mélangé, d'un aspect très agréable, ayant presque la douceur de la batiste, et l'apparence des plus beaux madras des Indes.

Cette trame est teinte de diverses couleurs par les procédés ordinaires de la teinture, avec cette différence qu'au lieu d'être préalablement décruée, la soie n'est que légèrement adoucie dans un bain formé dans une dissolution de savon, à une chaleur assez modérée pour qu'elle ne perde rien de son poids et très peu de sa couleur naturelle.

On peut faire usage de soie jaune pour les couleurs auxquelles ce fond ne nuit pas; mais pour des nuances plus délicates, telles que le blanc-paille, rose, bleu, etc., on opère sur des soies naturellement blanches.

Cette trame conservant beaucoup de raideur, on est obligé, pour la rendre un peu plus souple et moins difficile à l'emploi, de la mouiller lorsqu'elle est dévidée sur les canettes, soit avec de l'eau pure, soit avec une eau légèrement savonneuse.

Lorsque l'étoffe est tissée, on lui fait subir plusieurs battues et lavages à l'eau courante, afin de la bien nettoyer; ensuite on l'étend et on la fait sécher dans un état de tension : alors les mouchoirs, que l'on plie et que l'on soumet à la presse, sont terminés.

(*Extrait des pages 267 et 268 du XVᵉ volume du même ouvrage.*)

3e Modèle. — *Description appuyée d'un modèle et d'échantillons.*

Mémoire descriptif des procédés de fabrication de chapeaux de paille double, tissus à l'envers sur baguettes d'osier, de baleine, de roseau, et autres substances flexibles analogues.

Avant de fendre la paille, on la fait aplatir sur une règle en bois, en la raclant sur ses deux faces, avec un couteau : cette opération lui enlève une partie du tissu spongieux qui revêt l'intérieur du tube, et la rend ainsi beaucoup plus flexible et moins cassante; on la fend ensuite avec un nouvel outil appelé *filière*, consistant, tout simplement, en plusieurs aiguilles fixées sur un manche, et écartées l'une de l'autre suivant la largeur que l'on se propose de donner aux petites lames de paille. En appuyant ces aiguilles ainsi disposées sur l'une des extrémités de la paille aplatie, et en tirant à soi cette extrémité, la pointe de chaque aiguille fend cette paille et la réduit en autant de morceaux égaux qu'il y a d'intervalles.

C'est avec la paille ainsi préparée que se fabriquent les nouveaux chapeaux; on la contourne sur des baguettes d'osier extrêmement minces, et auxquelles on réunit quelques fines lames de baleine pour en augmenter la solidité.

La paille privée des soutiens spongieux par l'opération du raclage dont on vient de parler, se trouvant très amincie, on la double pour la mettre en œuvre : c'est le moyen d'obtenir un tissu très serré et en même temps très égal, attendu que l'ouvrage ne présente pas alors ces petites aspérités et imperfections qui sont inévitables quand on n'emploie qu'une seule paille pour former le point du tissu; les deux pailles donnent la facilité de rajuster d'une manière imperceptible celles qui viennent à casser. Les chapeaux ainsi préparés sont teints par les procédés ordinaires.

Un modèle de l'outil appelé filière, et des échantillons sont joints aux pièces de la demande.

(*Extrait des pages* 248 *et* 249 *du* XVe *volume du même ouvrage.*)

4ᵉ Modèle. — *Description avec un seul dessin produit en double original.*

Mémoire descriptif d'un mécanisme propre à fixer les chevilles de l'instrument de musique à corde, nommé *Fixateur*.

a, Boîte en cuivre munie intérieurement d'un pas de vis pour recevoir le bout de vis b. Le fond de la boîte a est disposé de manière à recevoir l'embase d'acier c, que porte la virole de cuivre d.

e, Deux vis à bois, servant à fixer la boîte a sur la crosse des instrumens.

La virole d se trouve entrée de force, et fixée par une goupille f à la clef de l'instrument.

g, Rondelle d'acier qui se place par-dessus la virole d, pour que le mouvement de rotation ne fasse pas visser ou dévisser la vis b, qui retient toutes les pièces dans la boîte a. La vis b, une fois fixée, ne peut plus tourner, parce que la rondelle g, qui est intermédiaire entre la base de la virole d et la vis b, se trouve arrêtée par deux petits tenons i, qui font partie de cette rondelle, et qui sont logés dans deux entailles i', pratiquées pour les recevoir dans la boîte a.

La propriété de ce mécanisme est de monter et descendre les cordes des instrumens sans secousse et avec précision.

(*Extrait des pages 41 et 42 du XIVᵉ volume du même ouvrage, volume à la fin duquel se trouve le dessin du fixateur.*)

5ᵉ Modèle: — *Description accompagnée de plu-sieurs dessins en double original.*

Mémoire, descriptif des procédés de fabrication de serrures , cadenas et autres fermetures *à pênes circulaires faits au tour.*

La fig. 1ʳᵉ représente, en plan, une serrure à pênes circu-laires tournés, et la fig. 2ᵉ montre la coupe horizontale de cette même serrure.

Fig. 3ᵉ, La clef, vue dans sa longueur.

a, Verrou de nuit.

b, Pêne du bouton ou de l'olive circulaire.

c, Pêne de la clef.

d, Axe du bouton.

e, Ressort de la bascule à crochet fermant.

f, Bascule à crochet fermant.

g, Garniture intérieure de la clef.

h, Petit support de la platine supérieure.

i, Petit ressort à boudin du verrou de nuit.

k, Dent engrenant le pêne de l'olive.

(*Extrait de la page* 320 *du* XIVᵉ *volume du même ouvrage, volume à la fin duquel sont les dessins des serrures et cadenas à pênes circulaires, réunis sur une seule planche.*)

———

6e Modèle. — Description accompagnée de plu-sieurs dessins.

Mémoire descriptif d'un hache-paille à un seul couteau mobile, agis-sant verticalement au moyen d'un arbre coudé qui porte manivelle et volant.

Fig. 1re, vue de face.
Fig. 2e, profil.
Fig. 3e, plan.

a, Auge en bois, dans laquelle on étend la paille que l'on veut hacher ; elle est formée de deux côtés en bois *b*, assemblés par trois petites traverses *c*, recevant le fond de l'auge, qui, comme l'indique la fig. 3e, est plus large d'un bout que de l'autre.

d, Deux pieds de derrière, au sommet desquels sont ajustés les deux côtés de l'auge.

e, Deux montans servant de pieds de devant à l'auge, et aux-quels sont ajustées toutes les parties composant le mécanisme qui hache la paille.

f, Deux longues entailles pratiquées verticalement dans l'un des angles intérieurs de chacun des montans *e*. Ces entailles sont garnies de plaques de fer formant des coulisses, le long desquelles glisse un châssis vertical *g*, sur lequel est fixé le con-teau *h*. Le haut du châssis *g* reçoit, à charnière, l'extrémité in-férieure d'une bièle *i*, dont l'extrémité supérieure est attachée au coude de l'axe *k* ; cet axe, dont les coussinets sont ajustés sur l'extrémité supérieure des montans *e*, porte d'un bout le volant *l*, et de l'autre la manivelle *m*, au moyen de laquelle une personne imprime au couteau *h* le mouvement vertical de va-et-vient.

n, Couteau fixé solidement dans les entailles *f*.

Fig. 4e, Coupe horizontale du châssis formé par les deux montans *e* ; on y voit le couteau mobile *h*, monté de manière qu'on peut, par des vis de rappel *o*, le rapprocher plus ou moins du plan vertical, dans lequel se trouve fixé le couteau *n*, fig. 1ʳᵉ.

p, fig. 2ᵉ, 3ᵉ et 4ᵉ, Pièce de bois fixée par des vis sur les côtés de l'auge ; elle sert à presser et à diriger la paille.

q, Planche de bois destinée à arrêter la paille pour déterminer la longueur que l'on doit couper. On voit cette planche en élévation, fig. 5ᵉ.

(*Extrait des pages* 50 *et* 51 *du XIV* ᵉ *volume du même ouvrage, à la fin duquel se trouvent les figures réunies sur la* 1ʳᵉ *planche.*)

7ᵉ Modèle. — *Description pour certificat d'addition et de perfectionnement.*

Mémoire descriptif des changemens, rectifications et perfectionnemens apportés au hache-paille à un seul couteau mobile.

Ces perfectionnemens consistent dans l'addition des pièces suivantes :

r, Lame de fer recourbée, arrêtée sur les plaques qui forment les coulisses ; elle bouche le vide qui, auparavant, existait au-dessus de la planche *q*, et empêche que la paille ne remonte sur le couteau fixe *n*, lorsque le couteau mobile *h* exerce sa pression.

s, Lame de fer fixée sur le châssis *g* ; elle est destinée à faire descendre la paille qui, sans elle, s'engorgerait entre le couteau fixe et la lame *r*.

t, fig. 1ʳᵉ, Traverse dont les extrémités sont fixées aux plaques de fer formant les coulisses des entailles *f*; elle empêche ces coulisses de se rapprocher.

L'emploi de cette machine exige que la personne qui tourne la manivelle de la main droite, pousse la paille avec l'autre main, sur les couteaux.

(*Extrait des pages* 51 *et* 52 *du XIV*ᵉ *volume dudit ouvrage.*)

N° 4.

MODÈLE

D'un procès-verbal de dépôt de pièces pour brevet d'invention, de perfectionnement ou d'importation.

(*Indiquer l'année, le mois, le jour et l'heure*), s'est présenté devant nous   secrétaire-général de la préfecture du département d   , M. (*nom, pré-noms, profession, qualité, domicile ou élection de domicile du comparant*),   lequel a déposé entre nos mains, conformément aux lois des 7 janvier et 25 mai 1791, un   (*énoncer si c'est un paquet, un rouleau, un carton ou une caisse*), scellé de   cachet   , qu'il nous a dit renfermer 1° une requête à son Exc. le ministre secrétaire d'état du commerce et des manufactures; 2° un mémoire des-criptif d   (*spécifier l'objet de la demande du brevet, et ajouter sous les numéros 3, 4, etc., l'indication du dessin ou des dessins qui accompagneraient le mémoire, en une ou en plusieurs plan-ches simples ou doubles, ainsi que le modèle ou les échantillons qui y seraient joints,* etc.): l'intention du comparant étant de prendre pour cet objet qu'il déclare avoir (*mettre ici inventé, perfectionné ou importé, suivant les termes de la déclaration*), un brevet d   (*expliquer si le titre doit être d'invention, de per-fectionnement ou d'importation*) de   (*en faire connaître la du-rée*) ans, comme il est porté dans ladite requête.

Il nous a également remis 1° un récépissé du (*exprimer si le récépissé vient du receveur-général du département ou d'un rece-veur particulier d'arrondissement*), constatant qu'il a versé la somme de   , pour la première moitié de la taxe et les frais d'expédition du brevet demandé; 2° une reconnaissance du même receveur portant que l'obligation de   a été souscrite et déposée pour la seconde moitié de ladite taxe.

Nous a prié ledit M.   de faire parvenir, dans le plus court délai, ces pièces à son Exc. le ministre secrétaire d'état du commerce et des manufactures, ce que nous avons promis.

Desquels dépôt, déclaration, réquisition et promesse nous avons dressé le présent acte qu'il a signé avec nous, après lecture faite et après l'apposition du sceau de la préfecture à   lesdits jour et an.

Première observation. Si, comme il est d'usage dans quelques préfectures, le procès-verbal est dressé en plusieurs originaux, il en sera fait mention à la fin, ainsi que de la signature de chaque original.

Deuxième. Lorsque le dépôt sera fait par deux ou plusieurs personnes collectivement, ou lorsque celle qui se présentera aura déclaré agir au nom d'une autre ou comme son fondé de pouvoirs, il faudra apporter au modèle ci-dessus les modifications que ces circonstances rendront nécessaires.

N° 5.

Modèle *d'un procès-verbal de dépôt de pièces pour certificat d'addition et de perfectionnement.*

(*Indiquer l'année, le mois, le jour et l'heure*), s'est présenté devant nous   , secrétaire-général de la préfecture du département d   , M. (*nom, prénoms, profession, qualité, domicile ou élection de domicile du comparant*),   lequel a déposé entre nos mains, conformément aux lois des 7 janvier et 25 mai 1791, un   (*énoncer si c'est un paquet, un rouleau, un carton ou une caisse*), scellé de   cachet   , qu'il nous a dit renfermer 1° une requête à son Exc. le Ministre secrétaire d'état du commerce et des manufactures ; 2° un mémoire descriptif des rectifications et changemens par lui faits aux procédés et moyens consignés dans le brevet (*rappeler ici la nature du brevet, sa durée, la date de l'expédition du certificat de sa demande, et mentionner ensuite tout ce qui accompagnerait le mémoire*); l'intention du comparant étant de faire ajouter à son titre primitif, par un certificat d'addition et de perfectionnement, lesdits changemens et rectifications dont il a déclaré être l'auteur.

Il nous a également remis un récépissé du (*Indiquer si le récépissé vient du receveur-général ou d'un receveur particulier d'arrondissement*), constatant qu'il a versé la somme de vingt-quatre francs, pour la totalité de la taxe du certificat demandé.

Nous a prié ledit M. de faire parvenir, dans le plus court délai, ces pièces à son Exc. le Ministre secrétaire d'état du commerce et des manufactures, ce que nous avons promis.

Desquels dépôt, déclaration, réquisition et promesse nous avons dressé le présent acte qu'il a signé avec nous, après lecture faite, et après l'apposition du sceau de la préfecture, à , lesdits jour et an:

Se conformer, suivant les circonstances, aux deux observations qui sont à la suite du modèle n° 4, et modifier en outre le présent lorsque le certificat sera demandé, comme il arrive quelquefois, non par le titulaire, mais par le cessionnaire d'un brevet.

N° 6.

MODÈLE *du certificat de demande de brevet.*

Brevets d'invention (1), de perfectionnement et d'importation, établis par les lois des 7 janvier et 25 mai 1791.

Certificat de demande d'un brevet (*On exprime ici 1° d'après la nature du titre demandé, s'il est d'invention, de perfec-*

---

(1) Le gouvernement, en accordant un brevet d'invention sans examen préalable, n'entend garantir en aucune manière ni la priorité, ni le mérite, ni le succès d'une invention. (*Art.* 2 *de l'arrêté du gouvernement des 5 vendémiaire an* 9, 27 septembre 1800.)

tionnement ou d'importation; 2° la durée qu'il doit avoir, de cinq, dix ou quinze ans; 3° s'il s'agit d'un brevet d'addition et perfectionnement, on se borne à l'indiquer;)

délivré à

à   département d

Vu la requête d (*Ici, désignation des nom, prénoms, domicile ou élection de domicile*)

dans laquelle   1   expos   que, désirant jouir des droits de propriété temporaire accordés et garantis aux auteurs et importateurs des découvertes et perfectionnemens en tout genre d'industrie,   1   demande   un Brevet (*Répétition de ce qui a été dit dans le titre du certificat de demande avec spécification de l'objet pour lequel la délivrance du brevet est requise; et, s'il s'agit d'un certificat d'addition et de perfectionnement, indication de la date de la signature donnée par le ministre au titre primitif*)

qu'   déclare   avoir (*On énonce si la déclaration a été faite pour invention, perfectionnement ou importation*) ainsi qu'il résulte du procès-verbal de dépôt de pièces effectué sans cachet au secrétariat de la préfecture du département d

         , le   ;

Vu l   (*Rappel de la description ou mémoire descriptif, et des dessins, modèles, échantillons, s'il en a été produit*) joint   à l'appui de ladite requête;

Vu aussi les lois des 7 janvier et 25 mai 1791;

Le Ministre secrétaire d'état du commerce et des manufactures, s'étant assuré que toutes les formalités prescrites par ces deux lois ont été remplies par

a fait dresser ce Certificat de   demande d'un Brevet (*nouvelle répétition de ce qui a été dit dans le titre du certificat, et de la spécification de l'objet pour lequel la délivrance du brevet est requise*)

demande dont il   est provisoirement donné acte, en attendant que, suivant les dispositions de l'arrêté du gouvernement du 5 vendémiaire an 9 (27 *septembre* 1800), ledit Brevet soit rendu définitif par une ordonnance de SA MAJESTÉ, et proclamé par l'insertion de sa spécification au bulletin des lois, ce qui aura lieu au commencement du trimestre prochain.

Le Ministre ordonne en outre,

1° Que le (*mémoire descriptif et les dessins, s'il en a été produit*) ci-dessus rappelé rester   annexé   au présent Certificat ;

2° Qu'une expédition en bonne forme de ce même Certificat, laquelle devra être suivie de la copie littérale d   (*mémoire descriptif et des dessins lorsqu'ils ont été fournis en double*) sera transmise cachetée au préfet du département d
pour être délivrée

Nota. *Lorsque des modèles ou échantillons ont été joints à une demande de brevets, le certificat se termine ainsi :*

3° Que les modèles ou échantillons produits seront transmis au Conservatoire royal des arts et métiers, avec défense de les y exposer publiquement, avant (*désignation de la date ou doit expirer le brevet*).

N° 7.

MODÈLE *des extraits d'ordonnance de proclamation de brevets.*

Extrait.

CHARLES, par la grace de Dieu, roi de France et de Navarre,

A tous ceux qui ces présentes verront, salut.

Sur le rapport de notre ministre secrétaire d'état du commerce et des manufactures,

Vu l'article 6 du titre 1er, et les articles 6, 7 et 15 du titre 2 de la loi du 25 mai 1791 ;

Vu l'article 1er de l'arrêté du 5 vendémiaire an IX (27 *septembre* 1800), portant que les brevets d'invention, de perfectionnement et d'importation seront proclamés tous les trois mois par la voie du bulletin des lois,

Nous avons ordonné et ordonnons ce qui suit :

ARTICLE PREMIER.

Les personnes ci-après dénommées sont brevetées définitivement :

(*Transcription de l'article de l'ordonnance, relatif à la personne à qui l'extrait est adressé.*)

ART. 2.

Les cessions des brevets ci-dessous rappelés, ayant été revêtues de toutes les formalités prescrites par l'article 15 du titré 2 de la loi du 25 mai 1791, sont déclarées régulières, et devront sortir leur plein et entier effet, savoir :

(*Transcription de l'article de l'ordonnance relatif au cessionnaire à qui l'extrait de l'ordonnance est adressé.*)

ART. 3.

Il sera adressé à chacun des brevetés et des cessionnaires ci-dessus dénommés une expédition de l'article qui le concerne.

ART. 4.

Notre ministre secrétaire d'état du commerce et des manufactures est chargé de l'exécution de la présente ordonnance, qui sera insérée au bulletin des lois.

Donné en notre château de

le   l'an de grâce mil huit cent

, et de notre règne le

Signé CHARLES.

Par le roi :

Le Ministre secrétaire d'état du commerce et des manufactures,

Signé

Pour extrait conforme :

Le

N° 8.

Modèle *de procès-verbal d'enregistrement de cession de brevet.*

(*Indiquer l'année, le mois et le jour*) s'est présenté devant nous , secrétaire-général de la préfecture du département d ' M. (*nom, prénoms, profession, qualité, domicile ou élection de domicile du comparant*) à l'effet de requérir l'enregistrement à notre secrétariat, d'un acte passé le (*indiquer la date de l'acte, les noms des notaires qui l'ont reçu et leur résidence*), et duquel il résulte que M. (*nom, prénoms, profession, qualité et domicile du cédant*) lui a cédé et transporté tous ses droits au brevet (*nature du brevet*) de (*durée*) ans, pris par ledit M. pour (*spécification des moyens brevetés*).

Ladite cession faite aux conditions exprimées dans l'acte susdit, dont il a été mis sous nos yeux une copie en bonne forme que nous avons rendue.

Le requérant nous a remis un récépissé du (*indiquer le receveur qui a fourni le récépissé*), constatant qu'il a reçu la somme de dix-huit francs, pour l'enregistrement demandé.

Desquelles comparution et réquisition nous avons dressé le présent procès-verbal, que ledit M. a signé avec nous, après lecture faite, à , lesdits jours et an.

Se conformer d'ailleurs, suivant les circonstances, aux deux observations placées à la suite du modèle n° 4, et modifier le présent, 1° si la cession, au lieu d'être totale, n'est que partielle, cas où il faut indiquer avec précision la partie des droits qu'elle comprend, et l'exercice qu'elle en accorde, soit sur un département, ou sur un plus grand nombre, soit sur les localités que l'acte a désignées nominativement; 2° lorsque c'est le cédant, et non le cessionnaire, qui requiert l'enregistrement de la cession.

N° 9.

MODÈLE *des extraits d'ordonnance de proclamation de cessions de brevets.*

(*Voir le modèle sous le n° 7, art. 2.*)

INDUSTRIE MANUFACTURIÈRE.

Fabrication de poteries établie en France, par M. de Saint-Amans, à l'instar des poteries anglaises.

Depuis trente ans, presque toutes les branches de l'industrie française ont fait de grands progrès; l'art de fabriquer des poteries seul résiste à l'impulsion générale; il est resté stationnaire dans la plupart des départemens; aux portes de Paris il a fait un mouvement rétrograde; il est en décadence.

La manufacture de Sarreguemines fait exception; *le biscuit* de sa poterie et *la couverte* dont elle le revêt, ont un degré de dureté très-supérieur à celui de la poterie des autres établissemens du même genre.

Il existe à Toulouse une manufacture de poterie qui, depuis quelques années, a fait des progrès très-remarquables.

Dans les départemens du Gard et de Vaucluse on fait encore des poteries d'assez bonne qualité.

Enfin, il se fabrique aux environs de Clermont-Ferrand des poteries noircies par la fumigation du bois vert, et comme chaque village se livre à une fabrication spéciale, que l'un ne fait que des écuelles, l'autre que des cruches, leurs produits ont acquis une certaine perfection.

Dans les manufactures qui avoisinent Paris, on n'emploie guère que les argiles du département de Seine-et-Marne, extraites à quelques lieues de Montereau. Ces argiles sont d'une nature très-siliceuse; cependant, pour leur faire acquérir un plus haut degré de blancheur, les fabricans y ajoutent une dose de silex pyromaque, dans la proportion de 25 à 30 pour cent. Cette adjonction divise d'autant plus les molécules dont la cohésion est nécessaire pour la bonne composition du biscuit dur, que le silex est grossièrement broyé à sec au lieu de l'être par la voie liquide, toujours employée par les Anglais. Il arrive aussi souvent, ou que les biscuits n'ont pas de degré de cuisson nécessaire, ou que les couvertes sont trop épaisses et qu'elles trésaillent en sens divers. Cet émail se raye au couteau comme au vernis; l'odeur et la couleur en sont également désagréables; le bord des assiettes s'écaille promptement et facilement. Ces petites ouvertures donnent accès aux graisses, aux huiles, aux acides, et la vaisselle ne tarde pas à prendre un aspect sale et dégoûtant.

Le défaut de concurrence procure l'écoulement

de ces méchans produits, et, comme le but principal de ceux qui les fabriquent est d'en assurer
la vente, ils ne songent guère à corriger l'imper-
fection qui leur est reprochée. Les uns l'attribuent
à la mauvaise qualité des terres de France; les autres, sous prétexte d'amélioration, ont imaginé
de colorer leurs couvertes en jaune. Cette couleur, connue dans le commerce sous le nom de
jaune de chrome, n'est autre chose que du chro-
mate de potasse précipité au moyen de l'*acétate
de plomb*. Telle est l'insalubrité de ce jaune de
chrome, que la santé des ouvriers qui *passent en
couverte* en est altérée de très bonne heure. La
plupart sont sujets aux convulsions et à d'affreuses
coliques. Les inconvéniens en sont si graves que,
depuis long-temps, ils auraient dû attirer l'attention du gouvernement.

Rien n'atteste plus fortement l'ignorance ou
l'insouciance de nos faiseurs de poteries, que leur
persévérance à soutenir que la France ne possède
pas, comme l'Angleterre, des terres propres à ce
genre de fabrication. M. de Saint-Amans, qui, pendant un long séjour en Angleterre, a fait une
étude spéciale des terres et des procédés à l'aide
desquels les manufacturiers de Stratfort fabriquent
leurs excellentes poteries, a vainement tenté de
prouver à nos routiniers que de ce côté du canal
les terres ne sont pas d'une qualité inférieure à
celles qui s'emploient de l'autre côté; il s'est vu
repoussé par le préjugé, par la routine, et, il faut
bien le dire, par l'intérêt; car lorsque l'on s'en-

richit à vendre de mauvaise poterie, à quoi bon
prendre tant de peine pour en fabriquer de meilleure? S'occuper de la santé et de la bourse des
consommateurs, n'est-ce pas une philanthropie
ridicule?

M. de Saint-Amans n'a pas craint ce ridicule :
rebuté par les spéculateurs, il s'est adressé aux
agens de l'autorité; M. le vicomte de la Roche-
foucauld a senti que la plus noble destination des
manufactures royales est de donner asile et protection à toutes les personnes qui, dans des vues
d'utilité publique, font des tentatives pour introduire en France des industries nouvelles, ou pour
perfectionner les industries imparfaites. M. Bron-
gniart, dont l'obligeance égale le savoir, secon-
dant les intentions bienveillantes de M. de la Ro-
chefoucauld, a prêté un petit atelier à M. de Saint-
Amans. Les premiers essais de cette fabrication,
par une faveur spéciale, ont été exposés au Louvre en 1818, à côté des produits des manufactures
royales; là, ils ont attiré les regards et les éloges
du monarque, qui, ayant examiné plusieurs pièces avec beaucoup d'attention, en a admiré les
formes et la légèreté. Agréablement surprise de voir
sortir d'une manufacture royale de la poterie pour
le peuple, S. M. daigna applaudir à la persévérance
et au désintéressement de M. de Saint-Amans,
pour introduire en France une industrie qui se
rattache aux besoins du pays, et qui peut un jour
grossir la source de ses exportations. Il fut reconnu que les procédés de M. Saint-Amans s'ap-

pliquent à des terres très-différentes ; que ces terres abondent sur le sol de la France, et que les produits qu'il en obtient ne sont en rien inférieurs aux plus beaux produits anglais ; comme ceux-ci, les poteries de M. de Saint-Amans vont au feu, et sont inattaquables aux acides les plus concentrés ; c'est ce que le jury a reconnu, après avoir examiné avec le plus grand soin les pièces présentées à l'exposition, et les avoir soumises à des épreuves décisives auxquelles elles ont résisté.

M. de Saint-Amans a, d'une manière plus large, continué ses essais, ou plutôt ses épreuves, à la manufacture de Sèvres ; le succès de ces derniers travaux a complètement justifié l'espérance que les premiers avaient fait naître. Les produits de ces fabrications sont transportés à Paris et exposés aux regards du public, passage de l'Opéra, nos 15 et 17, au magasin des cristaux. M. de Saint-Amans assure qu'il pourra un jour livrer au commerce tous ses produits aux mêmes prix auxquels se vendent aujourd'hui les faïences communes.

Ainsi, en dépit de l'incurie, de la routine et de l'avarice, la France n'aura plus à envier à l'Angleterre ses poteries légères, fines, saines et solides, car celles de M. de Saint-Amans réunissent au même degré toutes ces qualités ; et, comme les poteries anglaises, elles ont le précieux avantage d'être bien adaptées à l'usage auquel elles sont destinées.

(Communiqué par un correspondant.)

ÉCONOMIE DOMESTIQUE.

Fin du Mémoire sur les applications dans l'écono-
mie domestique de la gélatine extraite des os au
moyen de la vapeur; par M. A. de Puymaurin,
directeur de la Monnaie royale des médailles (1).

Le premier appareil construit d'après le système de M. *D'Arcet* était destiné à fournir des
dissolutions de gélatine à la cuisine de l'hôpital de
la Charité. Son service n'a été régulier que vers la
fin du mois de janvier, époque à laquelle je faisais construire celui de la Monnaie des médailles.

M. *D'Arcet* vient de publier la description de
cet appareil, et quoique celui de la Monnaie des
médailles soit établi sur le même principe, il est
utile de le faire connaître, parce que les modifications que j'y ai apportées peuvent rendre son
emploi plus approprié à certains usages.

L'appareil de l'hospice de la Charité ne peut
fournir que de la gélatine dissoute dans de l'eau.
Cette dissolution, versée dans les chaudières de
la cuisine de l'établissement, y reçoit les autres
préparations. Un appareil de ce genre eût été in-
suffisant pour l'usage auquel je le destinais; la gélatine dissoute dans l'eau n'eût pu être employée
par les ouvriers: il se serait présenté de grandes
difficultés, soit pour la transformer en bouillon,
soit pour l'employer à la préparation des ragoûts:

---

(1) Voyez le n° 30, page 231, tome X.

il aurait fallu créer un grand nombre de cuisines particulières, pour lesquelles les connaissances premières et le temps eussent également manqué ; le but que je me proposais n'aurait pas été atteint si mon appareil n'avait pu servir à la fois à la préparation des alimens et à l'extraction de la gélatine des os. Il était bon qu'il n'exigeât aucune surveillance, aucun soin, et que sa marche fût régulière la nuit comme le jour. J'ai dû appliquer à sa construction toutes les ressources offertes par les connaissances acquises, tant pour atteindre le plus haut degré de perfection que pour prévenir les accidens de tout genre. Je suis loin d'oser espérer avoir rempli la tâche que je m'étais imposée : il n'est pas douteux que ce premier essai ne soit destiné à recevoir d'importantes modifications. La publicité que je lui donne ne sera pas, sous ce rapport, sans utilité, et je dois prévenir que si, depuis plus de deux mois que je m'en sers, j'y ai apporté de légères modifications, elles ont été peu importantes, et qu'il remplit entièrement le but que je m'étais proposé.

Le premier appareil que j'ai fait construire est portatif, de forme cylindrique ; il est représenté *fig.* 1 et 2, *pl.* 128 à 130. J'en ai fait construire un second, parce que je crois qu'il est bon d'avoir un double équipage de chaudières à vapeur, pour qu'un service aussi important n'éprouve pas d'interruption. Les conséquences en seraient d'autant plus fâcheuses, que leur résultat serait de rappeler les ouvriers à leurs anciennes habitudes, et de perdre ainsi tous les efforts et les sacrifices qu'on aurait faits pour leur en donner de nouvelles.

Ces deux appareils sont à peu près semblables dans leurs détails, et la seule différence qu'offre la forme des chaudières m'a été imposée par la localité. Les formes rondes ont l'avantage d'offrir plus de résistance et de permettre de diminuer les épaisseurs; les meilleures dimensions pour les chaudières de ce genre sont 1 de largeur sur 4 de longueur. (Voyez *fig*. 7, planche 131 à 133.)

On peut objecter le rayonnement du calorique contre les chaudières cylindriques; mais je ne pense pas que cet inconvénient puisse compenser leurs avantages.

Mon appareil se compose d'une chemise en tôle ou en maçonnerie, d'une chaudière à vapeur, d'une chaudière plus petite entrant dans la première, dont elle forme le couvercle et sert à renfermer le bain-marie ou le bain de vapeur, d'une marmite pour la cuisson des alimens, d'un couvercle, d'un tuyau de distribution de la vapeur, de six cylindres, d'un flotteur, d'une machine pour briser et concasser les os.

La *pl*. 128 à 130 représente le plan général de l'appareil à demeure, et les coupes verticale et horizontale de l'appareil portatif.

On voit dans la *pl*. 131 à 133 les élévations et les coupes longitudinale et latérale de l'appareil à deux chaudières.

Fig. 1, *pl.* 128 à 130. Coupe verticale de l'appareil portatif sur la ligne *c d* de la *fig.* 2.

Fig. 2. Coupe horizontale prise au niveau de la ligne *a b*, *fig.* 1

Fig. 3. Plan général de l'appareil complet à deux chaudières.

Fig. 4. Tuyaux distributeurs de la vapeur, vus en dessus.

Fig. 5. Vue de face du tube indiquant le niveau de l'eau dans la chaudière.

Fig. 1, *pl.* 131 à 133. Coupe verticale du fourneau et des marmites; dont l'une est vue en élévation avec ses accessoires.

Fig. 2. Coupe latérale du fourneau, de la chaudière et de l'une des marmites, et vue de face des cylindres.

Fig. 3. Section verticale de la boîte renfermant le flotteur.

Fig. 4. La soupape pour la rentrée de l'air dans la marmite, vue en coupe et en dessus.

Fig. 5. Mécanisme du régulateur du feu, vu en plan et en élévation.

Fig. 6. Disposition du flotteur, montrant l'arrivée et la sortie des divers tuyaux qui y aboutissent.

Fig. 7. Coupe longitudinale de la chaudière et élévation de la marmite, dans les dimensions les plus convenables à donner à ces pièces.

Cette figure n'est qu'une simple indication; elle

est, ainsi que la précédente, dessinée sur une plus petite échelle.

Fig. 6, *pl.* 128 à 130. Bride du couvercle, vue en élévation et en plan.

Fig. 7. Croisillon en fer pour maintenir les couvercles des cylindres.

Fig. 8. Un des cylindres, vu séparément.

Fig. 9. Couvercle de la marmite vu en élévation et en plan.

Fig. 10. Marmite vue en coupe.

Fig. 11. Autre marmite qui reçoit la précédente et se place dans la chaudière à vapeur.

Fig. 12. Chaudière à vapeur, vue de face.

Fig. 13. La même, vue de profil.

Fig. 14. Billot surmonté d'une plaque de fonte taillée en pointe de diamant, sur laquelle on casse les os.

Fig. 15. Virole en plan et élévation.

Fig. 16. Boîte qui reçoit les os.

Fig. 17. Plan et coupe d'un disque en fonte avec de profondes cannelures concentriques, sur lequel on brise les os sous le balancier.

On ne voit pas dans cette planche 128 à 130,

1° Le cylindre en toile métallique qui reçoit les os, parce qu'on l'a déjà représenté fig. 6 pl. 119 et 120 du n° 29 de ce recueil;

2° Le maillet en bois dur servant à casser les os sur le billot, déjà représenté fig. 2, même planche et même numéro.

3° La plaque de fonte fixée sur le billot déjà dessiné fig. 1 (*b*) même planche et même numéro.

Voici la description de ces figures.

Les mêmes lettres indiquent les mêmes objets dans toutes les figures.

A, fourneau en tôle ou en maçonnerie, convenablement percé pour donner passage aux diverses pièces de l'appareil ; B, chaudière à vapeur d'une épaisseur proportionnée à sa forme, à la pression qu'elle doit soutenir et à la nature du métal dont elle est composée ; C, chaudière plus petite que la chaudière à vapeur, logée dans son intérieur, et lui servant de couvercle : elle est destinée à recevoir le bain-marie ou le bain de vapeur : de forts boulons la réunissent avec les bords de la chaudière à vapeur ; D, marmite pour la cuisson des alimens; elle est en fer-blanc, avec deux fortes anses à charnière ; on peut y cuire les alimens de deux manières différentes : 1° à la vapeur, en ne mettant pas d'eau dans son intérieur, et en introduisant la vapeur par le robinet *l, fig.* 3, pl. 128 à 130 ; 2° comme marmite ordinaire, au bain-marie ou au bain de vapeur ; 3° dans un bain d'air échauffé, comme dans un four ; E, couvercle de la marmite aussi en fer-blanc; sa base est garnie d'étoffe, ce qui le rend élastique et capable de supporter la compression d'une garniture en fer : le couvercle est enveloppé de laine ; F, tuyau distributeur de la vapeur ; G, cylindres en fer-blanc, dans lesquels s'opère l'extraction de la gélatine ; deux de ces cylindres ont une capacité double de celle des quatre autres : on peut donc considérer leur ensemble comme formant quatre capacités égales. Il est bon d'avoir quatre cylindres, parce que ce n'est qu'au bout de quatre-vingt-seize heures que les os se trouvent entièrement dépouillés de tous leurs principes nutritifs.

On renouvelle alternativement, toutes les vingt-quatre heures, les os de chacun des cylindres ; on mêle les dissolutions obtenues, et l'on a ainsi une dissolution moyenne constante. Les petits cylindres sont construits d'après les proportions les plus convenables pour la condensation ; elle est activée dans les grands cylindres, par des serpentins en plomb qui les entourent ; l'eau renfermée dans leurs parties inférieures et chauffée à près de 100 degrés, au moyen d'une quantité de calorique qui serait perdue, se rend dans la chaudière, active et régularise la marche de l'appareil, et diminue la consommation du combustible : l'eau, échauffée dans la partie supérieure, se rend au robinet, et est employée pour les besoins de la cuisine ; H, tuyau par où s'échappe la fumée ; I, foyer qui doit être assez grand pour contenir la quantité de combustible pour le service de la nuit : la quantité de vapeur à produire servira à calculer son volume ; J, grille : K, cendrier ; L, baquet pour recevoir la dissolution de la gélatine ; M, flotteur qui sert à maintenir un niveau constant dans les chaudières.

a, robinets pour l'introduction de l'eau ; *b*, robinets pour l'introduction de la vapeur provenant d'une chaudière employée dans l'établissement à d'autres usages ; *c, fig.* 1, pl. 128 à 130, tube en verre

avec ses accessoires, indiquant la hauteur de l'eau
dans la chaudière ; *d*, robinet de vidange de la chaudière ; *e*, tuyau de sortie de la vapeur ; *f*, régulateur
du feu d'après le système de *Bonnemain*. On appelle
ainsi un instrument qui se place dans l'intérieur
du fourneau ou des chaudières, et qui en règle la
température. Celui qui est établi dans le fourneau
cylindrique a été exécuté d'après les détails consignés dans le N° CCXLII du *Bulletin* de la Société
d'encouragement.

Le régulateur placé dans les chaudières rectan-
gulaires est conduit sur le même principe, mais il
est plus simple ; *g*, *fig*. 3, 4, 12, pl. 128 à 130, et
fig. 1, 2, pl. 131 à 133, tuyau pour l'introduction de
l'eau, au moyen de robinets différens ; on peut diriger l'eau dans l'une ou l'autre chaudière, ou dans les
deux à la fois ; *h*, *fig*. 3 et 4, pl. 128 à 130, tuyau
aboutissant aux robinets *b b*, et servant à l'introduction de la vapeur provenant d'une autre chaudière.

Cette disposition est spéciale pour les usines
qui ont des machines ou des chauffages à vapeur ;
i, soupape de sûreté ; *k*, prise de vapeur ménagée
pour différens services ; *l*, robinet d'introduction
de la vapeur dans l'intérieur du bain-marie ; *m m*,
oreilles auxquelles tient la bride du couvercle ; *n*,
petit robinet que l'on ouvre pour laisser sortir la
vapeur, afin d'avoir la facilité d'ouvrir l'appareil ;
o, garniture en fer qui exerce une pression sur la
jonction du couvercle avec la chaudière ; *p*, bride
en fer, et vis de pression du couvercle ; *q*, robinets
au moyen desquels on ouvre la communication de

la vapeur avec le tuyau *e*; *r*, soupape adaptée au tuyau F, et disposée de manière à permettre, dans un cas de refroidissement subit, l'introduction de l'air dans l'appareil : il se forme alors un vide, et la gélatine contenue dans les cylindres serait, sans cette précaution, aspirée par la marmite ; *s*, rondelles en métal fusible ; *t*, manomètre indiquant la pression.

On peut employer indifféremment un thermomètre ou un manomètre; mais le premier de ces instrumens est préférable; *u*, tuyau conduisant la vapeur dans les cylindres.

a', *fig.* 1 *et* 2, pl. 128 à 130, grand tube de tôle du régulateur du feu, en communication avec la chaudière, au moyen des tuyaux alimentaires des niveaux d'eau; *b'*, tige de plomb soudée au fond du tube *a'*; *c'*, tige de cuivre soudée au bout de la tige de plomb; *d'*, fermeture du grand tube de tôle *a'*; elle est garnie d'une boîte à étoupes, dans laquelle passe la tige *b'*; *e'*, levier appuyé sur l'extrémité de la tige *b'*, et multipliant douze fois la dilatation de la tige de plomb; la vis qui est à son extrémité règle sa position; *f'*, second levier multipliant douze fois le mouvement du premier levier; un contrepoids sert à le maintenir en place; *g'*, écrou auquel est attachée la tringle destinée à ouvrir ou fermer la soupape par laquelle l'air entre dans le fourneau ; cet écrou est à coulisse sur le levier *f'*, afin que l'on puisse le placer suivant la température désirée; *h'*, soupape du régulateur.

Dans les fourneaux de forme rectangulaire et

construits à demeure, le régulateur a été placé horizontalement au fond de la chaudière. Cette disposition, qui a permis de supprimer la boîte à étoupes
d', augmente la sensibilité de l'instrument, et la
différence de dilatation du plomb et du fer doit être
plus forte, ce dernier métal étant isolé; *i'*, tube de
plomb ouvert par une de ses extrémités, et fixé
contre les parois de la chaudière; *k'*, tige de fer
soudée à l'une des extrémités du tube *i'*; il se retire ou s'avance, suivant le degré de construction
ou de dilatation du plomb; *l'*, plaque de fer sur
laquelle sont placés les leviers; *m' n'*, leviers
multipliant le mouvement de la tige *k'* : j'ai cru
utile de placer également une soupape dans les
cheminées H H; elle est mue par le régulateur, et
obvie aux accidens qui pourraient nuire à l'exactitude de l'instrument; *o' fig.* 7, pl. 128 à 130,
chapiteau en fer pour résister à la pression; *p'*,
brides du cylindre, et vis de pression; *q', fig.* 3,
pl. 128 à 130, *et* 2, pl. 131 à 133, grand cylindre
ayant la même hauteur que les petits cylindres, et
une capacité double. Son diaphragme, son tuyau
d'introduction de la vapeur, son robinet pour
l'extraction de la gélatine, son couvercle, son chapiteau et la bride sont semblables aux parties analogues des petits cylindres; *r'*, partie supérieure
du serpentin qui fournit de l'eau bouillante
pour les usages de la cuisine; *s'*, tuyau amenant au
robinet *t'* l'eau chauffée dans la partie supérieure
du serpentin; *t'*, robinet de sortie de cette eau;
u', partie inférieure du serpentin fournissant aux

chaudières de l'eau échauffée; v', soupape d'introduction de la boîte du flotteur ouvrant en dedans; x', tuyau d'introduction de l'eau du réservoir; ce réservoir est placé à une hauteur calculée sur la pression; y', tuyau de départ de l'eau qui se rend dans les chaudières; z', tuyau d'introduction de la vapeur dans la capacité de la boîte du flotteur pour maintenir l'équilibre dans la pression. L'eau condensée dans les tuyaux de plomb se rend dans cette même boîte; cette précaution est essentielle pour n'avoir pas de plomb dans la dissolution.

Je brise les os dans la boîte, *fig.* 16, pl. 128 à 130, sous le balancier de la Monnaie des médailles. Ce moyen pourrait être appliqué aux usines qui ont des presses hydrauliques ou autres moteurs capables de produire de fortes compressions.

Il est très important que les os soient concassés en très petits fragmens. Cette préparation accélère et facilite l'extraction de la gélatine. Dans les établissemens où l'on n'a pas à sa disposition un moteur pour concasser les os, on peut se servir d'un tas et d'un maillet garnis en fer, et remplacer le manche du maillet par un grand bras de levier qu'on ferait mouvoir comme celui d'un martinet. On peut aussi employer la batte à ciment ou un mortier et son pilon, en ayant soin de l'envelopper d'une toile pour empêcher les éclats d'os de se répandre au loin; un mouton ou un moulin faisant marcher deux cylindres cannelés entre lesquels **les os sont broyés, etc. Il faut, en général, éviter**

de produire de la chaleur par des coups trop ré-
pétés, parce qu'alors les os contractent un goût
d'empyreume; on doit les humecter pendant l'o-
pération.

ÉCONOMIE AGRICOLE.

*Observations sur la récolte et la conservation des
pommes de terre.*

Les agronomes pratiques ne sont pas d'accord
sur l'époque à laquelle il faut récolter les pommes
de terre. Cependant tous reconnaissent que lorsqu'elles sont destinées à la consommation et non
à servir de semence, il ne faut les récolter que
lorsqu'elles sont mûres. La maturité de la pomme
de terre se reconnaît à l'aspect de la tige, qui dé-
périt aussitôt que les racines sont arrivées à cette
période ; mais passé cette époque, quelques cultivateurs nous disent qu'il est important que les
pommes de terre soient déterrées et emmagasi-
nées aussitôt que cela est possible, ou même immédiatement après que les tiges ont dépéri, soit
par l'effet de la gelée, soit par la maturité du tu-
bercule. D'autres nous disent qu'elles se gardent
mieux en terre, tant que le sol n'est pas gelé.
Quoi qu'il en soit, il vaut toujours mieux ne point
attendre si tard, surtout dans les climats septen-

trionaux, de peur que le froid ne les détruise, ou
ne les tienne confinées dans la terre jusqu'au printemps suivant. Le mode anciennement suivi pour
la récolte des pommes de terre était de les faire
sécher au soleil comme l'herbe qu'on veut con-
vertir en foin. On voit dans l'encyclopédie de *Rees*
(ouvrage d'ailleurs si estimable) que « aussitôt que
les pommes de terre sont déterrées, *il faut les laisser sécher pendant quelques jours avant de les serrer* ». Cette doctrine nous paraît erronée, car une
exposition de deux ou trois jours pendant un temps
couvert, surtout dans les contrées humides, aurait pour effet de faire *verdir* les pommes de terre,
de leur donner un goût fort, rance et amer, et
même de les rendre, en quelque sorte, vénéneu-
ses. D'un autre côté, beaucoup de fermiers prétendent que moins les pommes de terre sont exposées au soleil et à l'air après être tirées du
sol, mieux cela est, et qu'il est bon d'y laisser
adhérer une partie de la terre dans laquelle elles
ont été récoltées lorsqu'on les met en magasin. La
meilleure marche, cependant, est de ne point dé-
terrer ni serrer les pommes de terre immédiatement après de grandes pluies, mais de les laisser
quelques jours sur les endroits en pente, afin que
la trop grande portion d'humidité qu'elles ont ab-
sorbée puisse se dégager.

M. *Ponel*, d'Albany, agronome non moins habile en pratique qu'en théorie, s'exprime ainsi :
« Il vaut mieux que le soleil ne darde jamais sur
les pommes de terre, et qu'elles soient serrées avec

la terre qui y est restée adhérente; il est même avantageux d'ajouter de la terre dans les caisses ou tonneaux, il faut en maintenir la surface humide et avoir soin que l'atmosphère qui les entoure ne soit que très peu au dessus de zéro ».

L'honorable O. Fiske dans un mémoire lu devant la société d'agriculture de Worcester fait observer que « la nature n'a point accompli la maturité de la pomme de terre à l'époque où la tige commence à dépérir et où le fermier la croit mûre. Il paraît probable que la terre, par un procédé inconnu, en perfectionne les qualités après qu'elle a atteint sa croissance. Que les pommes de terre qui sont restées toute la saison en terre, soient plus farineuses et plus délicates, c'est un fait reconnu. Un fermier de cette ville qui était dans l'habitude d'en cultiver une grande quantité, avait pris la provision de sa famille dans un champ spacieux, dès les premiers jours d'automne. Comme les autres étaient destinées pour ses bestiaux il en différa la récolte jusqu'au moment où on aurait le temps de s'en occuper. Quelques mois après, on servit par erreur sur la table des pommes de terre qui étaient destinées aux bestiaux. Elles étaient d'une qualité tellement supérieure qu'il voulut en savoir la cause, et dès ce moment les deux provisions changèrent de destination. Un autre fait vient à l'appui de notre opinion, il m'a été communiqué par un fermier fort instruit des environs de Boston. Un agronome écossais qui avait dîné aux meilleures tables de cette ville et du voisinage, remarqua chez la personne de laquelle je tiens ces détails, qu'il n'avait pas vu dans ce pays ce qu'on regarderait en Écosse comme une bonne pomme terre. Il attribuait cette différence, aux divers modes de culture suivis dans les deux contrées, et à ce que, dans sa patrie, on plante de bonne heure et l'on récolte fort tard.   (*Amer. farmer.*)

ARTS CHIMIQUES.

Nouveaux procédés pour blanchir les soies jaunes sans enlever leur écru (par M. Ozanam).

Il arrive souvent que la fabrique et surtout celle de rubans a besoin de soie blanche en écru, c'est-à-dire non cuite, pour être employée telle quelle, ou pour être teinte à froid. La soie blanche vaut de 3 à 4 fr. par livre de plus que celle jaune, et quand il y en a un emploi un peu considérable, le prix s'élève de 6 à 8 fr. On a cherché différens moyens pour enlever à la soie jaune sa couleur seulement, sans lui enlever son grez, et sans lui ôter du poids. Mais la plupart de ces moyens sont trop dispendieux. En voici un bien simple et peu coûteux que M. Ozanam a indiqué.

Faites dégager du chlore dans une certaine quantité d'eau froide nécessaire pour la quantité de soie à décolorer (cette quantité doit être de 4 litres par livre de 16 onces de soie).

13.

Mêlez 2 litres de ce chlore liquide avec dix litres d'eau tiède, lisez-y promptement la soie jusqu'à ce que le chlore ne donne plus d'odeur. Retirez-la, et placez-la dans un second bain froid, composé de douze litres d'eau, et les 2 autres litres de chlore, et lisez-y promptement la soie comme dans le premier bain. Lavez-la ensuite à l'eau courante, tordez, et replacez-la pendant une heure dans une barque de bois blanc pleine d'acide sulfureux liquide que vous préparez, en le dégageant du charbon ou de la sciure de bois, dans de l'eau froide: enlevez ensuite la soie, lavez et tordez.

Notez bien que les hydrochlorates de chaux, de soude et de potasse ne peuvent remplacer le chlore simple dissous dans l'eau. On aurait une soie jaune sale qui tomberait en étoupes.

MM. Ozanam et Tabureau de Lyon ont trouvé un autre moyen infiniment supérieur à celui-là. Ils blanchissent en 3 heures de temps, d'un très beau blanc, les soies les plus colorées en jaune, sans leur ôter de leur poids. Mais ils tirent parti de ce procédé, qu'ils tiennent très secret, et pour lequel ni l'un ni l'autre n'ont pris de brevet d'invention. Ces messieurs n'ont aucun intérêt ensemble, et chacun travaille de son côté.

SERVICE DES PONTS ET CHAUSSÉES.

Mémoire sur les moyens de calculer les terrasses beaucoup plus promptement que par la méthode ordinaire sans en diminuer l'exactitude, par M. P. E. Morin, ingénieur des ponts et chaussées, ancien élève de l'école Polytechnique et membre de plusieurs sociétés scientifiques et industrielles.

Au moment où l'industrie française réclame avec instance l'ouverture de plusieurs communications, il ne sera pas sans intérêt de donner aux ingénieurs le moyen de confectionner leurs projets avec plus de célérité. On sait que dans la rédaction d'un projet complet de communication, le calcul des déblais et des remblais à faire et de leurs transports est une des opérations qui occupe le plus et qui emploie en général le tiers du temps des ingénieurs. Si on réduisait à moitié ce temps, sans nuire à l'exactitude des calculs, c'est comme si on augmentait d'un sixième le nombre des ingénieurs actuellement existant en France. C'est surtout dans un moment où le nombre des ingénieurs ordinaires est loin de suffire aux besoins du service, que les moyens que je propose méritent d'être pris en considération; il en résulterait certainement un grand avantage, si, surtout convaincu des améliorations que présente ma méthode, le gouvernement faisait calculer les tables qu'elle exige.

La méthode que je propose pour calculer les terrasses est aussi prompte au moins, dans tous les cas, que les méthodes inexactes dont on se sert quelquefois, et dans certains cas elle est trois fois plus expéditive que celle qu'on suit ordinairement, lorsqu'on veut avoir des calculs rigoureux. En voici l'exposé.

Toutes les fois qu'entre deux profils également distans dans tous leurs points pour un canal, pour un profil de fortification ou pour une route, tout est en déblai ou tout en remblai, ou du moins que les parties correspondantes de chaque profil sont dans ce cas, on sait que, pour parvenir à les calculer, on suppose que, sur les lignes du terrain et sur celles du projet, il se meut deux lignes droites qui, touchant toujours les premières, sont toujours, dans leurs mouvemens, dans un plan vertical parallèle à l'axe de la route, du profil de fortification ou du canal ; alors si l'on coupe, par une suite de plans verticaux infiniment rapprochés et parallèles audit axe, le solide que renfermeront les deux plans des profils en travers, les surfaces supérieures, inférieures et latérales, engendrées par les lignes droites ci-dessus, il en résultera dans l'intérieur une suite de prismes trapézoïdaux, dont la solidité sera égale au produit de la distance des profils en travers par la distance des plans coupans multipliés par la demi-somme des hauteurs extrêmes du prisme, de sorte que, si le solide entier est terminé par des plans verticaux parallèles à l'axe du projet, son volume sera représenté par la demi-somme des surfaces des sections extrêmes de ce solide dans le plan des profils en travers, multiplié par la distance de ses sections, lorsqu'elles sont parallèles, ou, ce qui est la même chose, par la distance qui sépare ces profils.

On voit déjà que, pour parvenir à calculer avec célérité ce solide, quelle que soit sa forme, il suffit d'arriver à calculer promptement ses sections extrêmes. Dans les canaux et les profils de fortification, ces sections sont en général très simples, et si quelquefois elles sont un peu compliquées, on pourra parvenir à les simplifier comme celles des routes dont nous allons nous occuper plus particulièrement. Les profils de ces routes sont composés d'un encaissement, d'accotemens et de talus, ou d'un encaissement, d'accotemens, de fossés et de talus. Le profil du terrain qui vient couper le profil de la route peut être ou horizontal, ou très peu incliné, ou fortement incliné. Dans les deux premiers cas, la route est ordinairement en remblai on en déblai suivant toute sa largeur. Pour simplifier alors les calculs des profils en travers, il faudra supposer une ligne horizontale passant à travers le profil de la route, par les arêtes extérieures des accotemens. Il se trouvera au-dessus de cette ligne, pour les parties en remblai, les triangles des accotemens, et au-dessous une partie vide de l'encaissement. On prendra la différence entre ces deux superficies, et le résultat est ce que j'appelle *surface constante* que j'ajoute ou que je retranche des profils que je calcule, en supposant que le profil de la route soit terminé par une ligne horizontale passant par les arêtes intérieures des accotemens. Pour les parties en déblai, il faudra ajouter à la surface de l'encaissement qui se trouve au-dessous de la ligne horizontale ci-dessus, la surface des fossés et en retrancher les triangles des accotemens qui se trouvent au-dessus de la même ligne horizontale, le reste formera une surface constante qu'il faudra toujours ajouter à celle qui se trouvera comprise entre la ligne du terrain et la ligne horizontale susdite. Ne considérant, pour les remblais, que la partie des profils en travers, situés entre les verticales passant par les arêtes extérieures des accotemens, et pour les déblais, la partie comprise entre la verticale passant par les arêtes extérieures des fossés situés au même niveau que l'arête extérieure des accotemens, il suffira toujours de ne calculer leurs côtes rouges que pour les distances comprises entre le terrain et la ligne horizontale fictive désignés plus haut, ce qui est beaucoup plus facile à faire que lorsqu'on considère les différentes inflexions du profil de la route. Aussi on n'aura souvent besoin de calculer, dans ce cas, que les côtes rouges extrêmes. On déduira facilement de là la côte moyenne à multiplier par la largeur, qui est toujours la même, pour avoir la surface de la section comprise entre le terrain et la ligne horizontale fictive, auquel il faudra ajouter ou retrancher la surface constante dont nous venons de parler, pour avoir la surface véritable comprise, pour chaque section, entre les verticales considérées. Il faudra ensuite, comme à l'ordinaire, multiplier la somme de cette section et de celle correspondante du profil suivant, par la demi-distance de ces sections, si les deux profils en travers sont parallèles. Nous verrons comment on peut agir dans les autres cas.

Si l'on remarque que, pour les profils tout en déblai ou tout en remblai, une section est multipliée deux fois, une fois par la moitié de la distance à la section qui la précède, une deuxième fois, par la distance à la section qui suit; on verra qu'il sera plus simple de multiplier de suite une section en travers par la demi-somme de ces deux distances, ce qui éviterait la moitié des opérations à faire. On peut encore en éviter à peu près autant, en remarquant que, pour les profils tout en déblai ou tout en remblai, abstraction faite de la surface constante à ajouter ou à retrancher, il y a toujours à multiplier chaque hauteur moyenne par une largeur constante, qui est la distance existante entre les arêtes des accotemens et celle qui a lieu entre les arêtes extérieures des cuvettes des fossés situées sur la ligne horizontale fictive. On pourra donc, si on veut calculer plusieurs profils à la fois, ce qui ne présente pas d'inconvénient, multiplier chaque hauteur moyenne par la demi-somme des distances en longueur avant ou après le profil qu'on considère; ajouter tous ces produits, et en multiplier le résultat par la largeur constante susdite. Quant à la surface constante dont on n'a pas tenu compte dans cette opération, il suffira de la multiplier par la distance totale comprise entre les profils extrêmes en déblai et en remblai, et d'ajouter ou retrancher ce cube de celui qui précède, suivant que c'est un déblai ou un remblai qu'on considère.

Cette nouvelle méthode suppose qu'on puisse avoir pour chaque profil une hauteur moyenne ; cela est très facile à obtenir, et peut se faire presque de mémoire, lorsque la pente du terrain ne varie que vers le milieu du profil. Dans d'autres cas, cela n'exige encore que peu de calculs ; mais, dans toutes les circonstances, il sera plus facile de calculer cette hauteur moyenne que de faire tous les calculs ordinaires. Ainsi rien ne peut s'opposer à ce qu'on suive cette dernière méthode pour calculer les terrasses.

Négligeant toujours, pour un moment, le calcul des triangles qui terminent les profils en travers, considérons le cas où l'on serait obligé de calculer des profils partie en déblai et partie en remblai, où il y a par conséquent des points de passage à déterminer. En ne faisant attention qu'à deux profils qui se suivent, on pourra, suivant que le déblai ou le remblai doit donner le cube le plus considérable, supposer d'abord que tout est en déblai ou tout en remblai, et calculer ces profils par la méthode que nous venons d'exposer, pour ce qui se trouve compris entre les plans verticaux

parallèles à l'axe passant par les arêtes extérieures
des accotemens ; seulement il faudra, dans les calculs, considérer comme négatives les quantités qui
sont relatives au déblai, quand on suppose que tout
est en remblai, et réciproquement. Cela est fondé
sur ce principe que, si les solides que nous considérons, lorsqu'ils sont tous en déblai ou tous en
remblai, sont mesurés par la demi-somme des sections extrêmes, multipliées par la distance de ces
sections, la différence des solides en déblai et en
remblai est aussi donnée par la demi-somme des
sections extrêmes multipliée par la distance de ces
sections, avec cette différence que, si le déblai est
supposé l'emporter sur le remblai, toutes les côtes
en remblai doivent être considérées comme négatives par rapport aux côtes en déblai, et entrer de
cette manière dans le calcul ; alors le résultat étant
la somme des quantités positives et négatives, ce
résultat ne sera réellement que la différence des
deux espèces de solide. Pour le prouver, il faut remarquer qu'en analyse, lorsqu'une négation nous
donne un résultat dans la supposition où les données de la question sont positives, ce résultat est
également vrai dans le cas où une partie de ces
données serait négative : il n'y a qu'à introduire
ces quantités avec leurs nouveaux signes à la place
des anciens. Dans le cas que nous considérons,
nous n'avons pas seulement à trouver la différence
entre le déblai et le remblai, mais bien chacun séparément. Pour les obtenir intégralement, après
avoir obtenu la différence, il faudra calculer sépa-

rément les solides regardés comme négatifs, et les
porter à la colonne des remblais ou des déblais,
suivant que l'une ou l'autre nature des solides a
été regardée comme négative. Il faudra aussi les
porter à la colonne des solides regardés comme
positifs, parce que ces solides, ajoutés ainsi à la
différence des solides déjà trouvés, donneront la
totalité des solides positifs.

Cette dernière méthode, dont je me suis toujours servi lorsqu'il y a eu des points de passage à
calculer, ne présenterait pas beaucoup plus d'a-
vantages que la méthode ordinaire, si l'on ne cal-
culait à la fois que le solide compris entre deux
profils en travers consécutifs; mais on doit faire
attention que par l'artifice dont nous nous sommes
servi en calculant plusieurs profils à la fois, on
n'est pas arrêté par les petits solides négatifs qui
peuvent se trouver entre les profils en travers, et
qu'il suffit de les calculer ensuite séparément pour
les ajouter en déblai et en remblai, comme nous
venons de le dire, ce qui abrége par là beaucoup
les opérations. Cette considération sert encore à
diminuer un peu les calculs dans le cas des points
de passage; puisque les solides négatifs, ayant en
général de faibles dimensions, on n'aura souvent
que des pyramides à calculer au lieu de solides
trapézoïdaux. En effet on doit toujours décomposer ces derniers solides en deux autres : un paral-
lélipipède tronqué et une pyramide. Il faut calculer
alors une hauteur proportionnelle, cuber ensuite
ces solides, ce qui est beaucoup plus long que

lorsqu'on a à calculer des pyramides. Ainsi la propriété des solides positifs et négatifs sur lesquels nous nous appuyons, accélère le calcul des terrasses de deux manières ; par la première, en permettant de calculer plusieurs profils à la fois, par la seconde, en diminuant la quantité d'opérations à faire pour déterminer les points de passage.

Toutes les fois que le terrain est horizontal ou peu incliné, on peut employer la méthode précédente pour cuber les solides compris entre deux plans verticaux parallèles à l'axe de la route ou du canal ; mais il faut modifier cette méthode, si le terrain est très incliné, ce qui arrive souvent pour les projets de route en pays de montagne. Il arrive alors que presque tous les profils en travers sont coupés par le terrain à peu près au milieu, lorsqu'on en suit tous les contours avec une pente uniforme, comme on le fait pour ces espèces de routes. On devra donc calculer chaque partie en déblai et en remblai séparément, et presque toujours on pourra simplifier ce calcul en faisant passer la même ligne horizontale fictive par les arêtes des accotemens ; mais ici on ne pourra pas calculer plusieurs profils entiers à la fois, comme on ne pourra que multiplier chaque surface en déblai et en remblai, et non les hauteurs par la demi-somme des distances avant et après le profil considéré. Quant aux corrections à faire à cette manière de calculer, qui est la méthode des moyennes, elles sont de même nature que celles que nous allons faire connaître et que notre méthode exige, lorsqu'on calcule les solides résultant des triangles extrêmes des profils en travers dont nous allons nous occuper.

(La suite aux numéros prochains.)

ÉCONOMIE AGRICOLE.

Précautions à prendre dans la fabrication du cidre.

Les procédés de fabrication du cidre sont bien connus ; aussi n'entreprendrons-nous pas de les rappeler ici, nous ne proposerons même rien de nouveau ; mais il est un grand nombre de petites précautions dont l'oubli, quelque futiles qu'elles paraissent, influe d'une manière fâcheuse sur la qualité de cette liqueur, et cet oubli est malheureusement si général, que nous croyons rendre un véritable service aux propriétaires de nos pays à pommes en les leur rappelant.

Après avoir récolté vos pommes avec soin, laissez-les pendant quelques jours dans un endroit sec, exposées au soleil.

Faites trier vos pommes et donnez aux porcs toutes celles qui ne sont pas mûres ou qui sont pourries.

N'épargnez pas l'eau pour bien nettoyer toutes les parties du pressoir, jusqu'à ce que toute odeur d'acide ou de moisi ait disparu.

Ne brassez ensemble, autant que possible, que des pommes de même espèce.

Veillez à ce que la paille soit propre et fraîche.

Que le peu d'eau que vous emploierez soit une eau pure et salutaire.

Ayez soin que vos tonneaux ou barils soient en bon état, bien aérés et sans aucune odeur. Lorsque les pommes ont été converties par la meule en une pommade finement broyée, il faut, avant de la presser, lui laisser subir une fermentation convenable. Le temps nécessaire est de 20 à 72 heures, suivant l'état de l'atmosphère. Plus le temps est chaud plus la fermentation est rapide. La couleur de la pommade, avant d'être livrée au pressoir, doit être presque d'un rouge cerise.

Pour se convaincre des avantages qu'il y a à ne presser qu'après la fermentation, on n'a qu'à écraser un petit nombre de pommes et à en exprimer le suc immédiatement. Il sera presque aussi incolore que l'eau. Qu'on en écrase ensuite quelques autres, et qu'on les expose à l'air pendant 24 heures, lorsqu'on les pressera on en obtiendra une liqueur d'une couleur de cidre fort riche. Si l'on veut pousser plus loin l'expérience, en mettant les jus obtenus dans les deux cas dans des bouteilles, et en leur laissant éprouver la fermentation ordinaire, on reconnaîtra, par la supériorité du dernier l'inconvénient qu'il y a à presser les pommes immédiatement après qu'elles ont été écrasées.

Il est un usage suivi dans plusieurs pays de vignobles, qui consiste à brûler une mèche soufrée

dans les tonneaux, avant d'y verser le liquide ;
nous le regardons comme également avantageux à
l'égard du cidre, et dans ce cas voici comme on
peut s'y prendre. Après avoir choisi un tonneau
bien propre intérieurement et *sans goût*, on y
verse un seau du cidre que l'on a laissé dans la
cuve jusqu'à ce que la fermentation ait fait dégager
tout ce qu'il contient d'impnr ; on fait brûler dans
le tonneau une mèche soufrée, jusqu'à ce que
l'intérieur soit rempli de la fumée du |soufre. On
agite ensuite avec force, on remplit et on bouche
avec soin.

Il est un grand nombre de recettes présentées
comme ajoutant à la qualité du cidre ; selon nous
elles tendent seulement à l'altérer, tandis qu'en
suivant les préceptes, fruits de l'expérience, que
nous venons d'exposer, on ne peut manquer, surtout dans les bons fonds, d'obtenir une liqueur
aussi saine, se conservant aussi bien, et aussi agréable que la plupart des vins.

(*Journal améric.*)

ÉCONOMIE POLITIQUE.

BULLETIN DES RENSEIGNEMENS RELATIFS A LA COMMISSION D'ENQUÊTE (suite) (1).

Précis abrégé du mémoire adressé par la chambre du commerce de la ville de Lyon à son excellence le ministre du commerce, pour montrer les causes de la décadence et de l'état alarmant de souffrance que la fabrique des étoffes de soie éprouve, et surtout celle des étoffes unies.

Nous croyons ne pouvoir mieux concourir au but d'utilité que nous nous proposons dans notre Recueil, qu'en y insérant l'analyse du mémoire adressé par les négocians de Lyon, à S. Ex. le ministre du commerce, en réponse à son enquête. L'importance du sujet de ce mémoire, fort bien traité, le mérite de sa rédaction, nous font regretter que les bornes de notre journal ne puissent nous permettre de l'insérer en entier. Nous allons toutefois tâcher dans réduire la substance à nos limites, en y ajoutant nos réflexions particulières que nous soumettons à nos lecteurs pour le plus grand bien de la chose.

Ce Mémoire, que nous classons dans la quatrième section des divisions établies dans notre

(1) Voyez les numéros 25, page 49; numéro 26, page 286, numéro 27, page 308 de ce Recueil.

préambule (25ᵉ livraison de ce Recueil), signale
d'abord comme une des principales causes du ma-
laise et des dangers de la fabrique des étoffes de
soie, la différence du prix de la main-d'œuvre,
comparativement avec celle de l'étranger, qui
est l'effet naturel des droits *excessifs* dont sont
grevés tous les objets nécessaires à la vie, et dont
les étrangers, et notamment la Suisse, sont exempts.
Cela établit une disparité inévitable dans le salaire de l'ouvrier, et ne permet pas à la ville de
Lyon de soutenir avec succès la concurrence
de cette économie de manutention, inconvénient funeste qu'on ne peut éviter par la transla-
tion des métiers de fabrique dans la campagne,
comme le prétendent certains économistes abusés,
sans entraîner des inconvéniens multipliés, et sans
causer à la ville, ainsi qu'au gouvernement, un
préjudice notoire, en diminuant de beaucoup la
valeur des propriétés urbaines, par la désertion
de la population de la ville, et, par là même, la
réduction forcée du produit des impositions.

Le moyen le plus convenable et le plus naturel
de soustraire la ville de Lyon à l'imminence du péril
dont elle est menacée sous ce rapport, serait sans
doute de réduire la taxe énorme des droits fiscaux
qui pèsent sur les divers objets de consommation
alimentaire en grevant d'une manière cruelle
l'existence pénible des malheureux ouvriers dont
les doléances à ce sujet se réunissent aux réclamations générales de la France. Il importe au
gouvernement de les prendre incessamment en

considération pour la ville de Lyon , s'il veut lui conserver la branche essentielle d'industrie qui joue un si beau rôle dans la balance du commerce du royaume, et qui est près de lui échapper.

Le mémoire de la chambre du commerce signale encore, relativement aux impositions, un abus qui porte une atteinte sensible à la fabrique, dans la perception d'un droit impolitique et onéreux qui atteint, à l'entrée du royaume, la matière première de son commerce, des soies grèges et ouvrées qui lui sont indispensables, dont le tarif a éprouvé différentes variations dans l'intervalle de 1815 à 1820. Mais comme il paraît que le gouvernement est disposé à faire droit aux réclamations du commerce à cet égard , il suffit dans ce précis d'en faire en deux mots la simple mention , par forme d'annotation, comme un motif de reconnaissance envers notre gouvernement tutélaire, sauf néanmoins les observations relatives à une modification avantageuse et réductive qu'il conviendrait peut-être d'adopter dans l'affranchissement projeté , afin de le faire mieux réagir en faveur de l'amélioration de l'existence de l'ouvrier, ainsi que de sa morale que tendent également à pervertir les anxiétés de la misère, comme l'effet opposé des excès de l'opulence.

Nous reviendrons sur ce sujet en nous réservant d'indiquer à la fin de ce précis le moyen favorable que nous proposons.

Poursuivons dans son ordre les considérations que ce mémoire expose sur les maux les plus

14.

sensibles dont la fabrique de Lyon est affectée, et auxquels il est le plus urgent et le plus facile au gouvernement d'apporter de prompts remèdes. Il en dénonce aussi d'autres honteux et invétérés qui, dégénérés en scandaleuse habitude, portent de graves atteintes à cette branche précieuse d'industrie, et méritent de fixer l'attention sérieuse de l'autorité.

L'un prend sa source dans la fraude déhontée qui s'est introduite dans les différentes manipulations que subit la soie grège avant d'être soumise au tissage des étoffes de soie, depuis sa mise en teinture jusqu'à son dévidage; de telle sorte que le teinturier en prélève d'abord impunément le vingtième environ, plus ou moins, sur la quantité, suivant les scrupules de sa conscience et l'adresse de son savoir faire, par l'effet d'une habitude reconnue de soustraction qu'il est presque impossible de mettre en défaut, attendu la grande difficulté de constater la parfaite identité des mateaux de soie coloriée avec leur état primitif, et le déchet variable qu'ils doivent éprouver dans cette opération préliminaire de teinture.

On peut, de plus, ajouter à cette distraction 5 pour o/o de déficit résultant de l'infidélité de la plupart des dévideuses et d'un grand nombre d'ouvriers qui se permettent entre eux cette soustraction frauduleuse, à l'aide de plusieurs corps étrangers dont ils savent imprégner les soies qui leur sont confiées, afin d'en rendre un poids égal et déguiser ainsi leur vol par une fausse apparence.

Tellement qu'on peut évaluer à 10 pour o/o environ, le préjudice causé au négociant-fabricant par ces infidélités ainsi cumulées.

On a proposé dans ce mémoire un expédient qui serait très-propre à arrêter ce désordre en y appliquant, sur cette matière, le réglement suivi dans le dévidage des cotons filés, qui subordonnerait pareillement la soie écrue à être aussi dévidée à tour compté, afin qu'en constatant ainsi son titre et sa qualité par la longueur du fil dont chaque flotte devrait être composée, on puisse empêcher ainsi l'exercice de la fraude par la certitude de la découvrir. Ce serait en effet le moyen le plus sûr et le plus convenable à employer sous ces divers rapports, et on a lieu de penser que le gouvernement en sentira assez les importans motifs pour en consacrer l'adoption par son suffrage.

Il reste encore un point important sur lequel ce mémoire appelle son attention relativement à la nécessité d'une autre disposition réglementaire qui peut avoir une influence sensible dans l'amélioration des soies indigènes dont il est essentiel de perfectionner la première ouvraison pour faire rivaliser avantageusement leur qualité avec les soies étrangères qui nous sont nécessaires et dont l'emploi absorbe une masse énorme de capitaux qui nous rendent tributaires, sans retour, envers nos voisins d'un subside onéreux auquel nous pouvons nous soustraire par la suite, en encourageant cette branche productive d'industrie; il s'agirait, pour cela, de soumettre la première ouvraison de co-

con brut qui est le travail préparatoire de la filature, à une disposition particulière qui déterminerait le nombre de brins dont chaque fil de soie doit être composé, pour en régulariser la continuité, conformément aux principes rigoureux d'un réglement invariable qu'on suit à cet égard dans le Piémont, d'après le manifeste du *consulta* de Turin, arrêté depuis l'année 1724. C'est à l'observation de ce réglement que les soies de ce pays doivent la réputation qui leur est acquise par leur qualité supérieure. La minute de ce réglement est annexée au mémoire de la chambre du commerce, qui espère que le gouvernement en sentira toute l'importance, et qu'il imitera cet exemple.

Telles sont en substance les différentes considérations exposées dans le mémoire qui a été soumis à Son Exc. le ministre du commerce, par les négocians de Lyon, sur l'état dangereux de langueur que le commerce de soierie éprouve, et sur les moyens d'y remédier. Il n'est pas douteux que l'application des mesures proposées en conséquence, n'apporte une amélioration sensible à cette branche importante d'industrie; mais il conviendrait, peut-être, pour les rendre plus efficaces d'y ajouter une disposition bienfaisante qui pût contribuer à adoucir la condition des ouvriers qui se consacrent à la fabrique, en les préservant des angoisses de la misère et en les rassurant sur leur avenir. On les attacherait ainsi au sol qui les a vus naître par le sentiment du bien-être. On fixerait enfin leur inconstance trop fréquente qui leur fait quitter leur pays pour aller porter ailleurs leur industrie, et causer à leur patrie un préjudice funeste et irréparable.

On réussirait à atteindre ce but favorable par le moyen d'une retenue insensible et forcée d'un centime par franc sur leur salaire qui, cumulé pendant un cours déterminé, formerait un capital suffisant pour servir la rente nécessaire à cette fondation de prévoyance; mais l'influence tardive de ce bienfait serait fort éloignée, et il est à craindre que sa longue attente ne le fît pas assez apprécier par l'ouvrier nécessiteux pour le résigner sans murmure au sacrifice léger qu'on exigerait pour l'obtenir; c'est pourquoi il serait à propos, en adoptant cette mesure, d'en accélérer l'effet en devançant sa jouissance; et c'est à ce sujet que s'appliquent les propositions que nous nous sommes réservé de faire dans le cours de ce résumé sur la modification qu'il conviendrait d'adopter dans la suppression demandée, afin de rendre la concession de cette demande plus profitable, en conciliant à la fois le vœu du commerce avec celui de l'humanité. Elles auraient pour but de retrancher les trois quarts ou les quatre cinquièmes seulement de l'impôt dont il s'agit, pour en réserver la faible portion restante à la destination de servir de secours ou plutôt de retraite aux ouvriers nécessiteux qui, par leur infirmité ou leur grand âge, se trouvent dans l'impossibilité de pourvoir à leur existence. On pourrait étendre à mille d'entre eux ce bienfait signalé qui s'élèverait à 300 fr. environ par année, pour chacun d'eux, en réunissant le produit de cette subvention réservée à celui de *l'établissement des conditions de soies* qui est considéré comme leur patrimoine.

Cette disposition tutélaire n'entraînerait aucun sacrifice pécuniaire, puisqu'elle ne porterait que sur la suppression d'un impôt qui semble arrêtée, et dont la modique réserve serait presqu'insensible. Elle opérerait un bien précieux qui exercerait une influence plus favorable que toute autre sur la branche d'industrie qui doit être l'objet des sollicitudes du gouvernement ; elle remplirait enfin ses intentions paternelles à la satisfaction générale.

Mais on objectera peut-être contre l'adoption de cette mesure l'exemple d'une multitude d'autres artisans du royaume qui , comme ceux de Lyon , sont exposés au même état de souffrance par l'effet de la rigueur des circonstances, et dont les réclamations ainsi provoquées deviendraient d'autant plus importunes, qu'il est impossible de les satisfaire toutes. Mais à cela l'on répond que la parité n'est pas exacte dans les exemples cités, parce que le commerce de Lyon étant dans une catégorie particulière , menacé de voir passer dans l'étranger la branche essentielle d'industrie qui est le principe de sa prospérité, dont les intérêts sont liés à tous les autres par l'étendue de ses relations et ses vastes rapports , il importe à tous aussi de prévenir sa ruine par des moyens particuliers, puissans et efficaces ; que d'ailleurs cette mesure proposée qui concourrait à ce but favorable, et qu'on considérerait mal à propos sous un point de vue d'exception, peut être, en quelque sorte, assimilée aux remboursemens dont jouissent plusieurs marchandises manufacturées en passant les frontières; elle serait par conséquent conforme aux mêmes principes d'équité, de bienveillance et de protection que le gouvernement applique envers toutes les branches de l'industrie; il est donc à désirer pour le bien de l'humanité et du commerce, qu'il l'approuve par son suffrage, en la réunissant à l'appui de celles qui sont exposées dans ce mémoire. On a lieu de penser que l'unanimité des Lyonnais, profitant de cette occasion d'ajouter une nouvelle preuve des sentimens élevés et généreux qui les ont en tout temps distingués, manifestera affirmativement leur adhésion et leurs vœux à cet égard.

2. BEAUX-ARTS.

Description du Colosseum ou panorama gigantesque de Londres (1).

Ce besoin de devenir riche, de gagner promptement et beaucoup d'argent, que l'on éprouve à Londres plus que partout ailleurs, car nulle part la fortune n'est plus indispensable, y fait concevoir les projets les plus extraordinaires ; celui dont

---

(1) Le désir que nous avons de voir créer à Paris un pareil établissement nous engage à faire connaître celui de Londres. Dans la capitale de la France, on a souvent remarqué que lorsqu'il s'agit de donner une grande fête, de se livrer à quelqu'acte de munificence ou d'humanité qui exige le concours d'un grand nombre de personnes, on en est réduit à une véritable enquête, à des recherches pénibles, pour parvenir à trouver un lieu propice. Beaucoup de ces réunions utiles ou agréables manquent souvent, faute d'avoir à la disposition des entrepreneurs ou des amateurs, un vaste local qui réunisse les avantages d'une belle position, d'une distribution commode et bien appropriée aux plaisirs du grand monde ; d'un jardin pittoresque, d'une bibliothèque, etc., etc. Nous avons souvent entendu dire qu'un capitaliste qui mettrait des fonds dans une semblable entreprise, placerait son argent à bon intérêt, surtout si la distribution du local était calculée de manière à ce qu'il pût louer des parties *séparées* lorsque la fête à donner ou la réunion projetée n'exigerait que tel ensemble de pièces.

(Note du Rédacteur.)

nous allons entretenir nos lecteurs n'est pas un
des moins singuliers ; il mérite, d'ailleurs, l'intérêt
à d'autres égards. Nous voulons parler du panorama qu'on vient d'ouvrir à Londres. Son inventeur s'est trouvé, faute de fonds, dans la nécessité
de l'exposer à la curiosité du public long-temps
avant qu'il fût achevé. Heureusement la portion
la plus importante est assez avancée pour faire
juger de l'étendue du génie qui l'a conçu, ainsi que
de l'énergie de caractère, de la patience et du
rare talent dont son auteur a fait preuve dans
l'exécution. Ce spectacle fait partie d'un vaste
établissement qu'une société particulière a formé
dans Regent's-Park, sous le nom du *Colosseum*.
Après avoir traversé une pelouse, on arrive à des
arcades gothiques, couvertes de lierre; c'est le
vestibule d'un grand salon qui a la forme d'un
kiosk turc, qui communique, par des galeries, à la
bibliothèque, aux réfectoires et à une suite d'ap-
partemens dont les souscripteurs jouiront plus tard.
On y arrivera du jardin, par un bel escalier en
marbre blanc. Une des portions les plus curieuses
de cet immense établissement, est une galerie vitrée où l'on a rassemblé une nombreuse collection
de plantes indigènes et exotiques. On y remarque
entre autres trente-cinq espèces de *camelia japo-
nica*. Cette galerie aboutit à un salon également
vitré, qui est aussi destiné à recevoir des végétaux
rares, et au centre duquel est un bassin d'où s'é-
lancent de petits jets d'eau qui doivent arroser les
plantes suspendues en festons à la coupole. Au

milieu du bassin, on verra une statue de naïade en
marbre blanc, endórmie dans sa conque marine.
On prépare encore des volières, qui seront placées
dans les mêmes lieux. La chaumière suisse qu'on
voit au, rez-de-chaussée est une fabrique char-
mante, d'où l'on aura la vue de trois cascades,
dont la plus élevée se précipitera d'une hauteur
de soixante pieds. Ces trois cascades, placées dans
le parc, seront entourées de verdure, de rochers,
de grottes de l'aspect le plus pittoresque. Aujour-
d'hui, on ne voit encore de toutes ces choses
qu'une voûte spacieuse construite en pierres de
grande dimension, et de formes irrégulières, au-
dessus de laquelle les chutes d'eau doivent s'écou-
ler. Lorsque la salle de promenade, qui se prolonge sur toute l'aile du bâtiment, sera garnie
de glaces, de draperies et de meubles, elle
deviendra sans nul doute le plus beau salon de
Londres. Afin de l'utiliser davantage, M. H. se propose d'en approprier une partie à l'exposition des
produits des arts.

Nous allons maintenant passer à la description
de la partie la plus merveilleuse de cet établissement, le panorama de Londres. Le peintre Hornor
avait fait construire, il y a quelques années, au-
dessus du dôme de l'église de Saint-Paul, immédiatement au-dessous de la croix de fer, une espèce
de cage, dans laquelle il travailla longtemps pour
peindre de ce point, le plus élevé de Londres, le
panorama de cette ville. Suspendu ainsi entre le
ciel et la terre, l'artiste passa souvent les nuits dans

ce singulier atelier, pour profiter de la clarté des
premiers rayons du jour, qui lui permettaient
d'apercevoir plus distinctement certains points ordinairement enveloppés de brouillards. Il mit une
patience étonnante à peindre les objets les plus
rapetissés par leur éloignement, et qu'il parvenait
à découvrir, soit à la simple vue, soit à l'aide d'une
lunette d'approche. Aussi les toiles dont il s'est
servi pourraient-elles, dit-on, couvrir deux acres
de terrain. Le diamètre du cercle que trace ce
vaste panorama, le plus grand qu'on ait jamais en-
trepris de peindre, est de cent trente-quatre pieds,
et sa hauteur, de la base jusqu'à l'imposte du
dôme, n'est pas moindre de soixante pieds, ce qui
donne une surface de vingt-quatre mille pieds
carrés. L'extrémité inférieure est terminée par une
bande de toile non peinte, de quatre mille pieds
carrés environ, qui se resserre vers le centre. Le
dôme en plâtre sur lequel le ciel est peint, peut
avoir quinze mille pieds d'étendue, ce qui forme
en tout une superficie de quarante mille pieds
carrés de peinture.

Mais quelque prodigieuses que soient les dimensions de cet immense tableau, dit la Gazette de
Londres, de qui nous empruntons ces détails, c'est
le moindre de ses mérites. Il serait impossible de
rendre par des paroles l'impression du spectateur, lorsque, après avoir franchi l'escalier en spirale construit au centre du bâtiment, il entre dans
la première galerie, et se trouve, tout-à-coup, en
présence de ce grand spectacle. D'abord il ne peut

croire que ce qu'il voit ne soit pas une scène réelle.
On pourrait dire même que, sous un certain rapport, la copie surpasse le modèle. En effet, même
dans les jours les plus beaux, et lorsque l'air a le
plus de transparence, il est presque impossible que
quelque partie du vaste horizon que l'œil embrasse
du faîte de Saint-Paul, ne soit obscurcie par des nua-
ges, puisque cet horizon comprend une étendue
de plus de cent vingt milles de pays; mais dans le
panorama, bien que l'atsmosphère soit suffisamment vaporeuse, aucune partie du tableau n'est
entièrement cachée; et de tous les objets qu'on
peut discerner de ce point de vue élevé, soit à
l'œil nu, soit à l'aide de lunettes, à peine pourrait-
on découvrir un champ, un arbre ou une cabane
qui ne se retrouve reproduit avec une fidélité scrupuleuse. Cependant, telle est la parfaite harmonie,
l'admirable ordonnance de l'ensemble, que ces
détails minutieux, loin de nuire à l'effet général,
contribuent puissamment à la magie de l'illusion.
Nous n'entreprendrons pas de décrire les milliers
d'objets que renferme ce prodigieux tableau; il
faudrait des volumes pour en faire la simple énumération. Mais entre toutes ces choses, si nous
voulions faire un choix, nous dirions que le cours
majestueux de la Tamise, les contours gracieux
qu'elle trace depuis Londres jusqu'à Putney, coupés de distance en distance par de nombreux ponts
et la beauté de ses rives, excitent surtout l'admiration. Le palais de Lambeth, l'Abbaye de West-
minster, l'Adelphi, Somerset-House, et le Temple

se présentent tour à tour, à mesure que l'œil parcourt la distance qui sépare Wauxhall de Blackfriars. Les rayons du soleil se jouant sur les eaux du fleuve nous ont paru d'un effet admirable. Londres, ce cœur, ce centre de vie de l'Angleterre, avec ses vénérables églises, ses antiques palais, ses beaux quartiers, ses grandes places, ses rues populeuses, ses théâtres, ses arsenaux, ses chantiers, ses jardins, ses parcs, occupe la partie inférieure du tableau. On pourrait contempler pendant des heures entières, des jours même, cette portion du spectacle, avec une admiration toujours croissante. Oubliant que ce qu'on a devant les yeux n'est qu'une toile peinte, on voudrait pouvoir, comme Asmodée, assister aux différentes scènes qui se passent sous les toits au-dessus desquels on plane.

Entre les constructions les plus rapprochées de l'œil du spectateur, et qui toutes sont traitées avec beaucoup de soin, on distingue les tours ou clochers de Saint-Paul. Leur hauteur, sur la toile, est de quarante pieds. La beauté de la peinture et la perfection des détails en rendent l'effet tout-à-fait magique. Les teintes du ciel, sans être monotones, sont si délicates et graduées avec tant d'art, qu'elles ne sauraient distraire l'attention de la scène principale. Un homme de notre connaissance, qui nous accompagnait dans notre visite au Colosseum, s'écria au moment où il en sortait : « Ah ! j'ai complètement oublié de regarder le ciel ! » C'était un compliment que, sans se douter, il faisait à l'artiste; car cela prouvait que, de même qu'un bon peintre de portrait, il avait su éloigner et sacrifier le fond, de manière à faire valoir les figures.

Un peu plus de la moitié du tableau est maintenant achevée, et le reste est tellement avancé, que l'on peut dire que toutes les difficultés sont vaincues. Quelques semaines encore d'un travail assidu suffiront à son achèvement.

Nous allons maintenant essayer de décrire la structure architectonique du Colosseum. Ce bâtiment fut commencé en 1824, d'après les dessins et sous la direction de M. Burton. C'est un polygone à six faces, chacune de vingt-cinq pieds d'étendue. Un beau portique de style dorique avec six colonnes, occupe trois de ses faces. Le même ordre est employé pour le pourtour entier de l'édifice. A chacun des angles, des pilastres supportent l'entablement, et leurs socles, que continuent deux marches d'escalier, forment deux degrés semblables à ceux du portique tout autour de l'édifice et en constituent la base. Le diamètre du polygone pris hors d'œuvre est de cent trente-deux pieds. La hauteur des murailles, mesurée à l'intérieur, est de soixante dix-neuf pieds. Sur l'entablement est un attique au-dessus duquel s'élève un dôme avec trois gradins, puis un mur d'appui derrière lequel règne une galerie d'où l'on pourra contempler la scène environnante. La partie la plus élevée de la coupole est vitrée, et forme un immense abat-jour de soixante-quinze pieds de diamètre : le reste du dôme est couvert en cuivre peint.

Il paraît que le Parthénon a servi de modèle pour les proportions des colonnes ; cependant, celles du Colosseum sont de dimensions plus fortes, car leur diamètre est de six pieds deux pouces et demi, et leur hauteur de trente-cinq pieds six pouces. Le portique ainsi que les murailles sont en briques revêtues de stuc. L'épaisseur de celles-ci est de trois pieds à leur base, et de vingt-deux pouces vers le dôme. Les curieux arrivent du portique dans un vestibule éclairé d'en haut et divisé en trois compartimens, avec un escalier à chaque extrémité. Celui de droite est pour ceux qui paient le prix le plus élevé. Il mène à un corridor au bout duquel se trouve l'escalier en spirale qui conduit à la fois à la plus basse des trois galeries, à la chambre des rafraîchissemens et à l'extérieur du dôme. Il existe aussi une communication entre le corridor du rez-de-chaussée et un grand salon dans lequel on pourra s'arrêter, avant de monter au panorama, et lorsqu'on en redescendra. Près de ce salon est un petit cabinet qui communique avec une plate-forme qu'on hissera, à l'aide d'une machine, jusqu'au niveau de la galerie inférieure. Elle est destinée aux personnes malades ou faibles qui voudraient voir le panorama sans avoir la peine de monter d'une autre manière. De ce point élevé, les regards plongent, comme de Saint-Paul, sur l'immense capitale. L'escalier de gauche, partant du vestibule, conduit à la seconde galerie, c'est-à-dire aux places du second prix.

Le noyau autour duquel tournent les escaliers en spirale, et au milieu duquel nous avons dit que se trouvait la plate-forme mouvante, est garni de cercles de fer et de bandes du même métal posées diagonalement. Un cône en bois, placé à son sommet, de trente-quatre pieds d'élévation, supporte la salle des rafraîchissemens, celle des bals et des concerts, la grosse boule en pierre qui couronnait, il y a quelques années, le dôme de St-Paul, une croix de fer semblable à celle que l'on voit au faîte de cette cathédrale, la cage dans laquelle M. Hornor a travaillé à son panorama; enfin l'escalier qui conduit à l'extérieur du dôme, d'où l'on dominera Regent's-Parck et toute la contrée voisine.

La façade de la galerie, ou gradin inférieur, est ornée de pilastres, sur lesquels repose l'entablement. Dans la seconde, des trumeaux supportent des arches. Ces ornemens d'architecture aident à l'effet de la scène, et forment comme une suite de bordures qui permettent aux spectateurs de contempler, l'une après l'autre, chaque partie de ce merveilleux spectacle.

Après avoir décrit la structure de l'édifice, nous dirons quelques mots des artistes qui ont concouru à l'accomplissement de ce grand œuvre, qui semble réaliser les merveilles créées par l'imagination des auteurs des contes des fées.

La gloire de l'invention doit être exclusivement

attribué à M. Hornor. La persévérance, le courage, qu'il a montrés, tandis qu'il travaillait à ses tableaux dans une cage fragile placée sur quelques pièces de bois minces et chancelantes, et élevées à une hauteur dont la pensée seule donne des vertiges, sont au-dessus de tout éloge. On sait combien peu il s'en est fallu qu'il ne tombât de cette immense élévation, sans que la chance d'une telle catastrophe ait pu le détourner de son entreprise. Non content de rendre avec une exactitude minutieuse les choses telles qu'elles lui apparaissaient, en s'aidant des instrumens les plus parfaits, il visitait un à un les divers points de cette vaste scène, lorsqu'il lui restait quelque doute sur leur forme ou leur position. Quand il eut achevé la série de ces tableaux, il s'occupa de la construction du bâtiment qui devait contenir le panorama. M. Decimus Burton en fit l'entreprise, et M. Baber se chargea de préparer et de placer la toile sur laquelle les tableaux devaient être copiés. Nous avons déjà dit quelles étaient les dimensions de cette toile. Lorsqu'elle eut été fixée vers sa base à trois pieds de distance de la muraille, M. Paris, qui s'est fait une réputation méritée, non seulement comme peintre, mais encore comme mécanicien, entreprit de transposer les tableaux de M. Hornor sur une échelle deux cent cinquante-six fois plus étendue. Il en traça d'abord les contours avec de la craie. C'était un travail difficile et qui exigeait une exactitude scrupuleuse. Il fut terminé au mois d'avril de l'année 1826, et M. Paris

15.

se mit alors à le peindre à l'huile ; mais comme un seul artiste ne pouvait suffire à cette prodigieuse entreprise, M. Hornor engagea plusieurs autres peintres à y coopérer. Cependant, quoique plusieurs d'entre eux fussent des gens de talent, comme ce genre de travail leur était absolument nouveau, le succès fut médiocre et l'ouvrage allait lentement. Chaque artiste voulait que la partie du tableau dont il se chargeait fût la plus apparente, et se distinguât du reste. L'un d'eux, jaloux de montrer l'indépendance de son talent, fit suivre à la fumée de ses cheminées une direction diamétralement opposée à celle de son voisin ; tandis qu'un autre, passionné pour les idées originales, imaginait d'éclairer un édifice par un rayon de soleil qu'il faisait arriver du nord. Le résultat de toute cette confusion fut la nécessité de repeindre ou de réparer une grande partie de ce qui avait été fait. Enfin, M. Paris, aidé de quelques peintres en décors qui travaillaient sous ses ordres, se décida à se charger de l'entière exécution de ce travail, et la parfaite harmonie de son ensemble prouve qu'il a pris le bon parti.

A toutes les difficultés qu'offraient la perspective, l'effet général et la multiplicité des objets, il faut ajouter celle d'atteindre à toutes les parties de cette immense surface sans risquer d'endommager les parties déjà peintes ; et c'est ici que les connaissances en mécanique de l'artiste lui ont été très-utiles. Tous les échafaudages, les ponts, les machines diverses dont il s'est servi, étaient de son invention. Quelquefois on l'a vu assis sur deux ou trois ais de sapin qui vacillaient à chacun de ses mouvemens, ou bien il travaillait suspendu au plafond par des cordes qui le balançaient sans cesse dans les airs. Il faut avoir une tête bien forte, des nerfs bien solides pour conserver le libre usage de toutes ses facultés de corps et d'esprit, dans des situations dont les dangers n'étaient pas imaginaires; car, à deux reprises, M. Paris a fait des chutes qui auraient pu être mortelles, mais qui heureusement n'ont pas eu de suites très fâcheuses. Enfin, tout est maintenant consommé ou va l'être; et l'Angleterre tout entière peut en tirer quelque orgueil, car il n'y a que dans ce pays où des entreprises aussi colossales puissent être exécutées par le zèle et les ressources de simples citoyens.

(*R. B.*)

3. TÉLÉGRAPHE.

ANALYSE DES SÉANCES DES SOCIÉTÉS SAVANTES.

PARIS.

— INSTITUT. — *Académie des Sciences.* — (Avril 1829.)— M. le baron Heurteloup présente un *appareil* qu'il nomme *irrigateur*, qui perfectionne les méthodes usitées pour les opérations de la taille périnéale. — MM. Galy, Cazalet et Dubain soumettent un *appareil d'éclairage*. — M. Tessier fait un rapport sur l'ouvrage de M. le vicomte d'Harcourt, intitulé : *Réflexions sur l'état agricole et commercial des provinces cen-trales de la France.* — M. Dumont-Moullin adresse un mémoire intitulé : *Système nouveau de construction hydraulique, ou moyen de solidifier les digues marines en pierres perdues, notamment celle de Cherbourg.* — L'Académie reçoit une note sur l'*assai-nissement des salles de spectacle,* par M. d'Arcet.

᠁— *Société d'encouragement pour l'industrie nationale.* — (Avril 1829.) — M. Robert, mécanicien, présente, 1° le plan et la description d'un *nouveau pendule* pour neutraliser l'effet de la température sur les horloges ; 2° une note sur un *sys-tème nouveau de lames bi-métalliques,* qu'il propose pour former les balanciers compensateurs des chronomètres. — M. Fevret de Saint-Ménin présente un *pantographe perfec-tionné.* — M. Moliné, horloger à Auch, le dessin et la descrip-tion de *roues hydrauliques.* — M. Fraisse, le dessin et la des-cription d'une *grue ambulante.* — M. Haton adresse le modèle et la description d'un *bateau insubmersible.* — M. Peulier, un mémoire intitulé, 1° *Moyen d'empêcher les essieux de se rompre ;* 2° *Dynamomètre,* ou *machine propre à connaître la force du fer ;* 3° *de l'emploi des essieux mobiles.* — M. Cordier adresse le plan d'une *machine uranographique.* — M. Reybaud, profes-seur de dessin à Mende, annonce avoir découvert une *nouvelle couleur extraite du jayet.* — M. Devès Herbwer propose un *pro-cédé pour détruire l'acétage des vins.* — M. Millet présente une *cheminée perfectionnée.* — M. Leblanc fait hommage d'un ou-vrage intitulé : *De la filature des cotons, etc.,* accompagné d'un atlas dont il a gravé les planches, et dont le texte a été rédigé par feu M. Molard jeune. — M. d'Arcet, d'une *brochure sur les os provenant de la viande de boucherie, etc.* — M. le vicomte Héricart de Thury fait un rapport sur le *linge damassé* pré-senté par M. Pelletier, de Saint-Quentin. — M. Tissier fait un rapport sur les *claies vivaces destinées à préserver et à soutenir les rives des torrens,* méthode indiquée par M. le baron de Ladoucette. — On donne lecture d'un rapport sur l'application faite par M. de Puymaurin fils, à la nourriture journalière des ouvriers de la Monnaie royale des médailles, de la *gélatine extraite des os par le moyen de la vapeur*, suivant le procédé de M. d'Arcet. — M. Péclet lit un rapport sur les *lampes hydrostatiques* de M. Palluy. — M. Amédée Durand sollicite l'examen d'un *moteur à vent* de son invention. — M. Raingo présente une *pendule à grande sonnerie*. — M. Gastel adresse les dessins d'une *machine à scier les marbres*. — M. Mannessier annonce avoir découvert une *machine propre à remplacer les machines à vapeur*; il en sollicite l'examen. — M. Nadault, ingénieur des ponts et chaussées, à Chaumont, adresse un mémoire intitulée : *Considérations sur les trois systèmes de communication intérieure au moyen des routes, des chemins de fer et des canaux.* — M. Huzard fait hommage d'une brochure ayant pour titre : *Mémoire sur la législation et le commerce des grains.* — M. d'Arcet, d'une brochure intitulée : *Mines de houille d'Épinac (Saône-et-Loire), et chemin de fer aboutissant au canal de Bourgogne.* — M. le vicomte Héricart de Thury fait un rapport sur les *exploitations de marbre de la compagnie Pugens.* — M. Baillet lit un rapport sur les *moyens de sauvetage* proposés par M. Castéra. — Le même membre fait un rapport sur le modèle du *canot insubmersible*, présenté par M. Haton. — M. Francœur lit un rapport sur un *compensateur d'horlogerie* exécuté par M. Robert jeune, horloger à Blois. — M. Gouslier fait un rapport sur la *fabrique de plombs coulés* de MM. Voisin frères. — M. Péclet fait un rapport sur le *nouveau régulateur* que MM. Thilorier et Barrachin ont adapté à leurs lampes hydrostatiques. — M. Vallot fait un rapport sur le *taille-plume* perfectionné de M. Weber. — Le même membre lit un rapport sur les *œillets métalliques* de M. Daudé.

— *Société royale d'Agriculture.* (Avril 1829.) — La Société centrale d'Agriculture du département du Nord, la Société des Sciences et Arts d'Orléans, et M. le Préfet de la Corse, adressent des réponses sur la *culture et le rouissage du chanvre et du lin.* — M. de Mortemart-Boisse communique une lettre de M. le baron Galbois, contenant diverses observations relatives à son troupeau de *moutons à laine longue de race anglaise*, et

à celui de M. le comte de Turenne. — M. Hachette fait part
d'une expérience de laquelle résulterait que *l'aubier du chêne*,
plongé dans l'eau courante pendant un certain temps, y acquer-
rait une densité et une dureté égales à celles du cœur de l'arbre.
M. de Ladoucette présente au nom de M. le comte Lemarrois,
une nouvelle notice sur les *plantations d'arbres verts*, exécutées par ce correspondant dans ses domaines du Cotentin. —
La société d'agriculture de Nancy adresse des réponses aux
questions sur *la culture et la préparation du chanvre et du lin.*
—M. de Raigniac, membre du conseil d'arrondissement d'Agen,
envoie également les réponses aux mêmes questions pour le
département du Lot, et fait part des essais d'amélioration qu'il
a tentés dans la culture de ses propriétés. — La société d'a-
griculture de l'Indre adresse des renseignemens sur les ravages
de *l'alucite des blés*, avec une boîte contenant des grains atta-
qués par la larve de cet insecte. — M. Serre, sous-préfet d'Em-
brun, envoie le dessin et la description d'un *appareil* de son
invention *propre à élever les eaux*. — M. Huerne de Pommeuse
fait hommage d'un *tableau synoptique de la navigation intérieure
de la France, et des profils des deux grandes lignes navigables
qui doivent la traverser*, l'une de la mer du nord à la Méditerranée, l'autre du Rhin à la Méditerranée et à l'Océan. —
M. d'Arcet communique des *échantillons des différents produits
obtenus des os des animaux de boucherie, au moyen des procédés
de son invention*. — M. Graves, correspondant à Beauvais,
M. Tessier, sous-préfet et correspondant à Thionville, la société royale des arts au Mans et celle d'agriculture de Versailles,
adressent des réponses sur *la culture et la préparation du chanvre et du lin*. — Le comité central des propriétaires de vignes
adresse le mémoire qu'il vient de publier, *sur les contributions
indirectes relatives aux boissons*. — M. de Ladoucette fait un
rapport sur le procédé de M. Gervais, pour *l'amélioration et la
conservation des vins*. — M. Tessier lit un supplément aux observations qu'il a publiées sur le *bas prix des laines fines*. —
Sur le rapport de M. Huzard, relatif au concours pour des
ouvrages, des mémoires et des observations de médecine

vétérinaire, la société accorde : 1° une mention honorable à MM. *Huvellier*, vétérinaire, à Alençon, *Mousis*, vétérinaire de l'arrondissement d'Oléron, *Manguin*, vétérinaire de l'arrondissement de Verdun ; 2° la grande médaille d'argent à M. *Riss*, vétérinaire en chef au régiment des hussards de Chartres, à M. *Jacob* vétérinaire au premier escadron du train d'artillerie ; à M *Bernard*, chef de service à l'école royale vétérinaire de Lyon ; 3° le théâtre d'agriculture d'Olivier de Serres, à M. *Mullon*, vétérinaire à la Rochelle, à M. *Cailleux*, vétérinaire au dépôt des remontes, à Caen ; 4° la médaille d'or à l'effigie d'Olivier de Serres à MM. *Revelt*, vétérinaire au troisième régiment d'hussards, *Saussol*, vétérinaire au dix-huitième régiment de chasseurs ; 5° le titre de correspondant à MM. *Fauvet*, professeur à l'école vétérinaire à Rome ; *Levrat*, vétérinaire à Lausanne ; *Tissot* père, vétérinaire à Poligny. — Sur le rapport de M. Labbé relatif au concours pour la culture des arbres à cidre, dans les contrées où elle n'était pas encore établie, la société décerne la grande médaille d'or à M. Nicolas Maximilien Sidoine *Séguier*, préfet du département de l'Orne, pour avoir, le premier, donné l'exemple de cette culture dans son domaine de Saint-Brisson (Loiret). — Sur le rapport de M. Busche, relatif au concours pour des traductions d'ouvrages concernant l'économie rurale ou domestique, qui offriraient des observations ou des pratiques neuves et utiles, la société accorde la médaille d'or à l'effigie d'Olivier de Serres, à M. *A. Labbé*, agent de change, pour la traduction de plusieurs ouvrages anglais qu'il a présentée à la société. — Sur le rapport de M. Héricart de Thury, relatif au concours pour l'introduction dans un canton de la France d'engrais ou d'amendemens qui n'y étaient pas usités auparavant, la société décerne la médaille d'or à l'effigie d'Olivier de Serres, à M. *Longuet* d'Autremont, à Nancy, pour avoir, le premier, introduit, dans le département de la Meurthe, la fabrication de la poudre végétative inodore, ou poudrette, qui y est maintenant employée avec succès comme engrais. — M. Silvestre lit une notice biographique sur feu M. *Bosc*, membre de l'Institut et de la société. — Les médailles d'encouragement sont distribuées ainsi qu'il suit : sur le rapport de M. Yvart, la société décerne la grande médaille d'or à M. de *Lorgeril*, maire de la ville de Rennes, pour les efforts qu'il a tentés à l'effet d'introduire dans la commune du Plesder, (arrondissement de Saint-Malo), d'importantes améliorations rurales, au moyen de l'institution de comices agricoles et de prix annuels distribués à ses frais. — Sur le rapport de M. de Mortemart-Boisse, la médaille d'or à l'effigie d'Olivier de Serres, à madame *veuve Boulard*, pour les améliorations qu'elles a opérées dans son domaine de Boulayes, près Tournans (Seine-et-Marne). — Sur le rapport de M. Vilmorin, la même médaille à M. *Berthereau*, président de la société d'agriculture de Loir-et-Cher, pour les travaux de défrichemens et d'améliorations qu'il a exécutés dans ses propriétés et au moyen desquels il est parvenu à fertiliser des terrains qui étaient auparavant improductifs. — Sur le rapport de M. Darblay, la même médaille à M. *Amono-Carrier*, à Rodez, pour avoir planté une grande quantité de mûriers et donné l'exemple d'élever des vers à soie dans cette partie du royaume où ce genre d'industrie était inconnu avant lui. — Sur le rapport de M. Pozuel de Verneaux, la grande médaille d'argent à M. *Denis*, percepteur des contributions directes, à Auray (Morbihan), pour les plantations qu'il a faites sur ses propriétés. — Sur le rapport de M. Bottin, la grande médaille d'argent à M. *Thomas Berthier*, pour les soins qu'il apporte à la direction des cultures du domaine du Petit-Bry, près Nogent sur Marne, appartenant à M. le baron Louis, et pour les améliorations qu'il a introduites dans son exploitation. — Sur le rapport de M. Labbé, la médaille d'or à l'effigie d'Olivier de Serres, à M. *Lucotte*, inspecteur forestier, à Vesoul, pour avoir, par son zèle et ses soins, fait opérer le remplacement de 1750 hectares de terrain vides, dans les bois de son inspection. — Une mention honorable aux sieurs *Ambroise Durand*, garde-brigadier, et *Antoine Aubert*, garde-forestier, dans la même inspection, qui ont le plus concouru à l'exécution de ces travaux.

SOCIÉTÉS ÉTRANGÈRES.

= ESPAGNE. — *Société Royale économique des Amis du pays.*
— Un objet de ses occupations, c'est la transplantation dans le
royaume d'Espagne des fruits exotiques. — Elle a reçu de don
Manuel BERNALDÈS, auditeur de la chancellerie de Manille, 14
espèces de riz sec, et une abondante collection de plantes de
coton, d'indigo, de café, de fleurs et de plantes médicinales des
îles Philippines. Ceux qui savent la peine que donne la culture
du riz aquatique apprécieront toute l'importance de la transplantation du riz sec de l'Asie en Espagne.

= PAYS-BAS. — *Société des Arts et des Sciences d'Utrecht.*—
Cette société tient chaque année une séance générale où elle
distribue les médailles adjugées à ceux qui ont remporté les
prix. — Les questions qu'elle mit au concours sont remarquables. En 1827, il y en avait d'un intérêt européen; par
exemple, celle sur la convenance et les avantages de l'enseignement en *langue latine*, tombée en désuétude ailleurs, mais con-
servée dans les Pays-Bas; sur l'influence de la confédération an-
séatique sur le commerce des Pays-Bas; sur la distinction de
puissance législative, exécutrice et judiciaire dans un état; sur
le vrai but de la société civile; sur les principes du droit cri-
minel, etc.

=ALLEMAGNE. — *Société pour la recherche et la conservation
des antiquités nationales établie à Dresde.* — En 1826, cette Société s'est formée et placée sous la protection des princes de la famille royale. Ses travaux ont pour but de rechercher les monumens d'architecture et des arts d'imitation, tels que les anciennes peintures et sculptures, faites avec les matériaux les
plus divers, sur des vases, des instrumens, etc., jusqu'à la fin du
XVIIe siècle; de les conserver et enfin de les décrire et de les
expliquer dans des ouvrages publiés à cet effet. Le prince *Fré-
déric* est président, M. *Ébert* secrétaire perpétuel.

= PAYS-BAS. — *Institut des Sciences, de Littérature et des*

Beaux Arts, à Amsterdam. — En 1827, cet Institut avait proposé cette question : 'Quelles sont, surtout d'après les monumens historiques, les révolutions qu'a subies le sol du royaume actuel des Pays-Bas, relativement aux bois, tourbières, dunes, rivières, lacs et en général à toute sa superficie ? C'est à M. Wiseluis jeune, inspecteur, que les réponses étaient adressées.

INDICATEUR INDUSTRIEL.

— *Perfectionnement apporté dans la construction de l'holomètre par son auteur, M. le chevalier Brunel de Varennes* (1). — La forme extérieure de cet instrument a été réduite à celle d'un petit volume qu'il suffit d'ouvrir pour opérer tout de suite sans autres préparatifs. Le cheveu qui formait la ligne universelle et qui avait entre autres inconvéniens celui d'une extrême fragilité a été remplacé par une ligne au moins aussi délicate, 'tracée sur une corne transparente, fixée à un reglet de laiton, dont le mouvement circulaire s'arrête au point où l'on veut, au moyen d'un curseur et d'une vis de pression. Le volume du texte, comme celui qui renfermera l'instrument, seront livrés au public avec une reliure aussi solide qu'élégante.

INDICATEUR AGRICOLE ET COMMERCIAL.

= *Archives des chambres de commerce.* — Le 10 février 1829, S. Exc. le ministre du commerce a adressé aux chambres un tableau des nouveaux droits ou tarifs de Douanes des *Pays-Bas* (4ᵉ supplément, établi par la loi du 24 décembre 1828). D'après ce tarif, les bois autres que communs, de teinture,

(1) Voyez la description de cet instrument dans la 25ᵉ livraison, page 42 — 27ᵉ liv., page 264. — 28ᵉ liv., page 44. — Et 29ᵉ livraison, page 152.

moulus, les livres imprimés dans les Pays-Bas, et sur papier indigène, les rognures de peaux, sont *exempts* des droits de sortie. Tandis que les habillemens, sarraux de toile de lin, paient à l'entrée 10 p. o/o de la valeur, et pour droit de transit 1 p. o/o ; le lin brut y compris le déchet dit *sniut*, 30 c. de droit de sortie pour 100 livres, et les tourteaux de navette, de chenevis et de lin, 50 c. pour 100 livres à l'entrée. Le roi des Pays-Bas s'est réservé de permettre la sortie des rognures de cuir par certains bureaux, sans payer de droit, et la sortie de tourteaux pour plusieurs bureaux situés au nord du royaume moyennant un droit. — Le 10 février 1826, le ministre donne connaissance de l'ordonnance du gouvernement *néerlandais* du 26 novembre 1828, portant défense d'enrôler dans les Pays-Bas des marins belges pour le service des navires étrangers, excepté dans le cas de nécessité urgente sur lesquels il statue. —Le 14 mars 1829, envoi du décret promulgué à *Bogota*, le 18 novembre 1818, à l'effet de permettre l'introduction sous pavillon neutre, dans les ports colombiens, des produits, soit naturels, soit industriels de l'Espagne et de ses colonies. Ce décret fait suite au tarif de douanes de la Colombie, transmis aux chambres, le 20 novembre 1828.

A partir de cette époque, S. Excellence le ministre du commerce a repris la forme in-4° des *Extraits d'avis divers*, dans lesquels elle présente un résumé substantiel de tout ce qui peut intéresser le commerce intérieur et extérieur. Nous en donnerons l'analyse ; et lorsqu'un des objets de ce bulletin méritera de former un article à part, nous le placerons dans le corps du journal (1).

Le premier numéro fait connaître un nouveau mode de consignation et de restitution des droits additionnels payés à la sortie des possessions *néerlandaises dans l'Inde* pour les navires étrangers destinés pour la Hollande. Il consiste en ce que les cautionnemens qui étaient faits en argent comptant à Batavia

---

(1) Voyez ce qui a été dit à ce sujet n° 5 de ce Recueil, tome II, page 121.

et que le gouvernement remboursait en Europe, devront, à l'avenir, être fournis en traite sur des maisons de la métropole, et à défaut de traites offrant une garantie suffisante, ils continueront à être déposés en numéraire à Batavia, où dans ce dernier cas, ils pourront seulement être remboursés, mais sur un certificat du ministre de la marine attestant l'arrivée du navire en droiture dans un des ports des Pays-Bas.—Le grand duc *de Bade* a accordé, par ordonnance du 1er septembre 1828, à la ville de Manheim un port franc sur le Rhin.— Une ordonnance rendue à *Hesse-Darmstadt*, le 1er septembre 1829, maintient l'obligation imposée depuis plusieurs années aux commis voyageurs étrangers qui viennent offrir des marchandises dans le grand duché de Hesse, de s'y munir d'une patente dont le droit s'élève à 15 florins (39 fr.). Un avis publié le 15 août 1828, dans la même ville, permet aux étrangers comme aux nationaux d'avoir un dépôt de marchandises à *Offenbach* pendant la durée de la foire de Francfort, d'en effectuer la vente pendant cet espace de temps, sans payer le droit de patente, et sans que les privilèges des corps et métiers puissent y apporter aucune restriction.—Dans le *Royaume des deux Siciles*, le droit de patente établi par décret du 1er mars 1826 a été aboli à dater du 1er janvier 1829.—Les exportations de la *Moldavie*, par mer et pour l'étranger, consistent en peaux de lièvres, cuirs de bœufs et de vaches, soies, laines, graines de lin et de chanvre et vins. Les importations par mer se composent (mais en petite quantité) de sucre, café, tabac, citrons, oranges, poissons secs, caviars, huile, épiceries et savon. — Le droit de douane tant à l'entrée qu'à la sortie sont, comme en Turquie, de 2 p. o/o de la valeur effective des marchandises.—Le même bulletin renferme le détail des droits et réglemens du *port de Malte*. — Pour le *Mexique*, il faut remarquer qu'aux droits généraux du tarif mexicain, perceptibles pour le compte de la fédération, il faut ajouter un droit à la valeur de 5 p. o/o que chaque état prélève à son profit sur les marchandises introduites sur son territoire pour la consommation.— Dans le *Pérou*, l'administration de la douane que l'on avait placée pendant quelque temps à *Lima*, a été reportée à *Callao*. Malgré les voyages multipliés que cela occasionne aux maisons de commerce, celles-ci trouvent à Callao plus de facilités pour leurs opérations. — Au *Brésil*, l'empereur a nommé le 2 mai 1828, deux commissions qu'il a chargées, l'une de préparer de nouveaux réglemens de douanes, et l'autre de reviser la *Pauta*, en prenant pour base des évaluations à donner aux marchandises, une moyenne proportionnelle entre les prix de facture au lieu d'exportation, augmentés de 10 p. o/o, et les prix du marché brésilien.

S. Ex. le ministre du commerce adresse le 14 mars 1829, aux chambres, le texte de deux lois rendues par le gouvernement *Brésilien* : l'une, du 24 septembre 1828, admet tous les produits étrangers, sans distinction de provenance ni de pavillon, au droit de 15 p. o/o de sa valeur, ce qui fait participer toutes les nations au régime, dont quelques mers jouissaient déjà en vertu des traités spéciaux. Cet acte modifie le tarif des douanes du Brésil. La loi du 25 septembre 1828 réduit à 2 p. o/o le droit de transbordement et de réexportation. — Le 30 mars 1829, le ministre leur annonce que le *roi des Pays-Bas*, usant de la faculté qui lui a été réservée par la loi du 24 septembre 1828, a permis, à dater du 21 février 1829, la sortie des tourteaux de navette, de chenevis et de lin, por Hellevoetsluis, et les autres ports situés au nord du royaume, moyennant un droit de 5 cent par 100 livres, d'où il résulte pour ces mêmes articles un dégrèvement de 95 cents. — Le 5 avril 1829 il est fait envoi du second supplément au tarif des douanes des *Deux Siciles*. Ce supplément se compose de deux tableaux : celui des droits à percevoir sur les marchandises importées, et celui des droits à percevoir sur les marchandises exportées.

Le bulletin n° 2 *des extraits divers*, renferme les articles suivans : *Villes anséatiques* (Lubeck). Cette ville a trouvé dans l'éducation des bêtes à laine, une nouvelle branche de commerce ; un marché aux laines s'y est formé depuis 3 ans, il s'est accru chaque année. On y remarque déjà des succès très-perfectionnés, et cet établissement est également recherché des vendeurs et des acheteurs. Lubeck convient, par sa position, à ce genre de commerce ; il peut devenir l'entrepôt de toute cette partie de la Baltique. L'approvisionnement de son marché était très considérable en 1828, presque tout s'est écoulé, et il ne restait à faire qu'un petit nombre de placemens. La facilité du débit influera incessamment sur l'accroissement des troupeaux, pour les bénéfices qu'elle assurera aux cultivateurs occupés de ce genre de spéculation.

=*Nassau*. Une décision du 10 février 1829, prise par la direction des douanes, supprime le bureau de Steinbach dans le bailliage de Dittenbourg, à compter du 1er mars 1829.

— Le 25 avril 1829 le ministre transmet aux chambres un tableau des nouvelles dispositions prescrites, et des nouveaux droits établis comme 1er supplément au tarif des douanes de *Russie*.

— Le 30 avril 1829 avis est donné que, par ordonnance du 17 mars 1829, le roi de Danemarck a levé la prohibition dont les Suédois étaient frappés à l'entrée dans ce pays, en vertu du tarif communiqué le 8 mai 1829. Cette prohibition est remplacée par un droit *ad valorem* de 30 p. o/o.

— Le 6 mai 1829, il est donné avis que le *gouvernement colombien* a rendu le 23 octobre 1828, des décrets ayant pour objet de modifier le tarif des douanes envoyés aux chambres le 20 mars 1828.

— Le 9 mai 1828, les chambres reçoivent la traduction des tarifs de douanes en vigueur en *Prusse*. Le tout renferme 5 tableaux que les commerçans et amateurs sont intéressés à se procurer (1).

— Le 30 mai 1829, avis est donné que le *gouvernement colombien* a rendu, le 22 octobre 1828, un décret par suite duquel l'administration des douanes ne pourra plus admettre à l'avenir, comme caution des droits dont le recouvrement lui

----

(1) On les trouve chez Renard, libraire, rue Ste-Anne, n° 24, prix, 2 fr.

est confié, que des citoyens colombiens, domiciliés dans le lieu même où la caution devra être fournie.

(La suite aux numéros prochains.)

TRAVAUX DE PARIS.

== *Voiries à boues.* — Le déplacement des voiries à boues est une opération qu'on peut considérer comme le complément de la suppression de Montfaucon. L'avant-projet a été présenté à la délibération du Conseil-Municipal à la fin de 1826; mais l'administration ne pourra s'occuper des formalités prescrites par les lois pour les acquisitions nécessaires, qu'après que les principes posés dans le projet général auront été adoptés. Le Conseil a pensé qu'il ne devait prendre une résolution définitive sur la question relative au déplacement, que lorsqu'il aurait été préalablement statué sur le projet présenté par M. le Préfet de Police, pour un nouveau système de balayage et de nettoiement dans la ville de Paris.

Quelle que soit la résolution que l'on prenne, il n'en sera pas moins nécessaire :

1° De désigner les localités sur lesquelles devra se faire le dépôt des boues et immondices enlevés de la capitale;

2° De placer des dépôts en dehors des murs de Paris, et de supprimer, par conséquent, ceux qui existent actuellement au milieu de la ville.

BIBLIOGRAPHIE.

== *Leçons de chimie appliquée à la teinture*, par M. E. Chevreul, membre de l'Institut, directeur des teintures des manufactures royales, tom. 1er; un fort vol. in-4°; chez Pichon et Didier, éditeur des cours de MM. Geoffroy St-Hilaire, Laugier, Guisot, Cousin, Villemain; Quai des Augustins, n° 47. Prix, 12 fr.

Nous avons sous les yeux ce premier volume qui renferme

seulement les quinze premières leçons de cet habile professeur.
Sous ce titre modeste il a composé un cours de chimie
très-étendu, et dont les applications ne se bornent pas à la
teinture; elles peuvent aussi servir dans une foule d'autres
arts, et y porter une vive lumière. C'est ce qui explique le
succès toujours croissant qu'ont les publications de ces leçons,
suivies avec une grande persévérance.

Pour ce qui concerne les teintures, M. Chevreul a tout compris dans son cadre. La première partie de son cours, objet
de l'enseignement de la première année, a été consacrée à
l'examen de toutes les *espèces de corps* que le teinturier emploie pour arriver à son but, c'est-à-dire, pour appliquer des
substances colorantes sur des étoffes dont la matière première
est empruntée aux plantes ou aux animaux. Cette partie est terminée par l'histoire des principes immédiats des êtres organi-
sés qui intéressent plus ou moins le teinturier. —— La deuxième
partie qui se professe dans la deuxième année est consacrée à
l'examen des procédés de l'art, et se termine par des considérations générales sur la liaison de la teinture avec la théorie
chimique.

Ces leçons présentent un ordre remarquable de classifica-
tion qui facilite beaucoup la mémoire, et qui trouvera sans
doute des imitateurs. La langue chimique s'enrichit chaque
jour, et ses subdivisions se multiplient tellement qu'il devient
indispensable de tracer des règles générales pour se les rappeler.
Le savant professeur n'a jamais perdu cet objet de vue, et sa
méthode sera surtout appréciée lorsque les éditeurs auront publié les *tableaux synoptiques* de toutes les leçons réunies. Nous
pensons que c'est leur intention, et les sciences leur sauront gré
d'engager M. Chevreul à mettre tous ses soins à cet utile travail.

Ce cours doit être recherché par tous ceux qui veulent se
tenir au courant des immenses progrès qu'a faits la teinture, et
la chimie en général. Les bibliothèques des principales villes
doivent s'empresser de s'en procurer un ou deux exemplaires
pour que les étudians puissent consulter ce *vade mecum* du
teinturier

BULLETIN DE L'INDUSTRIEL ET DE L'ARTISTE,

DE L'ACHETEUR ET DU VENDEUR, DU VOYAGEUR ET DE CURIEUX, ETC. (1).

INDUSTRIE. — *Service général des messageries du Commerce*, entreprise Armand, Le Comte et Comp. Les actionnaires sont prévenus que le paiement de deux quarts des actions inscrites est indéfiniment ajourné, à cause de la situation prospère de l'entreprise qui ne tardera pas d'être mise en activité.— *Charbon double de tourbe purifié* de la fabrique de Montaugé, près Mennecy. Le dépôt est chez M. Hubert, rue Amelot, n° 64. Le prix est de 7 fr. 50 c. le sac de 100 livres, rendu à domicile.

A VENDRE OU A LOUER. — M. Lacour, marchand de chevaux, rue Basse-du-Rampart, n° 14, loue des *chevaux de selle* très-bien équipés, et prend des chevaux de pension. — A vendre à Corbeil un beau moulin à quatre tournans, sur la mise à prix de 130 mille francs, s'adresser à M. Outrebon, notaire à Paris, rue St-Honoré, n° 354.— A vendre en 3 lots les *verreries de la Gare*, situées sur le quai et hors la barrière de ce nom. S'adresser à M. Lamarre, notaire, rue de la Paix, n° 2, à Paris — Adjudication préparatoire du 29 juillet, des *manufactures de fil de laiton, de cuivre laminé et de cuivre battu*, sises à Fromelenès et à Givet (Ardennes). La fabrication est de 200 à 240 mille livres pesant. Cette usine était affermée 22 mille francs. S'adresser à M. Glandaz, avoué, rue Neuve-des-Petits-Champs, n° 87.

GRAVURES NOUVELLES. — *Tableau de la mythologie*, présentant la filiation de tous les dieux de la fable, gravé au burin, 23 pouces

(1) L'objet de ce Bulletin est d'indiquer d'une manière très sommaire ce qui mérite, chaque mois, de fixer, sous divers rapports, l'attention de nos lecteurs, et de mettre à même ceux des départemens de se procurer, à Paris, une foule d'objets utiles ou d'agrément, dont l'annonce ne peut figurer dans le corps de ce Recueil. Il nous a été demandé par un grand nombre de souscripteurs comme le complément du *Télégraphe*. C'est toujours de l'industrie, considérée sous une nouvelle face. Nous serons obligés de répéter quelquefois certains articles, selon le désir des parties intéressées.

sur 16. A Paris, chez Saintin, rue du Foin St-Jacques, n° 11. — *Bataille* de *Marengo* et *Passage du Pont d'Arcole*, 2 planches gravées à l'aqua-tinta, par Dubreuil; 7 p. 1/2 sur 10. — *Collection de Saints et de Saintes* gravés au burin par Leclerc, rue Ste-Croix, n° 22.

HISTOIRES, MÉMOIRES ET ROMANS NOUVEAUX.—*Biographie des hommes célèbres du département du Lot*, 3e et 4e liv., par J. B. Vidaillet, à Gourdon (Lot)— *Description générale du château de Compiègne*, chez Lescuyer, à Compiègne. — *Essai sur les moyens de juger la nation grecque.* Par L. Saurin (du Var): Chez Lecointe, Quai des Augustins.— *Histoire des Tuileries, du Temple* et des événemens qui y ont eu lieu pendant la révolution, contenant en outre des détails secrets sur le tribunal révolutionnaire et la conciergerie. — *Histoire du régent*, *Philippe d'Orléans*, divisée en quatre parties : ses campagnes, son gouvernement, sa cour et ses contemporains. Par A. Châteauneuf, tom. 1 et 2, à Paris, chez Ponthieu. — *Panoramas historiques, anciens et modernes*, ou collection des portraits de tous les personnages les plus célèbres de chevalerie, avec des notices, 5 livraisons. La liv. de 4 portraits coûte 1 fr. 20 c. A Paris, rue et passage St-Antoine, n° 69.

POÉSIES NOUVELLES. — La *Clovisiade*, par Darodes de Lillebonne; 2e édition, chez l'auteur, rue du Colombier, n° 13 ; prix, 2 fr. — *Stances* pour l'anniversaire de la naissance de P. Corneille. A Paris, chez les marchands de nouveautés.

MUSIQUE ET ROMANCES NOUVELLES. — *Aline*, romance, et la *petite batelière*, chansonnette par Gomiou ; chacune de deux fr. A Paris, chez Nadermann. — Le *Gondolier*, barcarole par Carcassi, prix 2 fr. — *Avant que je t'oublie*, romance par Panseron; prix, 2 fr. — *La Grisette mariée*, ronde, par Adam; prix, 2 fr., chez Meissonnier, rue Dauphine, n° 22. — *La Baleine*, chant burlesque; chez Aulagnier, rue du Coq St-Honoré, n° 13 ; prix 1 fr. 40 c. — *Art d'improviser*, mis à la portée des pianistes, par Czerny: Chez Schlessinger, rue de Richelieu, n° 97. Prix, 24 fr.—Les *Regrets du Village*, par Masini. Chez Momigny, Boulevard Poissonnière. Prix, 2 fr.

G

J

I

O

M

A

N

N

H

B

E

R

K

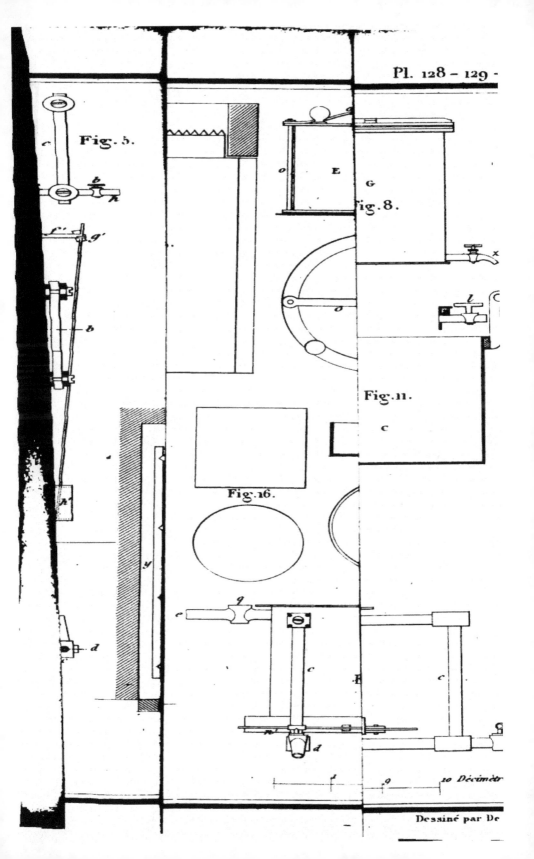

Pl. 128 – 129.

Fig. 5.

Fig. 8.

Fig. 11.

Fig. 16.

Décimètr

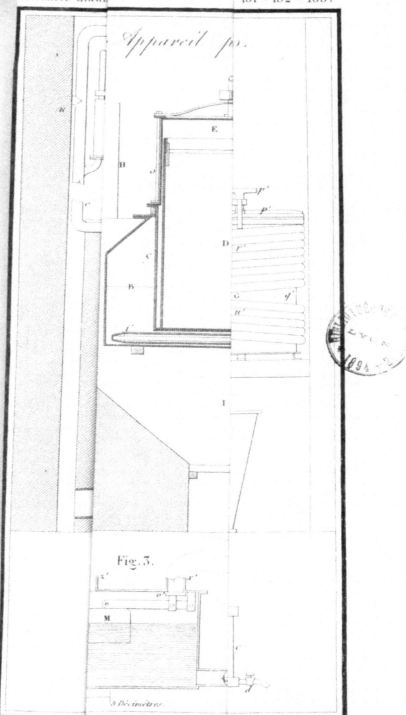

Appareil po.

Fig. 3.

5 Décimètres.

Gravé par Adam. Dessiné par De Moléon.

RECUEIL INDUSTRIEL,

MANUFACTURIER,

AGRICOLE ET COMMERCIAL,

DE LA SALUBRITÉ PUBLIQUE

ET DES BEAUX-ARTS,

AUQUEL EST RÉUNI LE

· JOURNAL HEBDOMADAIRE

DES ARTS ET MÉTIERS DE L'ANGLETERRE.

~~~~~~

1. INDUSTRIE.

ÉCONOMIE PUBLIQUE.

ÉCLAIRAGE GÉNÉRAL PAR LE GAZ.

Appareil gazogène, ou appareil mobile, sans ga-
zomètre, n'occupant qu'un espace de trois pieds
carrés, à l'usage des fabriques, manufactures,
usines, théâtres, administrations, hospices, pas-
sages, cafés, boutiques, magasins, bains, hôtel
garnis, messageries, etc. (1).

MM. Lépine et Cⁱᵉ, rue du Faubourg St-Martin, n° 97.

Les avantages considérables qui résultent de
l'éclairage par le gaz sont tellement appréciés

-----

(1) Il nous a paru très-utile de faire connaître l'établissement de M. Lépine. Il peut rendre de grands services aux

maintenant, que nous nous abstiendrions de les faire ressortir, s'il n'était essentiellement utile de constater les progrès obtenus depuis quelques ans années dans ce genre d'industrie.

La supériorité de cet éclairage est actuellement incontestable ; une flamme plus vive et plus pure, une intensité très supérieure à celle produite par la combustion de l'huile, une propreté parfaite, l'économie de tout entretien, la fixité de la lumière et l'absence de toute flammèche (1), tels sont ses principaux avantages.

En Angleterre, presque toutes les villes, et même des villages, sont éclairés par le gaz, au moyen d'appareils élevés par des compagnies; les fabriques et les châteaux répandus dans la campagne, le sont également par des appareils particuliers.

En France, Paris et deux villes de premier ordre jouissent seulement de ce bienfait; quant aux fabriques, il n'en existe pas quarante qui fassent emploi de ce mode d'éclairage. Pourquoi cette

---

usines et aux manufactures. D'après les rapports faits par des savans et des praticiens recommandables, on doit penser qu'il mérite la faveur publique. Il est déjà connu à l'étranger, et nous pouvons donner à nos lecteurs l'assurance qu'il en est arrivé des commandes. Nous savons d'un autre côté que M. Lépine fait tous ses efforts pour satisfaire ceux qui s'adressent à lui. (*Note du rédacteur.*)

(1) Par ces motifs, les compagnies d'assurances exigent une prime moins forte pour certains établissemens éclairés par le gaz.

différence ? elle est facile à expliquer : nous ne la chercherons pas dans le plus ou moins de timidité à accueillir les découvertes utiles, ni dans les dispositions plus ou moins prononcées à protéger ou favoriser l'industrie, elle réside uniquement dans la richesse et dans les bénéfices qui, en Angleterre, sont beaucoup plus considérables ; aussi, un manufacturier ou propriétaire d'établissement dans la Grande-Bretagne regardent-ils moins à une dépense qui leur offre une simple satisfaction, que nous ne pouvons le faire pour des améliorations, même indispensables, à cause de nos bénéfices bornés.

Les inventions vraiment utiles en France sont donc celles qui, en procurant au public des moyens d'économie, mettent en même temps à sa portée l'emploi de ces mêmes moyens.

Quel est le maire, pour l'éclairage de sa ville, le fabricant, le manufacturier, le propriétaire d'usine, pour l'éclairage de leurs établissemens, qui ne sachent que le gaz est plus économique et occasionne moins d'entretien et de danger que tout autre mode ? Pourquoi donc, lorsque tout concourt à recommander ce système, existe-t-il aussi peu d'empressement pour l'adopter ? nous en avons déduit plus haut la raison : la cherté des appareils ; et en effet, une seule usine de gaz à Paris a coûté 3,000,000 fr. environ, sans y comprendre les tuyaux distributeurs dans les diverses rues de la capitale. On concevra facilement ces dépenses lorsqu'on saura que par le moyen usité, et pour

17.

fournir le gaz à un seul quartier de Paris, trente fourneaux chauffés jour et nuit distillent dans trente cornues le charbon de terre nécessaire à la formation de ce gaz, qui après s'être épuré en parcourant une énorme quantité de tuyaux, arrive dans un gazomètre ou réservoir de gaz d'une dimension immense (100 pieds de diamètre sur 50 pieds de hauteur) qui doit contenir l'approvisionnement de toute une soirée. Voilà pour l'éclairage d'une partie de la ville de Paris.

Examinons maintenant s'il a toujours été possible aux personnes éloignées des tuyaux de conduite, ou à celles qui habitent les départemens, de s'éclairer au moyen des appareils particuliers.

On a vu par la description que nous venons de faire, en quoi consistent les diverses parties d'un grand appareil ; la seule différence réside dans une moins grande quantité de cornues et dans les dimensions plus rétrécies du gazomètre. Prenons pour exemple l'éclairage de cinquante becs seulement.

Un éclairage aussi peu important nécessitera néanmoins un fourneau à trois bouches, garni de trois cornues, et un gazomètre de 10 pieds de hauteur sur 10 pieds de diamètre pour contenir les 800 pieds cubes de gaz nécessaires à l'alimentation de ces cinquante becs pendant cinq heures. Eh bien ! nous le demandons, à part la dépense considérable occasionnée par un appareil aussi volumineux, est-il toujours possible à un particulier ou à un manufacturier de disposer d'un emplacement assez grand pour loger un semblable attirail? Qui ne sait que quelques grands établissemens, empressés de profiter des bienfaits de l'éclairage par le gaz, ont été obligés de faire construire exprès des bâtimens considérables pour placer leurs appareils!

Nous ne saurions trop le répéter, ce mode est autant apprécié en France qu'en Angleterre; mais, d'une part, les frais de premier établissement sont trop élevés, et de l'autre, les localités, si utilement employées par nos propriétaires ou manufacturiers, permettent rarement de disposer d'un terrain assez étendu pour recevoir ces appareils.

Nous venons d'indiquer les raisons principales qui éloignent de l'emploi des appareils de gaz; mais il en est d'autres qui ne sont pas moins tranchantes, et qui concourent à en faire rejeter l'usage. La première est la nécessité d'un gazomètre qui n'est pas sans danger, et que l'autorité permet rarement à cause du risque de l'explosion : la seconde est l'odeur infecte du gaz de houille, qui, par la présence de l'hydrogène sulfuré, attaque et noircit les peintures, les dorures, les métaux, les étoffes, etc., etc.

Dans cet état de choses, il était donc indispensable de trouver un moyen d'obvier aux inconvéniens que nous venons de signaler, c'est-à-dire, de construire un appareil qui, par sa simplicité, la modicité de son prix, la suppression du gazomètre et la nature de la matière qui produit le gaz, fût à la fois à la portée de toutes les bourses, de toutes les localités, et remédiât au danger et à la mauvaise odeur.

Tels sont les avantages principaux que procure l'appareil gazogène (1); pour les démontrer, nous continuerons à prendre pour point de comparaison un éclairage de cinquante becs.

Toutes les pièces constitutives des appareils existans maintenant, et dont nous avons donné plus haut l'énumération approximative, ne coûteraient pas moins de.............. 12,000 fr.

L'appareil gazogène pour la même quantité de becs ne coûte que...... 1,600 fr.

L'emplacement indispensable pour le premier appareil ne pourrait être moindre de 20 pieds carrés.

L'appareil gazogène, qui consiste uniquement en une cornue en fonte de fer, et une colonne en cuivre placée sur un fourneau auprès duquel est un condensateur, n'occupe qu'un espace de 3 pieds carrés (2).

(*Un de ces appareils, satisfaisant à l'éclairage de*

(1) Nous nous sommes assurés par plusieurs essais durant l'éclairage, que cet appareil fonctionne avec une régularité qui nous a surpris agréablement. La décomposition de l'huile était opérée convenablement, car les flammes des différents becs offraient les caractères de celles qui sont très-lumineuses. (Rapport de MM. *d'Arcet, Payen, Bréant, Gaultier de Claubry*, membres du comité des arts chimiques.)

(2) Cet appareil, fort ingénieux, est surtout remarquable par le peu d'espace qu'il occupe, si on le compare aux constructions ordinaires relatives à cette industrie. (Rapport de

240 *becs dans une de nos premières imprimeries de Paris, n'occupe que 3 pieds 1/2.*)

L'autorité ne peut apporter aucun obstacle à l'emploi de cet appareil, par la raison qu'il n'exige pas de gazomètre, le gaz se produisant au fur et à mesure de sa consommation, et que conséquemment il n'offre aucun danger. (*Voir ci-après la lettre de M. le Préfet de Police.*)

Absence complète de mauvaise odeur et de motifs de détérioration, le gaz de l'appareil gazogène étant produit par la décomposition de l'huile, qui donne un gaz tellement pur qu'il est inutile de le laver.

A ces avantages déjà déterminans s'en joignent une foule d'autres non moins concluans, qu'il est important d'énumérer ici;

1° La sécurité la plus absolue;

2° L'impossibilité de la production du gaz après l'extinction totale de la lumière, cette production ne pouvant plus avoir lieu par le fait seul de cette extinction;

3° La facilité de placer cet appareil sur toute espèce de foyer, *quel que soit le combustible qui l'alimente*, ce qui n'entraîne aucune dépense pour la production de la chaleur;

MM. *d'Arcet, Bréant, Payen, Gaultier de Claubry*, membres du comité des arts chimiques.)

Quoique cet appareil ait pour but principal de supprimer le gazomètre, on sentira que rien n'empêche néanmoins d'avoir toujours un approvisionnement de gaz, suivant le besoin et les localités.

4° La libre jouissance de ce foyer pour tout autre usage, soit que l'appareil fonctionne, soit qu'il reste inactif;

5° L'emploi simultané de cet appareil pour le chauffage des bâtimens (1);

6° La mobilité de l'appareil, qui permet de le transporter dans un endroit quelconque qui puisse être chauffé en toutes saisons;

7° L'impossibilité de se voir tout-à-coup privé de lumière, ce qui, pour les théâtres surtout, est le plus grave des inconvémiens;

8° L'absence de tous soins particuliers, l'appareil étant disposé de telle manière *qu'il suffit d'allumer un ou plusieurs becs pour que le gaz se produise seulement en quantité nécessaire pour les alimenter, et que l'extinction volontaire de quelques becs diminue cette production, ou l'arrête entièrement, si l'extinction est totale.* La dépense de l'huile est conséquemment toujours en rapport avec la consommation du gaz;

9° La facilité pour les établissemens qui font servir le gaz à d'autres usages, tels que *le grillage des étoffes, le flambage des fils de coton pour tulles, etc.*, de se le procurer à l'aide de l'appareil même qui éclaire leurs ateliers.

Après avoir exposé tous les motifs qui concou-

_____

(1) La plupart des usines pourraient employer utilement cet appareil d'éclairage et de chauffage simultané. (Rapport de MM. *d'Arcet, Bréant, Payen, Gaultier de Claubry,* membres du comité des arts chimiques.)

rent à rendre général l'emploi de cet appareil, il convient de faire ressortir aussi tous les avantages qu'il procure sous le rapport de l'économie.

Comparé au gaz de houille, celui de l'huile donne une intensité de lumière trois fois plus forte. c'est-à-dire que pour obtenir une lumière égale à celle fournie par un volume quelconque de gaz d'huile, il faut trois fois le même volume de gaz de houille; aussi les becs de gaz de houille ont-ils vingt-quatre trous, tandis que les autres n'en ont que douze d'un moindre diamètre.

La même quantité d'huile employée en combustion dans les lampes ou quinquets produit par le gaz une lumière beaucoup plus supérieure; ainsi un café, par exemple, éclairé par quarante lampes obtiendra une diminution considérable et une intensité plus forte de lumière, en substituant trente becs de gaz à ses quarante quinquets; de plus il s'affranchira des frais d'entretien, de mèches et de soins journaliers, ce qui, d'après les calculs établis, réduit la dépense de moitié.

En jouissant de tous ces avantages, un manufacturier n'aura plus à redouter qu'une flammèche, ou l'imprudence d'un ouvrier, soit en déplaçant sa lumière, soit en mouchant sa chandelle avec ses doigts, comme cela se pratique dans les ateliers, n'occasionne la destruction totale de son établissement.

Ainsi que nous l'avons dit plus haut, un bec de gaz d'huile est percé de douze trous, par lesquels s'échappe le gaz pour entrer en combustion; ces douze trous éclairent comme neuf chandelles : on conçoit donc qu'en proportionnant la quantité de trous à l'intensité de lumière que l'on veut donner à un ouvrier, on peut très-facilement en éclairer un grand nombre avec un très petit appareil.

Beaucoup de personnes ont pensé que le gaz offrait l'inconvénient de priver de la mobilité de la lumière, c'est une erreur qu'il est inutile de relever ici. Sans doute, on ne peut pas disposer d'un bec de gaz comme on le fait d'une lampe ou d'une bougie; mais pour une personne qui travaille à son bureau, ou un ouvrier à son établi, on emploie ordinairement de petits tubes de cuivre rompus en un ou plusieurs endroits, ou, en d'autres termes, des genouillères qui permettent de déplacer le point lumineux et de le porter à une certaine distance.

Pour compléter nos observations sur l'économie que procure l'appareil gazogène, nous ajouterons que chaque bec de gaz coûte par heure 5 centimes 1/2 si l'on fait usage de la chaleur produite par un foyer quelconque, et 6 centimes environ, si le combustible est uniquement employé à chauffer l'appareil; encore supposons-nous l'emploi de l'huile de colza à 70 centimes, quoiqu'on puisse faire usage d'huile plus commune, pourvu qu'elle soit fluide. Si l'éclairage est important la dépense décroît proportionnellement, à cause des frais de combustible qui deviennent alors insensibles.

Les personnes qui se servent de savon pour le lavage des laines ou tout autre usage, pourront se procurer un éclairage qui ne leur coûtera presque rien ; nous leur indiquerons le moyen de retirer 60 pour cent d'huile sur la quantité de savon dont elles font emploi.

D'après tous ces renseignemens, il sera donc facile pour quiconque voudra s'éclairer au moyen de cet appareil, de se rendre compte des avantages qu'il offre et des dépenses journalières qu'il occasionnera.

Il nous reste maintenant à donner une idée approximative des dépenses à faire en dehors de l'appareil ; cette tâche est moins facile, parce que nous ne pouvons établir nos calculs que par suppositions, attendu que le plus ou le moins d'importance de ces dépenses résulte de l'étendue des localités et du plus ou du moins d'élégance dans les formes des becs, lampes, lustres, etc. Mais comme en général il existe plus d'établissemens industriels que d'établissemens de luxe, nous allons prendre pour exemple une manufacture ayant deux étages de chacun 100 pieds de longueur sur 8 pieds de hauteur, et cent ouvriers dont 25 travaillent sur chaque face du bâtiment.

50 pieds de tuyaux de 18 lignes de diamètre, tout posés (compris les percemens, embranchemens, brides, colliers, crochets, gâches, tranchées, raccordement de plâtre, etc., etc. (1) pour por-

---

(1) On conçoit qu'il est inutile pour des ateliers de cacher les tuyaux dans l'épaisseur du mur.

ter le gaz aux tuyaux distributeurs, à
2 fr. 75 c., ci. . . . . 137 fr. 50 c.

    400 pieds de tuyaux d'un pouce
pour la distribution dans les quatre
longueurs du bâtiment à 2 fr. . . , .   800   »

    300 pieds de tuyaux de 6 lignes,
embranchés sur les tuyaux distributeurs pour donner le gaz à chaque
ouvrier, à 1 fr. 300   ».

    100 becs de 3 trous avec leurs
robinets, ajoutoirs et patères, à
8 fr. 50 c. 850   ».

    100 galeries pour soutenir les
verres, à 75 c. 75   »

    100 verres à 35 c. 35   »

    Fourneau. 150   »

Dépenses imprévues. 52   50

    Dépenses en dehors de l'ap-
        pareil. . . . . 2,400 fr.   »
  Appareil de 25 becs de 12 trous. 1,100   »

    Dépense totale. . . . . 3,500 fr.   »

  Ainsi en supposant la nécessité de doubler la
quantité de tuyaux de plomb relativement à la
longueur de la localité, la dépense totale pour l'é-
clairage de cent ouvriers coûtera seulement 3,500
et celle journalière, en leur donnant à chacun
l'intensité de lumière de deux chandelles un quart,
ce qui est beaucoup trop pour certains ouvrages,
sera de 7 fr. 50 c. en les supposant éclairés pen-

dant cinq heures (1). Nous avons déjà dit que par une moindre quantité de trous, nous pouvons ramener la lumière à l'intensité voulue.

Quant aux établissemens de luxe, tels que les cafés, les magasins, les particuliers même, ce gaz leur permet, attendu l'absence de toute odeur, de se procurer un éclairage élégant, en figurant des dessins à l'infini par de petites gerbes de gaz brûlant à l'air libre, c'est-à-dire sans cheminées de verre. Les châteaux, les passages, les théâtres, les bains, les hôtels garnis, les messageries, etc., etc., pourraient aussi, dans certains cas, faire usage de ce mode plus recherché.

Tout ce que nous avons dit des avantages que procure le gaz s'applique aussi aux préfectures, aux administrations, aux ports, aux hospices, etc.

On concevra qu'une opération toute naturelle et fort simple se présente pour quiconque voudra s'éclairer sans frais ; c'est en plaçant un appareil chez soi, de traiter avec les propriétaires de boutiques ou magasins adjacens pour leur fournir le gaz par abonnement et à un prix déterminé, de manière à retrouver sur la légère différence du coût réel de l'éclairage, la dépense journalière à laquelle on serait astreint.

Nous avons voulu d'abord traiter des éclairages particuliers, et démontrer combien l'emploi facile de l'appareil gazogène peut rendre général l'éclairage par le gaz. Nous allons aborder maintenant

(1) On fixe à cinq heures la durée moyenne de l'éclairage pendant l'année.

une question non moins importante, celle de l'éclairage des villes, ce qui diminuerait le besoin d'appareils particuliers, puisque beaucoup d'établissemens pourraient s'abonner pour la fourniture du gaz qui leur serait nécessaire.

Nous avons démontré d'une manière évidente que si l'usage du gaz n'est pas généralement répandu, on ne peut l'attribuer qu'aux frais immenses de premier établissement, et en effet, quel est le capitaliste ou la société de capitalistes qui se hasarderaient à dépenser une somme de 200,000 fr. environ, pour éclairer une ville un peu considérable, dans l'incertitude de résultats capables de couvrir les intérêts et les frais journaliers? quel est le directeur de théâtre qui pourrait disposer d'un emplacement assez vaste pour placer un appareil ordinaire de gaz? et dans le cas même où cet obstacle et les dépenses ne l'effraieraient pas, quelle est l'autorité qui permettrait l'introduction d'un gazomètre dans un endroit public de cette importance? Ces réflexions s'appliquent à tous les établissemens que nous venons de citer.

Tous ces inconvéniens disparaissent devant l'appareil gazogène : son emploi est aussi bien applicable aux grandes localités qu'aux petites. Les dépenses de premier établissement sont à la moindre hauteur, et conséquemment il n'y a aucun risque à courir pour l'appliquer à l'éclairage des villes.

Comme jusqu'ici nous nous sommes appuyés sur des certitudes, nous ne nous écarterons pas de cette ligne, et nous allons démontrer qu'à bien peu de frais nous pouvons éclairer par abonnement une ville importante.

Nous supposerons l'éclairage de la ville de Lille dont la population est de 64,000 ames, et nous évaluerons à 1,500 becs celui des administrations, des hospices, des passages, des boutiques, des magasins, des cafés, des bains, des hôtels garnis, des messageries, etc., etc. (On conçoit que rien n'empêche l'éclairage des rues.) Eh bien ! l'appareil nécessaire ne coûterait pas 18,000 fr. Quant aux tuyaux principaux de conduite du gaz, on sait qu'ils sont payés par les abonnés, à tant par pied, suivant l'usage.

Que l'on veuille bien considérer la position avantageuse dans laquelle nous nous trouvons pour l'éclairage général : l'autorité ne permet aux établissemens ordinaires du gaz le placement de leurs appareils qu'aux extrémités des villes, d'où il résulte qu'en dehors de leurs frais, une quantité innombrable de tuyaux principaux est à leur charge. L'appareil gazogène peut se placer au centre de la ville même ; ce n'est pas l'autorité qui l'en empêchera, puisqu'elle n'a aucun motif pour le faire ; ce n'est pas non plus l'emplacement qui apportera obstacle, puisque le coin d'une cour, une cave, un hangar, quelque petits qu'ils soient, suffisent pour le loger.

Ce mémoire serait beaucoup trop long si nous voulions développer ici tous les moyens faciles d'exécution pour rendre général l'éclairage par le gaz avec le secours de l'appareil gazogène ; mais notre tâche ne serait pas complétement remplie si nous laissions prise aux objections. On pourrait nous dire : Nous vous concédons l'éclairage de la ville de Lille, parce que son étendue n'est pas aussi considérable que celle de Bordeaux, Lyon, etc., etc.; mais comment pourriez-vous, même en vous plaçant au centre de ces villes, éviter la perte de tuyaux de conduite qui traverseraient des quartiers non susceptibles d'éclairage, pour aller joindre ceux qui feraient usage de votre gaz? La réponse est péremptoire : nous placerons autant d'appareils que nous aurons de quartiers principaux à satisfaire; et comme notre dépense est toujours relative à la quantité de becs que nous devons servir, cette obligation ne nous cause aucun dommage.

Nous ne pensons donc pas que désormais on puisse opposer le moindre obstacle à l'adoption de l'éclairage par le gaz. Les autorités elles-mêmes favoriseront sa propagation (1) et accueilleront avec intérêt et empressement les propositions qui leur seront faites à cet égard.

---

(1) EXTRAIT DE LA LETTRE DE M. LE PRÉFET DE POLICE DU DÉPARTEMENT DE LA SEINE.

« Sur le compte qui m'a été rendu par le conseil de salubrité, « de l'appareil dit *Gazogène*, pour lequel vous avez pris un « brevet, j'ai cru devoir proposer à Son Excellence le Ministre « de l'Intérieur, de ne point soumettre l'établissement de cette « sorte d'appareil, chez les personnes qui voudront en faire « usage, aux formalités voulues par les réglemens sur les éta- « blissemens dangereux, insalubres ou incommodes, et de « n'exiger qu'une simple déclaration par écrit à la préfecture « de police.

« Son Excellence, après avoir consulté le comité consultatif

TARIF DES APPAREILS.

5 becs ordinaires de 12 trous 600	105 becs ordinaires de 12 trous 2650
10 .... » 800	110 .... » 2700
15 .... » 900	115 .... » 2750
20 .... » 1000	120 .... » 2800
25 .... » 1100	125 .... » 2850
30 .... » 1200	130 ...... » 2900
35 .... » 1300	135 .... » 2950
40 .... » 1400	140 .... » 3000
45 .... » 1500	145 .... » 3050
50 .... » 1600	150 .... » 3100
55 .... » 1700	155 .... » 3150
60 .... » 1800	160 .... » 3200
65 .... » 1900	165 .... » 3250
70 .... » 2000	170 .... » 3300
75 .... » 2100	175 .... » 3350
80 .... » 2200	180 .... » 3400
85 .... » 2300	185 .... » 3450
90 .... » 2400	190 .... » 3500
95 .... » 2500	195 .... » 3550
100 .... » 2600	200 .... » 3600

Pour les appareils au-dessus de ce nombre, 50 francs par 5 becs.

L'emballage, les frais de transport et le fourneau sont à la charge des preneurs.

« des arts et manufactures, vient d'adopter ma proposition ; et
« pour éviter tout abus résultant d'une grande extension d'ap-
« pareils, elle a décidé que le vôtre, dans l'état où il est aujour-
« d'hui, serait défini : *Un appareil dans lequel le gaz hydro-*
« *gène carbone est produit par la décomposition de l'huile, au*
« *moyen de la chaleur d'un poéle sans emmagasinement, etc.* »

PRIX DES OBJETS ACCESSOIRES.

Pose, soudure pour les nœuds et embranchemens de toute espèce, coudes et autres pièces de raccord ; brides, colliers, crochets et gâches pour fixer le long du mur, tranchées, raccordemens de plâtre, douilles à vis pour recevoir les lampes, etc. Pour un pied......	TUYAUX DE PLOMB.				
	6 lignes.	9 lignes.	12 lignes.	15 lignes.	18 lignes.
	1 fr. »	1 fr. 50 c.	2 fr. »	2 f. 50 c.	2 f. 75 c.

Becs avec robinets et ajoutoirs...................... 8 f. » c.

Becs à fourche avec robinets et ajoutoirs.......... 8   50

Genouillères d'un pied à 18 pouces avec robinets... 16   »

Genouillère simple........\.................... 9   »

Bec à béquille, ou ordinaire...................... 3   20

Bec à fourche............................... 3   70

Robinet..................................... 3   »

Ajoutoir.................................... »   75

Bras fixe.................................... 6   »

Galeries pour porter les verres.................... »   75

Verres de dimensions ordinaires.................. »   35

Lustres, lampes, bras de cheminées, etc., suivant les ornemens.

MODE DE PAIEMENT.

POUR PARIS.	POUR LES DÉPARTEMENS ET L'ÉTRANGER.
Un tiers, lors de la commande.	Un tiers lors de la commande.
Un tiers lors de la livraison.	Un tiers lors de l'expédition (1).
Un tiers en papier à trois mois.	Un tiers en papier à trois mois.

S'adresser franc de port à MM. Lépine et Comp., rue du faubourg Saint-Martin, n° 97.

---

(1) L'avis d'expédition sera toujours accompagné d'une lythographie représentant les pièces détachées de l'appareil, et d'une instruction détaillée, soit pour le monter, soit pour la construction ou le changement du fourneau ; si cependant on le désire, l'établissement enverra aux frais du demandeur un ouvrier pour le poser.

SERVICE DES PONTS ET CHAUSSÉES.

Fin du mémoire sur les moyens de calculer les terrasses beaucoup plus promptement que par la méthode ordinaire sans en diminuer l'exactitude, par M. P. E. Morin, ingénieur des ponts et chaussées, ancien élève de l'école Polytechnique et membre de plusieurs sociétés scientifiques et industrielles. (1)

Nous avons fait voir au commencement de ce mémoire que toutes les fois qu'un solide est terminé 1° par deux plans verticaux parallèles à l'axe de la route ou du canal ; 2° par deux plans verticaux perpendiculaires aux premiers, et 3° par deux autres surfaces engendrées par des lignes droites qui se meuvent de manière à se trouver toujours dans un plan vertical parallèle à l'axe du projet, le solide à toujours pour mesure la demi-somme des sections situées dans les profils en travers par la distance entre les profils, en faisant attention aux signes des sections. Nous n'avons trouvé ce résultat que parce que les plans verticaux extrêmes, parallèles à l'axe, venaient couper les deux profils en travers de quelque point, mais si ces plans n'atteignaient qu'un des deux profils

(1) Voyez le n° 30, page 231, tome X.

en travers, il en résulterait des solides trapézoïdaux ou triangulaires, qui n'auraient pas en tous
leurs points, pour distance horizontale, celle des
deux profils en travers. Dans ce cas, à partir de la
dernière section parallèle à l'axe, il existera un solide qui sera presque toujours une pyramide triangulaire, pour un projet de route ou de canal,
mais qui, quelquefois, pourra être un solide qui
aura pour base, dans l'un des profils, un triangle,
un trapèze ou un rectangle, et dans l'autre, une
ligne droite. On sait, dans tous ces cas, ce qu'il
faut faire, et il est inutile de le rappeler ici. Il
suffit que l'on soit persuadé que, dans la plupart des cas, le solide qui restera à calculer aux
extrémités au-delà de la section qui ne rencontre
pas les deux profils en travers, est une pyramide
triangulaire, pour que nous nous occupions plus
particulièrement de ce solide, auquel d'ailleurs on
peut toujours arriver par la décomposition. La solidité d'une pyramide triangulaire est, comme on
sait, égale à sa base multipliée par le tiers de sa
hauteur. Supposons donc que, pour les parties
extrêmes des profils en travers, ont ait calculé leur
surface comme à l'ordinaire, qu'on ait trouvé pour
chaque profil, en le calculant, la distance horizontale de l'axe de la route, et qu'on ait trouvé, par
exemple, qu'un des profils en travers était plus
large que l'autre, par rapport à chacune des demi-
distances à l'axe du projet, il restera une surface
excédante de chaque côté de cet axe. Si on avait
compris celle-ci avec les autres parties du profil

pour en prendre la demi-somme, quand il n'aurait
fallu qu'en prendre le tiers au lieu de la moitié,
on aurait compté trop ; il faudrait donc retrancher
de la demi-somme calculée la différence entre la
moitié et le tiers de cette quantité, c'est-à-dire le
sixième de cette même quantité ; mais comme
celle-ci doit-être multipliée par la moitié de la
distance entre les profils, au lieu du sixième, il
faudra en retrancher le tiers ; c'est la correction
que nous devons porter aux surfaces négatives,
de sorte que cette partie déduite de la demi-somme
des deux profils sera ce qu'il faudra multiplier par
la distance qui existe entre eux, pour avoir le cube
des solides compris entre ces profils. Si l'on voulait calculer plusieurs profils à la fois, il faudrait,
comme nous l'avons déjà fait, partager cette opération en deux parties, l'une qui comprendrait la
portion de route située entre les bords extérieurs
des accottemens, pour les remblais ou pour les déblais, les bords extérieurs de la cuvette des fossés,
l'autre qui se composerait seulement des parties
triangulaires extrêmes que nous supposons qu'on
calcule séparément pour chaque côté ; nous verrons tout-à-l'heure comment on peut calculer les
deux côtés à la fois. On calculerait chacune de ces
dernières comme à l'ordinaire, on multiplierait
chacune d'elles par la somme des demi-distances
au profil qui précède et à celui qui suit, comme
nous l'avons fait pour la partie du milieu, avec
cette différence seulement que, la largeur n'étant
pas constante, il faudrait avoir de suite la super-

ficie de chaque partie triangulaire au lieu de ne
mettre que la hauteur. Lorsqu'on aura ajouté,
pour une même suite, tous ces solides, il faudrait
y faire une correction. On peut se dispenser de la
faire pour chaque profil, comme nous l'avons fait
tout-à-l'heure, lorsque nous ne calculions à la fois
que les solides compris entre deux profils consécutifs; il suffira de prendre une correction
moyenne.

S'il fallait calculer régulièrement cette moyenne,
cela serait aussi long que d'obtenir chaque correction séparément; mais si l'on fait attention que,
pour chaque profil, cette correction n'est que le
sixième d'une surface en général très petite, qui
est celle excédant la largeur de deux profils consécutifs, une approximation de cette moyenne suffira, et l'erreur, au lieu d'être grande comme par
les méthodes expéditives connues, ne sera plus
que très faible. Pour trouver cette correction, il
faudrait géométriquement porter toutes les surfaces excédantes sur des ordonnées dans l'ordre de
leurs grandeurs avec les distances des profils correspondantes sur les abscisses à la suite l'une de
l'autre; cela formerait ainsi une ligne brisée dans
laquelle la ligne droite menée à travers, passant par
les deux extrémités de cette ligne brisée, laissera en
général une surface égale au-dessus et au-dessous,
de sorte que la surface comprise entre la ligne
horizontale et la ligne brisée, qui est une quantité
proportionnelle à celle qu'il faut retrancher du
cube calculé, pourra être représentée, à très peu

près, par la surface comprise entre la ligne droite
tracée à travers et la ligne horizontale, ou, ce
qui est à peu près la même chose, par les demi-
sommes des plus grandes et des plus petites surfaces excédantes, multipliées par le sixième de la
somme des distances des profils entre eux. Cette
dernière expression sera assez approximative,
toutes les fois que, parmi les différences de largeur
entre deux profils, il n'y en aura pas qui soient
à peu près nulles pour beaucoup de profils,
ou que, pour un ou deux profils seulement, la
correction de différence de largeur sera très considérable par rapport à celle qui a lieu pour d'autres profils. Si l'on voulait approcher davantage
de la vérité, dans le premier cas, il faudrait négli-
ger les premières différences, et dans le second,
on devrait calculer séparément la correction qui
serait relative aux profils, où celle-ci serait
très grande. Mais comme dans la plupart des cas,
pour tout un projet, si, pour une certaine suite
de profils, la correction était trop forte, pour une
autre elle serait probablement trop faible; on
pourra croire que dans ce projet la masse de corrections calculée par la première méthode, appro-
chera beaucoup de la vérité, si elle ne se confond
avec elle.

C'est ainsi qu'il faudra agir pour les talus en
déblai et en remblai situés d'un seul côté; il faudra opérer de la même manière pour l'autre côté.
Pour chacun d'eux on devra de plus faire attention à la pente du terrain, pour la plus grande

différence et la plus petite. Par là on aura deux opérations à faire, mais on pourrait s'en éviter une et voici comment.

Lorsqu'on calcule séparément les parties triangulaires pour chaque côté de la route, on peut remarquer qu'en général, si pour les unes le terrain est en pente, pour les autres il est en rampe, ce qui fait que la plus grande et la plus petite correction sont pour les mêmes différences de hauteur et de largeur, plus grande pour un côté et plus petite pour l'autre, que si l'on avait supposé le terrain horizontal. En faisant donc cette dernière supposition, on peut croire, comme la correction est en général très-petite, que l'on aurait par là une moyenne assez exacte, qu'il faudrait doubler alors au lieu de multiplier la demi-somme des plus petites et plus grandes surfaces de correction par le sixième de la somme des distances entre les profils; on multipliera la somme même de ces surfaces par le sixième de cette même distance.

On peut voir, avant d'aller plus loin, quelle correction il faudrait faire au calcul des déblais et remblais dans le cas où le terrain étant très-incliné viendrait couper à peu près au milieu le profil de la route. Il en sera alors comme pour les parties extrêmes de la route, c'est-à-dire qu'il y aura des pyramides excédantes dont il aurait fallu retrancher le tiers de la base en calculant plusieurs profils à la fois, retrancher à la fin la demi-somme des plus petites et plus grandes surfaces triangulaires excédantes , multipliée par le sixième de la somme des distances des profils entre eux. Il n'est pas besoin d'indiquer les autres simplifications que chaque cas du calcul des terrasses peut présenter , et dans lesquels, en déviant un peu de la méthode générale , on arrivera à une approximation assez grande. Par exemple en ce qu'il s'agit des points de passage, lorsque les solides à ajouter aux déblais et remblais calculés par notre méthode, compris entre les arêtes extérieures des accottemens, sont très-petits, ou ont à peu près les mêmes dimensions, ou lorsque dans ce cas les fossés ne doivent donner que des petits solides; ainsi, dans le premier cas, il suffira de prendre des dimensions moyennes entre celles qui appartiennent aux solides à calculer, et de répéter le solide ainsi obtenu par le nombre de solides réellement existans. Dans le second cas on pourra, pour avoir le cube des fossés, ne calculer qu'une distance correspondante au milieu de la cuvette, et la multiplier par la moitié de la surface du trapèze de la cuvette, pris par le tiers de celle des triangles des talus des fossés.

Dans tout ce qui précède nous n'avons presque fait attention qu'aux routes; si on voulait employer cette méthode pour les canaux, on diviserait leur profil en trois parties, savoir : Ce qui regarde le chemin de halage, la cuvette et la digue, et il faudrait opérer pour chacune de ces parties comme on vient de proposer de le faire pour les routes. On commencerait , comme pour celles-ci , à faire passer une ligne horizontale à travers les profils de chacune de ces parties, de manière à mettre d'un côté de cette ligne ce qui ne varie pas dans le projet, et de l'autre ce qui est variable de sa nature. On calcule une fois pour toutes la surface invariable, et on partage celle qui est variable en trois dont l'une est constante en largeur et diffère en hauteur dans chaque profil en travers du projet, et dont les deux autres, les talus varient en hauteur et largeur. D'après cela, et ce que nous avons dit sur les routes, on doit voir comment il faut modifier notre manière de calculer les terrasses pour l'appliquer aux projets de canaux.

On agirait de même pour les projets de fortifications, en calculant séparément ce qui regarde les déblais et les remblais, en partageant aussi les profils en sections constantes et en sections variables. Mais quoique les fortifications suivent dans leur développement des lignes brisées, comme ordinairement la somme des angles qu'elles font d'un côté avec une ligne droite quelconque menée à travers les profils est égale à celui des angles qui ont lieu de l'autre côté. Les erreurs qu'on commettra en considérant les sections inclinées à l'axe, comme si elles lui étaient perpendiculaires, se compenseront en général, pourvu cependant que les largeurs de ces profils soient comptées suivant des lignes perpendiculaires à cet axe. Si cependant il y avait quelque inexactitude dans cette manière d'opérer, on pourrait y remédier de la même manière que pour les routes et les canaux lorsque leur axe est courbe : c'est ce dont nous allons nous occuper.

On sait, d'après le théorème de Guldin, qu'une portion d'un solide de résolution a pour mesure la section suivant l'axe multipliée par l'aire décrit par le centre de gravité. Il en serait ainsi pour les solides en déblai et en remblai, si le profil ne changeait pas d'un point à l'autre, mais dans le cas ordinaire, quoique le centre de gravité ne soit pas à la même distance de l'axe, dans les deux profils il sera facile de se convaincre en décomposant le nouveau solide engendré par ces profils, que la variation qui a lieu alors dans les sections, étant toujours proportionnelle à la distance parcourue par le centre de gravité, ce solide décrit ainsi, aura pour mesure très approximative la moyenne des profils multipliée par l'axe décrit, situé à égale distance des centres de gravité de chaque profil. Il suffira donc de calculer dans plusieurs hypothèses un petit nombre de tables pour la distance du centre de gravité de chaque profil à l'axe du projet ; d'où, avec d'autres tables qui indiquent pour chaque rayon la grandeur de l'axe pour un angle donné, on parviendra facilement à faire le calcul de ces solides avec célérité et sans erreur. Quand ces solides seront en déblai et en remblai, il faudra les calculer, comme nous l'avons indiqué lorsque l'axe du projet était une ligne droite, en faisant attention au signe des surfaces, et en calculant séparément ensuite les plus petits solides qu'on suppose être négatifs.

On pourrait encore opérer aussi exactement,
et peut-être d'une manière plus expéditive en considérant que lorsque dans les calculs on suppose
droite une ligne qui est courbe, l'erreur qui en
résulte serait nulle, quels que soient les profils
en travers, si les verticales passant par l'axe du
projet divisaient en deux parties égales chaque
profil en travers.

Cela ayant toujours lieu dans les projets de
routes lorsque le terrain est horizontal ou lorsque sa forme est entièrement semblable des deux
côtés, on ne fera jamais d'erreur dans ce cas. Ce
sera donc dans chaque profil la différence avec ce
cas qui fait l'erreur ; on l'obtiendra en retranchant
la surface d'un profil situé d'un côté de celle de
l'autre, et en recherchant la moyenne pour tous
les profils, soit en remblai soit en déblai, qu'on
multipliera par la somme des arcs décrits, par
son centre de gravité, en considérant pour axe de
rotation une ligne située dans l'axe du projet, et
comme négatifs les arcs décrits dans l'intérieur de
la courbe du projet, lorsque la surface excédante
se trouve de ce côté, et comme positif les autres
arcs. Cela repose sur ce que la surface ayant été
déjà multipliée par la distance parcourue par l'axe
du projet, il ne faudra multiplier la surface excédante dont on vient de parler que par la distance qui lui manque; ou par celle qui excède la
distance par laquelle cette surface a été multipliée.

Ce qui augmente encore beaucoup la longueur
des calculs de terrasses, c'est qu'ayant toujours

pour but d'égaler les déblais aux remblais entre deux points donnés, on n'y parvient souvent qu'après avoir fait les calculs, deux fois pour la même pente, ce que l'on doit pouvoir éviter. Si la ligne du profil en long du terrain était une courbe continue, et le profil en travers du terrain une ligne droite, il serait très facile d'éviter ce double calcul, mais en général l'une et l'autre de ces lignes sont composées de lignes brisées qui varient d'inclinaison à chaque profil, alors la méthode à suivre dans ces différens cas, ne peut pas être constante. Cependant, à défaut d'autre plus expéditive et plus exacte, nous allons en indiquer une qu'on pourra suivre dans la plupart des cas. Il faut d'abord rapporter les profils en long, de telle manière que les cotes de hauteur soient sensibles au compas au moins à cinq centimètres ; ensuite sur le profil en long en placer un autre supérieur à peu près parallèle à la distance marquée par la surface constante ajoutée en déblai et retranchée en remblai, divisée par la largeur moyenne que l'on suppose devoir exister pour le déblai et le remblai. Si chaque profil en travers du terrain était composé d'une seule ligne droite, ce changement suffirait ; mais si la ligne du terrain du profil en travers est une ligne brisée suivant que par là cette ligne comparée à l'une des lignes droites partant de l'axe, et formant la ligne brisée du terrain, tendra à augmenter ou diminuer le déblai, on élèvera ou on abaissera le profil en long du terrain d'une certaine quantité déterminée par le quotient de la surface du profil, en excédant, par la largeur de ce profil. On pourra encore faire une correction en raison de la largeur plus grande ou plus petite de chaque profil par rapport à une largeur prise pour constante. Ces choses une fois faites, on prendra au compas les surfaces en déblai ou en remblai données par la ligne de pente qu'on veut tracer; on multipliera celle en déblai par la largeur moyenne des déblais, celle en remblai par la largeur moyenne des remblais: la différence donnera le cube en déblai ou en remblai qu'on veut avoir. Si le cube excédant est trop fort ou trop faible, il faudra le diviser par la largeur moyenne des déblais et remblais, ou par le double de la longueur de la pente qu'on veut tracer pour avoir la hauteur dont il faudra augmenter ou diminuer la cote rouge extrême pour avoir la pente cherchée. Ces opérations ne devant être en général qu'approximatives, les calculs à faire se simplifieront encore beaucoup en ne prenant que les nombres ronds qui approchent le plus de ceux qu'on considère.

Enfin, en même temps que pour un projet on veut savoir quelle quantité de déblais et de remblais il exigera pour son exécution, on veut aussi déterminer la distance où ils seront transportés, et faire en sorte que ces transports soient toujours en descendant, et qu'ils remplissent certaines conditions, soit relativement aux déblais retroussés, soit à ceux portés en remblais, il n'est pas nécessaire que toutes ces conditions soient rem-

plies dans la pratique avec une exactitude mathé-
matique, il suffit d'avoir une approximation pour
les transporter à dix mètres pour les petites distances, et à vingt ou trente mètres pour les
grandes.

Pour ce qui regarde les terres à retrousser vers
le point où leur transport en remblai, ou les terres empruntées qui doivent remplacer ces terres
retroussées, coûtent le même prix, il est indif-
férent de transporter les déblais en remblai, ou de
les retrousser. Dans tous ces cas, la construction
que nous avons proposée sur le profil en long
du projet pour faire en sorte que les déblais
et les remblais, non-seulement soient égaux,
du moins entre des profils qui ne donneraient
pas de transports considérables, et où ces derniers ne se feraient qu'en descendant, pourra
servir à déterminer la distance des transports des
déblais et remblais, et à résoudre les autres questions qu'on peut se faire sur le calcul des terrasses.

Par l'exposé de cette méthode on doit voir qu'on
ne doit pas la confondre avec celles proposées
jusqu'à présent, ou celles employées par différens ingénieurs qui sont toutes fautives hors celle
enseignée à l'école des Ponts-et-Chaussées. Par
exemple, 1° celle qui consiste à faire de grands
profils et à prendre au compas les hauteurs, est
inexacte, parce qu'il n'est pas difficile de faire par
là beaucoup d'erreurs, soit à cause de la dilatation du papier par l'humidité, soit par défaut
d'inexactitude dans le rapport du dessin; 2° la méthode moyenne comme on sait donne toujours

une quantité de déblai et de remblai plus forte que celle qui existe réellement, par là, l'administration est lésée ; 3° la méthode de M. Vallée n'est exacte pour les parties toutes en déblai et toutes en remblai que lorsque la largeur des profils est la même, et pour les déblais et remblais calculés par sa méthode lorsqu'il y a des points de passage, elle ne l'est que lorsque les deux sections en déblai et en remblai sont composées de solides, tels que la ligne de passage est une ligne droite perpendiculaire au plan vertical qui passe par l'axe du projet. Dans tout autre cas, les solides calculés dans les points de passage sont toujours moins considérables par cette méthode qu'ils ne le sont en réalité. Toutes ces manières de calculer les terrasses sont par là moins exactes que celle que nous proposons.

Il y a encore un moyen de rendre notre méthode pour calculer les terrasses plus expéditives, sans nuire à l'exactitude ; c'est celui de faire des tables qui, sans être trop volumineuses, pourront servir dans tous les cas.

Jusqu'à présent, ce qui a paru plus naturel était de faire le calcul des surfaces totales des profils, dans une certaine hypothèse, mais comme les profils du terrain varient à l'infini et qu'il en est de même de celui du projet suivant les données différentes que présente chaque projet, il est arrivé presque toujours que les tables une fois formées pour un projet ne pouvaient servir pour d'autres. Cela provient de ce qu'on a toujours voulu calculer toute la surface du profil à la fois, mais si l'on avait remarqué que, pour les routes, par exemple, cette surface se décompose naturellement en trois parties, comme nous l'avons fait, et que celle du milieu est celle qui varie nécessairement d'un projet à l'autre, que les deux autres parties extrêmes ne varient qu'avec le profil du terrain, et, si l'on remarque de plus que la première n'exige en général d'autre calcul que celui de trouver une hauteur moyenne, il ne reste à s'occuper que des parties extrêmes. Pour obtenir ces dernières, il faut, après avoir trouvé les cotes rouges de chaque profil, avoir la distance au point de rencontre du terrain et de la route qui correspond à une cote rouge en travers, ce qui ne peut se faire qu'au moyen d'une division ; calculer de plus la surface du profil, ce qui nécessite encore une multiplication, sans compter la correction qu'il faut y faire, si on calcule un ou plusieurs profils à la fois ; ce qui exigerait encore pour chaque correction, une division et une multiplication. On s'éviterait donc toutes ces opérations en calculant des tables *ad hoc*. C'est ce que j'avais commencé de faire, mais mes nombreuses occupations m'ont arrêté dans cette opération si utile.

On sait que les talus des routes, des canaux, etc., aux extrémités, soit en déblai, soit en remblai, ont, en général, un de hauteur sur un, 1 1/4, 1 1/2, 1 3/4 ; 2, 2 1/2 et 2 3/4 de base ; que la pente du terrain varie entre 0 et 0,50 par mètre, et les hauteurs en déblai ou en remblai, depuis 0 jusqu'à six mètres. Il faudrait donc, dans les calculs des tables, ne pas dépasser ces limites.

Ces tables ne seront pas, par là, très volumineuses, en ne les calculant que de o, 10 en o, 10 de hauteur, et les pentes et rampes de centimètre en centimètre. On peut estimer qu'elles formeraient un demi-volume de la grosseur de celui des tables de logarithmes de *Callet*, et seulement un sixième de cette grosseur si l'on voulait se borner à ne faire que ce qui est le plus utile pour les routes, c'est-à-dire ne calculer que les talus à 45° et de 1 1/2 de base sur 1 de hauteur.

Si on voulait en déduire des surfaces dans le cas où les pentes et rampes ainsi que les hauteurs seraient intermédiaires entre celles calculées, on mettrait à côté de chaque nombre trouvé ainsi, les corrections toujours à peu près constantes pour chaque millimètre de variation en hauteur ou en pente par mètre. Ces tables donneraient aussi les distances horizontales qui existent entre chaque cote rouge extrême et le point de rencontre du terrain et de la route vers les extrémités du profil, et les surfaces correspondantes. Il en serait de même des corrections qu'exige notre méthode, car la pente du terrain et la largeur de la surface excédant la largeur la plus petite des deux, étant trouvées, on trouvera dans les mêmes tables ces surfaces toutes calculées.

On pourrait de même former des tables pour les points de passage qui se trouvent au milieu des profils pris en pays de montagnes, parce que, se trouvant restreints à de faibles hauteurs et largeurs, il y aura peu de calculs à faire pour les déterminer.

La méthode que nous venons d'exposer ne consiste, à proprement parler, que dans une nouvelle manière de disposer et de coordonner les opérations qu'exigent les autres méthodes, et dans l'application de principes déjà connus, de manière à en former un ensemble qui diminue le nombre des opérations à faire pour calculer les terrasses, et par là, à faire en sorte que le temps que les ingénieurs y mettent ordinairement soit de beaucoup réduit : ce n'est pas, en un mot, une chose toute nouvelle, mais une amélioration des choses existantes. Il y aurait encore, suivant chaque cas, quelques modifications à apporter à cette méthode; il aurait été trop long d'indiquer ce qu'il y a à faire dans toutes les circonstances, cependant ce peu de mots doit suffire pour mettre sur la voie et faire concevoir que l'on irait encore beaucoup plus vite à faire les calculs de terrasses, si on construisait les tables dont nous venons de parler. Quoique leur construction exigerait peu de dépenses, cependant un particulier ne se résoudrait pas à en faire les avances : l'administration des ponts et chaussées doit s'en charger, car, indépendamment de l'économie qu'elles procureraient pour la confection des projets, elles diminueraient bien au moins d'un dixième le temps que les ingénieurs sont obligés de rester dans leurs bureaux, pour faire des projets de routes ou de canaux, et ce serait autant de

19.

temps gagné pour la surveillance de l'exécution des travaux.

COMMERCE EXTÉRIEUR.

RUSSIE.——POLOGNE.——AUTRICHE.——AMÉRIQUE CENTRALE ET ÉTATS-UNIS (1).

RUSSIE.

Laines.—— Le gouvernement russe donne beaucoup de soins à l'amélioration des laines ; il vient d'autoriser la création à Moscou, 1° d'un bureau consultatif des bergeries, sous la direction d'un Anglais ; 2° d'un dépôt de laines russes de différentes qualités, assorties et triées d'après la méthode de Leipsick ; 3° d'une bergerie modèle pour laquelle on a déjà amené un troupeau de trois cents bêtes.

Raffineries.——Le raffinage du sucre est devenu, depuis plusieurs années, une branche importante d'industrie en Russie, et il existe dans ce pays trente-neuf raffineries dont vingt à Saint-Pétersbourg.

Elles produisent annuellement 593,259 pouds de sucre de première qualité, et 400,796 pouds de mélis, sirop, mélasse, etc.

Vins.——Le gouvernement russe voulant donner

---

(1) Ces articles sont extraits de documens officiels. (*n. du R.*)

une nouvelle extension à la culture de la vigne, et à la fabrication du vin dans l'empire, a autorisé la formation à Simpheropol d'une *compagnie des vins de la Crimée*, dont le capital se compose de deux cents actions de 1,000 roubles chacune.

Factorerie de la compagnie néerlandaise de la mer Noire.— Un ukase du 2 décembre 1827 a autorisé la compagnie du commerce de la mer Noire, formée à Anvers, dans le but de faciliter les relations des Pays-Bas avec leurs colonies de l'Inde par la Russie, 1° à établir pour 15 ans sa principale factorerie à Odessa ; 2° à instituer des comptoirs particuliers dans la nouvelle Russie et la Bessarabie seulement ; 3° à acquérir et posséder en son nom des biens meubles et immeubles dans les lieux où elle a permission d'établir des comptoirs.

Diminution des redevances payées par les Guildes.—Un ukase du 21 décembre 1827 a diminué les droits de patente payés par les commerçans russes des différentes Guildes, et leur a accordé quelques facilités nouvelles pour l'exercice de leur industrie.

Par ce même ukase, les étrangers qui jouissent de la faculté de s'établir dans l'empire en s'inscrivant dans les corps des métiers, ont été affranchis de la redevance de vingt roubles pendant trente ans, à partir de leur inscription dans lesdits corps, où ils seront dorénavant admis sans aucune difficulté.

Régime commercial du Kamtchatka. — Un réglement en date du 6 août 1828 a permis l'importation en franchise au Kamtchatka de toutes sortes de marchandises, sauf les boissons spiritueuses et le thé. L'exportation a été également déclarée entièrement libre, à l'exception de celle des monnaies et assignation de banque russes.

Foire à Tiflis. — Un ukase du 27 février 1828 a établi à Tiflis une foire dite *Pokrovskaia* qui devra s'y tenir tous les ans au mois d'octobre, à dater de la même année.

Deux rapports, publiés en 1828 par le gouvernement russe, donnent les détails suivans sur la situation industrielle de l'empire.

Fabriques. — On peut diviser les fabriques en trois classes, savoir : 1° celles employant des matières animales, comme les manufactures de draps, soieries, etc. Elles sont au nombre de deux mille, et exportent, après avoir alimenté la consommation intérieure, pour 20,000,000 de roubles environ.

2° Fabriques employant des matières végétales, comme fabriques de toiles, distilleries, brasseries, etc. Il y en a dix-sept cents qui exportent pour 18,000,000 de roubles.

3° Fabriques se servant de matières minérales, comme fabriques d'armes, de quincaillerie, coutellerie, verreries, faïenceries, etc. On en compte huits cents, mais on n'indique pas le montant de leur exportation.

Soieries. — La fabrication qui paraît avoir pris le plus d'importance est celle de soieries. Elle en est surtout redevable à l'emploi des métiers la quart, dont l'usage s'est très répandu depuis 1823. On en compte dans le seul gouvernement de Moscou deux mille cinq cents ; et comme ils ne coûtent que 75 à 85 roubles, nul doute que leur nombre n'augmente encore. On se sert également de la mécanique de Desenews pour dessiner les cartons ; et maintenant, aussitôt qu'une étoffe nouvelle arrive de France, on la copie et on la fournit aux marchands sans qu'ils aient besoin de recourir à l'étranger : seulement, comme il existe des préventions contre les fabricans russes, on vend ces imitations comme étrangères.

Teinture des soies. — Les couleurs foncées ne le cèdent en rien aux couleurs françaises ; mais le rose, le lilas, le gris, etc., laissent encore à désirer, quoiqu'ils aient été bien perfectionnés depuis quelques temps.

Soieries unies. — La fabrication des soieries unies n'est pas aussi avancée que celle des tissus façonnés ; les demi-satins et quelques gros de Naples offrent seuls une bonne qualité.

Les rubans et la gaze se fabriquent assez bien, sauf ceux de satin.

Il existe dans le gouvernement de Moscou huit cents métiers à bas de soie, dont une petite partie seulement est en activité.

Les châles et mouchoirs de bourre pourraient être fabriqués à Moscou en assez grande quantité et en bonne qualité pour la consommation du pays ; mais les changemens de mode continuels font préférer ceux de France et d'Angleterre.

Étoffes brochées d'or et d'argent. — On les fabrique dans toute leur perfection. Une partie est enlevée par les Kirghises et les Persans.

Préparation de la soie du Caucase. — Quand la préparation de la soie dans les provinces au-delà du Caucase aura acquis le perfectionnement nécessaire, une époque nouvelle commencera pour les fabriques de soieries qui jusqu'ici ont été arrêtées par le haut prix de la soie d'Italie. La main d'œuvre est à si bon marché qu'elles pourront lutter avec toutes les mécaniques de l'Europe.

Produit de 66 fabriques de soieries.—Soixante-six fabriques de soieries, qui forment seulement le tiers de celles existantes, ont produit pour une valeur de 10,852,625 roubles en étoffes, velours, rubans, etc.; elles ont employé 13,767 ouvriers qui ont coûté 2,001,516 roubles.

Consommation de la soie. — On évalue à 20 millions de roubles la consommation en soie faite annuellement depuis trois ans par les fabriques russes.

Tissus de coton.— Les notions qu'on possède à ce sujet se bornent aux manufactures existant dans les gouvernemens de Moscou et de Wladimir.

Metkals.—La fabrication des tissus de coton est plus avancé dans le premier gouvernement que dans le second. Celle des *Metkals* a été portée à la plus grande perfection. Il en est de même des châles dont une certaine quantité s'expédie en Pologne et en Perse.

On fabrique peu de calicot, et la qualité en est inférieure. Le calicot commun réussit seul.

Mousselines.—— Il ne se fabriquait pas de mousseline dans le gouvernement de Moscou avant 1828. Une manufacture a été établie en janvier de la même année, à quatre lieues de cette ville, et elle a complètement réussi. Sur 40 métiers à mousseline d'Ecosse dirigés par un Anglais, on avait fabriqué, jusqu'au 1er mai, 600 pièces de ce tissu unies et à fleurs, de très bonne qualité et du prix de 2 roubles 50 cop. l'archine. Les contre-maîtres russes employés à cette fabrique font des progrès tels que bientôt ils pourront diriger et même enseigner toutes les opérations.

Toiles quadrillées. —— Ces toiles en qualité moyenne et fine sont si belles qu'elles se vendent comme étrangères : leur prix est de 25 copecks à 1 rouble 60 copecks l'archine.

Les velverets se fabriquent en petite quantité, et leur apprêt laisse encore à désirer.

Quelques manufacturiers de Moscou ont commencé à se conformer au goût oriental, et fabriquent des nankins de diverses couleurs qu'ils vendent avec avantage aux Américains et aux Persans. Les étoffes demi-coton procurent également des bénéfices, et il s'en fait une quantité considérable. depuis 90 copecks jusqu'à 1 rouble 75 copecks l'archine.

Les manufactures d'indiennes ont beaucoup perfectionné leur manière d'imprimer, et plus de vingt fabricans ont adopté les cylindres.

Produit de 74 *fabriques de tissus de coton.* ——
Soixante-quatorze fabriques de tissus de coton, en
activité pendant 1827, ont employé cinquante-cinq
mille quatre cents pouds de fil anglais, et huit cent
quarante-un de fil russe ; elles ont produit pour
une valeur de 13,277,609 roubles : le nombre
d'ouvriers était de vingt-un mille neuf cent trois,
qui ont coûté 3,196,847 roubles.

Tissus de laine, nombre et produit des fabriques.
—— On n'a de renseignemens complets que sur dix
manufactures de laine, bien qu'il en existe soixante-
quinze dans le gouvernement de Moscou, non
compris un grand nombre de petits établissemens.
Ces dix fabriques ont employé trente-six mille
quatre-vingt-dix-neuf pouds de laine, et fabriqué
pour une valeur de 7,596,580 roubles ; elles ont
occupé quatre mille neuf cent quarante-cinq ouvriers dont le salaire s'est élevé à 1,362,950 roubles.

Reproches faits à cette fabrication.—— On repro-
che aux fabricans de tissus de laine, 1° de mal as-
sortir leurs laines dans les bergeries même; 2° de
mettre trop de mordant dans la teinture en couleurs foncées; 3° de fouler trop ou trop peu.

Culture du mûrier. —— La culture du mûrier
dans plusieurs gouvernemens de l'empire, et notamment dans celui de Mohilew, est devenue très
importante et très productive. Des établissemens
considérables ont été formés pour l'éducation des
vers-à-soie; et on a tellement perfectionné les soies
qui en proviennent, qu'on regarde leur qualité
comme supérieure à celles de la Perse.

Introduction des moutons anglais à longue laine. — Le comte de Worontzoff, gouverneur général d'Odessa, a fait venir un troupeau de cette race, composé de trois béliers et de dix-sept brebis, tous choisis dans les troupeaux du duc de Rutland. Malgré les chances d'une longue navigation, ces animaux sont arrivés en juillet 1828, en parfaite santé, et au mois d'octobre de la même année, ils n'avaient encore éprouvé aucune perte. Tout porte donc à croire que leur introduction aura un plein succès, et que peu d'années suffiront pour les multiplier.

Foire de Nijni Novogorod. — Cette foire, commencée le 28 juillet 1828, s'est prolongée jusqu'au commencement de septembre. La valeur des marchandises apportées s'est élevée à 107,383,674 roubles. Cependant la foire n'a pas été bonne; la quantité des marchandises était trop considérable vu le nombre des acheteurs, et la guerre avec la Porte a également nui aux affaires. Les ventes se sont faites à bas prix et à crédit.

POLOGNE.

Banque à Varsovie. — Un décret rendu le 17 janvier 1828, par l'empereur de Russie, a établi à Varsovie une banque dite *Banque de Pologne*, ayant pour objet, 1° d'acquitter la dette publique, 2° d'encourager le commerce, le crédit et l'industrie.

Cette banque est la propriété exclusive du gouvernement, qui la dote, pour acquitter sa dette, d'une somme annuelle destinée au service de la rente consolidée constituant la dette publique, somme qui sera égale au montant de cette rente inscrit sur le grand-livre, et d'une autre somme annuelle destinée à l'amortissement, qui sera égale au dixième du montant de cette même rente.

Pour l'encouragement du commerce, du crédit et de l'industrie, la dotation est fixée d'une part à 10 millions de florins de Pologne, en espèces, pris sur les fonds de réserve du trésor, et d'autre part à 10 millions de florins de Pologne, au taux nominal en lettres de gage de la société territoriale.

La banque aura en outre pour propriété, la totalité des avances faites par le gouvernement à la direction centrale de l'association de crédit en vertu de l'article 29 de la loi du 13 juin 1825 ; et le restant en caisse en numéraire, qui pourra provenir de l'excédant des recettes sur les dépenses de chaque année, sera mis à sa disposition.

La banque est autorisée à émettre des billets jusqu'à concurrence de la valeur du fonds qui constitue sa propriété.

AUTRICHE.

Compagnie de commerce. — Le gouvernement autrichien a autorisé, en 1827, la formation d'une compagnie dite *Compagnie privilégiée du commerce national d'Autriche.*

Cette compagnie a pour but de faciliter l'exportation par mer de tous les produits naturels et industriels du pays, particulièrement en ce qui regarde les lins, soies, laines, cuirs, fers, aciers, verreries; d'activer par ce moyen l'industrie intérieure, d'étendre les relations avec l'étranger et d'établir, autant que possible, des échanges directs entre les productions de l'Autriche et les denrées des tropiques.

Le capital de la compagnie sera formé de 5,000 actions de 400 florins chacune. La compagnie aura le droit, suivant l'urgence et l'étendue des affaires d'augmenter ce fonds de 2 millions; ces actions porteront 5 p. o/o d'intérêt; elles seront transférables par voie d'endossemens, et l'on prendra des arrangemens pour que le paiement des dividendes et des intérêts puisse avoir lieu sur toutes les principales places de commerce, tant de l'intérieur que de l'étranger.

Tout individu quelconque, de quelque nation qu'il soit, en Autriche, comme à l'étranger, peut devenir propriétaire d'actions.

Suppression du droit de demi p. o/o à Trieste.— Par notification du 30 juin 1828, le gouvernement autrichien a supprimé un droit de 1/2 p. o/o qui avait été établi en 1816, sur les marchandises arrivant à Trieste, à l'effet de fournir à ce port les moyens d'acquitter d'anciennes dettes et de pourvoir à certaines dépenses d'utilité locale.

Extension de la franchise du port de Venise.— Par un décret rendu le 20 février 1829, l'empereur d'Autriche a étendu à toute la ville de Venise les priviléges dont jouit le port franc actuel, limité à un petit bassin et à un ancien couvent bâti sur un îlot.

On ne connaît pas encore les conditions de cette mesure; mais on croit qu'elle ne pourra être mise à exécution avant la fin de la même année.

AMÉRIQUE CENTRALE.

Sonsonate.—— L'indigo, la cochenille et le sucre sont les principaux articles du commerce de cette ville. Le sucre s'expédie en pains de vingt-cinq à quarante livres pour le Chili et le Pérou, par Acajulta, port situé à cinq milles de Sonsonate. La qualité paraît avoir beaucoup de rapport avec celle des sucres de la Havane. Le prix, quoique variable, est ordinairement d'environ douze réaux (1 1/2 piastre) par arrobe, et s'élève par la présence des bâtimens à 16, 17 et même 18 réaux. Il serait à désirer que les pains fussent pulvérisés, comme à la Havane, avant d'être mis en caisse; peut-être cette opération serait-elle coûteuse, vu la rareté et le peu de dextérité des ouvriers à Sonsonate; les expéditions se font dans des peaux dont une moitié enveloppe deux pains.

Conchagua. —— C'est un des meilleurs ports de l'Océan pacifique. Situé dans une large baie, il offre en tout temps beaucoup de sûreté aux vaisseaux. Aucun établissement commercial ne s'y est encore formé. Quelques étrangers qui désiraient s'y fixer en ont été expulsés par le défaut de vivres.

Conchagua n'est qu'à douze ou treize milles de *San-Miguel* où quatre foires appellent chaque année, de toutes parts, un grand nombre d'acheteurs et de vendeurs ; celle de novembre est la plus considérable ; puis celle de février. L'indigo forme la principale production indigène de ce marché. La plupart des marchandises d'Europe arrivent d'Omoa par la voie de terre. Il n'en est encore venu qu'une petite quantité par mer, du Pérou et du Chili. Quand on calcule les frais énormes du transport par terre, on ne peut douter que l'importation par mer d'un chargement bien choisi et bien assorti, ne donnât à Conchagua un grand bénéfice. La route qui conduit de ce port à San-Miguel est moins mauvaise en général que les autres routes du pays.

Pour les retours on pourrait ajouter à l'indigo, à la cochenille, au baume et au sucre de Sonsonate, de l'indigo, de l'acajou et des bois de teinture pris à *Réalejo* situé au point oriental de la baie de Conchagua. Seulement ce dernier article, plus rare que les autres, devrait être acheté un peu à l'avance.

Le coton pourrait devenir un article intéressant d'exportation. Il se vend ordinairement de 4 à 6 réaux l'arrobe. La qualité, qui en est très-bonne, paraît avoir beaucoup d'affinité avec celle de Surinam ; mais la préparation en est mauvaise ; on n'en détache pas la graine, et la laine tombe facilement en pourriture ; de plus, on ne sait pas serrer fortement les ballots.

Un Anglais a introduit à *Réalejo* une machine à nettoyer le coton. On ne connaît point encore le résultat de cette innovation.

Le *riz* ressemble assez à celui de la Caroline ; mais il est en général concassé au battage ; il vaut de 4 à 5 réaux l'arrobe à *Sonsonate*. Les peaux, qui sont rares, valent une piastre la pièce ; la *salsepareille*, 6 piastres le quintal ; le *bois d'acajou* se vend à *Réalejo* de 7 à 8 réaux, la vare, pour les planches d'environ deux pieds et demi sur quatre pouces d'épaisseur, et le *bois de Brésil*, 16 ou 18 réaux le quintal.

Tarif des douanes. — Il a été publié en 1827, à Guatimala, un tarif qui soumet au régime ci-après les diverses marchandises importées de l'étranger dans les États de l'Amérique centrale ;

SAVOIR :

Livres et manuscrits, reliés ou non ; instrumens pour les sciences, musique écrite ou imprimée, instrumens ou machines pour l'agriculture, les mines, les arts, etc.	
Vif argent.	Exempts.
Semences de plantes exotiques.	
Or ou argent monnayé, en lingots ou en barres.	
Eau-de-vie autre que du vin.	30 p. o/o.
Eau-de-vie de vin et ses composés.	20 p. o/o.
Fer en platine, non ouvré.	20 p. o/o.
Mors, éperons et autres ouvrages en fer, communs	30 p. o/o.
Couvertures de laine, écrues, blanches ou teintes, du genre de celles qui se fabriquent en Guatimala.	30 p. o/o.

Indiennes ordinaires du genre d.º . . . . 30 p. o/o.

Fil de coton blanc ou teint. . . . . 30 p. o/o.

Peluche de coton et chapeaux. . . . . 30 p. o/o.

Couvertures de coton pur ou mélangé. . . . . 30 p. o/o.

Gros drap et bure. . . . . ˝ . . . . 30 p. o/o.

Chapeaux de feutre. . . . . 30 p. o/o.

Bottes en veau cousues. . . . . 20 p. o/o.

D.º non cousues. . . . . 15 p. o/o.

Souliers . . . . 30 p. o/o.

Chemises, gilets, pantalons, et autres ouvrages
    de couturières et de tailleurs. . . . . 30 p. o/o.

Selles et brides. . . . . 30 p. o/o.

Chaises . . . . 30 p. o/o.

Tables et autres ouvrages de menuiserie com-
    mune . . . . 30 p. o/o.

Vermicelle et autres pâtes. . . . . 30 p. o/o.

Fruits conservés de toute sorte, à l'exception des
    olives et câpres. . . . . 30 p. o/o.

Nota. les droits préindiqués sont diminués de 2 p. o/o lorsque l'importation a lieu par navires guatimaliens, et de 1 p. o/o si elle est effectuée par bâtimens des provinces américaines qui se sont déclarées indépendantes du gouvernement espagnol.

| Tissus de coton, blancs ou teints, purs ou mélangés, non dénommés | Fabriqués dans les ci-devant colonies espagnoles d'Amérique. . . 6 p. o/o.
Fabriqués dans les autres pays étrangers. . . . . 10 p. o/o. | plus, un droit temporaire de 4 p. o/o. |
| Autres articles | Provenant du sol ou de l'industrie des ci-devant colonies espagnoles. . . . . 4 p. o/o.
Provenant du sol ou de l'industrie des autres pays étrangers. . . . . 6 p. o/o. | |

Ce tarif, toutefois, n'est pas définitif, et l'une de ses dispositions porte que le gouvernement guatimalien se réserve de traiter les produits des

diverses puissances selon que les productions gua-
timaliennes seront traitées par ces mêmes puissances, lors de leur introduction dans leurs ports
respectifs.

Prohibition de toute relation avec l'Espagne. —
Par un décret en date du 7 juillet 1828, le gouvernement de l'Amérique du centre a fermé au
pavillon espagnol tous les ports de cet état et dé-
fendu l'importation, même sous pavillon neutre,
et pour compte d'un neutre, de tous les produits,
soit naturels, soit industriels, de l'Espagne et de
ses colonies.

A été également prohibée l'exportation des produits de Guatimala pour tout port soumis à la do-
mination espagnole.

ÉTATS-UNIS.

Extension des délais pour la réexportation, etc.
— Un acte, en date du 6 janvier 1829, porte à
trois années au lieu d'une, le terme accordé au
commerce pour la réexportation, avec restitution
de droits (*drawback*), des marchandises étrangères importées aux Etats-Unis, et supprime toutes
les déductions que la douane était autorisée à faire
du montant des droits originairement perçus; ces
déductions étaient en général de 2 1/2 p. o/o et
s'élevaient jusqu'à 3 p. o/o pour les liqueurs dis-
tillées.

Un autre acte, approuvé le 21 du même mois,
fixe à 5 cts. par livre la prime de sortie pour le su-

cre raffiné, qui, antérieurement, jouissait d'une prime de 4 ᶜˢ seulement.

Récolte du coton.—— Les Etats-Unis ont produit, en 1826, 7,957,281 balles de coton ; et en 1827, 8,720,593 balles. Ces quantités ne comprennent pas celles mises en œuvre dans les états producteurs de ce lainage.

Exposition des produits de l'industrie américaine. -- A la fin d'octobre 1828, l'institut américain de New - York, pour l'encouragement de l'industrie nationale, a tenu, dans cette ville, son exposition semi-annuelle. On a eu lieu de s'étonner de la bonne qualité des produits offerts aux regards du public, surtout en considérant le peu de temps écoulé depuis que les Etats-Unis se sont placés aux rang des nations manufacturières.

On a remarqué principalement des modèles fort ingénieux d'inventions nouvelles, par M. Conn, tels qu'une double presse à relieur de livres qui, au moyen d'une double vis, presse à la fois en dessus et en dessous, et une grue perfectionnée pouvant soulever des fardeaux plus lourds que la grue ordinaire; des cristaux taillés de toute espèce, de la passementerie, des couteaux et fourchettes en acier plaqué pour dessert; de la poterie de grès façon anglaise ; de superbes courtes-pointes en coton; des couvertures en laine et en coton ; des flanelles, des tapis, des calicots imprimés ; des indiennes, des chapeaux de paille très fins et presqu'égaux en qualité à ceux d'Italie ; des châles de mérinos imprimés, d'un tissu très béau ; du papier

20.

à écrire, à dessiner et de tenture ; des échantillons de laine mérinos, dont quelques-uns avaient de 17 à 20 pouces de longueur ; des voiles de dentelle blancs et noirs ; des calicots blancs et écrus pour chemises ; des étoffes en coton pour habillemens ; des moires en coton de la plus grande beauté, et imitant celles en laine ; des guinghans, des draps superfins de plusieurs couleurs, des satinettes de divers modèles ; de l'eau de Cologne, de la parfumerie, du papier transparent, des pianos superbes ; des harnais fort riches et élégans ; de la sellerie, de la bijouterie, des instrumens aratoires, des carrosses, cabriolets et autres voitures d'une grande légèreté ; des cuirs tannés et maroquinés, de la chapellerie fine et commune, des meubles fort bien soignés ; des pendules et montres très jolies ; des plaqués en or et en argent, des instrumens de chirurgie en acier et en gomme élastique ; des pompes à estomac, de la coutellerie fine ; de la soie et des soieries, telles que des mouchoirs et rubans ; des boutons de métal dorés et argentés, des boutons d'étoffes, des grilles à brûler le charbon de terre ; des feux de cheminées, des dents artificielles dites *incorruptibles* ; des cartes marines, par Blount ; de l'acier américain, des fusils et carabines, des échantillons de velours, de satin et d'étoffes de coton imprimés en relief ; des coins et matrices, de l'orfèvrerie richement travaillée ; des étoffes en crin, des cardes à carder le coton ; de la bonneterie de laine, des tapis de table en laine imprimés ; des tapis pour meubles en soie et

laine, soie et coton, à dessins mélangés ; des toiles gommées, peintes et imprimées pour tapis; des
produits du laboratoire de la société chimique de
New-York; des fléaux et balances, des pompes à
bière et à cidre ; des lampes astrales et beaucoup
d'autres articles qu'il serait trop long de mentionner.

Soixante-trois médailles d'or et d'argent de la
valeur de 5 à 50 dollars ont été distribuées aux
fabricans qui se sont le plus distingués.

On remarquait encore à l'exposition des échantillons de sucre d'érable qui est devenu très commun sur le marché de New-York. Plus de 3,000
barils ont été reçus par le grand canal, pendant
l'été de 1828, et se sont vendus à 5 $^{cts.}$ la livre
(26 1/4 c.); l'année précédente, environ 700 bar-
riques seulement avaient été apportées. On suppose que la fabrication de ce sucre augmentera et
qu'elle deviendra bientôt d'une grande importance.

Tous les jours, de nouvelles fabriques s'élèvent
aux Etats-Unis ; les anciennes s'agrandissent, et les
échanges entre les divers états de la confédération
commencent à devenir plus fréquens. Le prix de
fabrication est diminué de beaucoup par l'emploi
des machines fonctionnant à la vapeur ou mues par
des chutes d'eau, et les produits, en s'améliorant
dans leur qualité, deviennent de moins en moins
chers. Ce sont leurs bas prix, ceux des articles
en coton surtout, qui avaient permis et permettent
encore aux Américains du nord d'entrer en con-

currence avec les nations européennes sur les marchés de l'Amérique du sud.

Consommation du coton.—Il résulte d'un rapport fait par un comité de l'institut de New-York, que les Etats-Unis qui, en 1800, consommaient 500 balles de coton seulement, en ont consommé, en 1825, 90,000 balles, et en 1828 200,000. Cette dernière quantité, convertie en toile unie et écrue, à raison de 12 1/2 cents la yard, soit 65 centimes 5/8 les 915 millimètres, donnerait une somme de 30,000,000 de dollars, ou 157,500,000 francs.

ÉCONOMIE PUBLIQUE ET SERVICE DE LA MARINE.

Scie perfectionnée à l'usage des bâtimens qui font la pêche dans les mers polaires.

La société des arts, etc., de Londres, vient d'accorder une médaille à M. W. J. Hood, lieutenant de la marine royale, pour la scie nouvelle dont suit la description.

On sait que les bâtimens pêcheurs, dans les mers polaires, ont des scies pour couper la glace qui les emprisonne quelquefois ; or, le salut de l'équipage dépend souvent de la promptitude avec laquelle ils se dégagent.

Voir la figure, planches 134, 135, fig 1re.

La scie, dont on s'est servi jusqu'ici, a un contre-poids pendant sous la glace, et joue sur une poulie fixée à un triangle, posé verticalement, que des hommes font avancer à mesure que la scie marche en avant.

Cet appareil emploie ordinairement douze personnes des plus vigoureuses, et nécessite des efforts soutenus et extrêmement fatigans.

Le lieutenant Hood a donc rendu un éminent service aux pêcheurs, en imaginant un appareil qui n'exige que le service de deux ou trois hommes.

A A, petit traîneau posé sur la glace.

B C, levier avec son point d'appui.

Les lignes ponctuées indiquent un manche appliqué au bout du levier.

E, la monture à double branche, dans laquelle est fixée le haut de la scie F.

G, monture semblable, qui attache le poids D à l'autre bout.

Là scie joue librement, dans ces deux endroits, sur un boulon posé en travers.

I, barre de fer ayant deux griffes en bas, qui lui donnent prise dans la glace.

K, le point où cette barre joue, à l'aide d'un boulon, sur le levier, qu'elle enfourche par dessous.

L, second poids attaché en M à cette barre.

N, pièce dans laquelle joue le levier C C, et qui lui sert de guide.

Le bâti a une autre partie semblable qui n'est pas indiquée, et qui est à dix-huit pouces seulement de celle qu'offre la figure.

On voit que la barré à griffes I , ayant le même mouvement que le levier C , et la scie , avance le traîneau d'une manière constamment graduelle et en rapport uniforme avec le chemin que la scie fait en avant.

Cet appareil a encore l'avantage d'être dirigé dans telle direction requise par le besoin du moment, ce qui, dit-on, est un autre mérite très-grand.

(*Trad. angl.*)

ÉCONOMIE PUBLIQUE.

Machine hydraulique à peser.

La description de cet appareil suffit pour le faire comprendre. Voyez planche 134, 135, figure 2.

A, est un cylindre en étain vernis, partiellement rempli d'eau.

B, est un cylindre plus petit, flottant dans l'eau du cylindre A.

C, est une échelle graduée avec un tube en verre , fixée au cylindre A extérieur. A son extrémité inférieure, ce tube entre dans le cylindre pour que leurs eaux soient toujours de niveau.

E, est un plateau ou coupe pour soutenir les substances à peser, dont la pression fait descendre le cylindre interieur, et monter l'eau dans la même proportion, indiquant ainsi le poids sur

l'échelle graduée qui sera de niveau avec la surface de l'eau contenue dans le tube de verre, de
même que la température de l'atmosphère est
montrée par le mercure dans le tube d'un thermomètre : il semble, malgré sa simplicité, que
cette machine est d'une justesse extraordinaire.

(Trad. Angl.)

INDUSTRIE MANUFACTURIÈRE.

*Machines pour fabriquer la brique par mécanique,
et observations sur sa manipulation.*

Le correspondant qui publie cette petite description dit qu'il a vu la machine constamment en
opération chez un propriétaire de *Montréal*, dans
le Canada, et qu'elle n'est applicable que dans une
grande fabrication; ce qui ne nous semble pas exact.

La figure 3, pl. 134, 135 représente celle qui
est en usage au Canada.

A, B, une auge de bois d'une seule pièce, qui a
18 pieds de long (1).

D, E, deux petites solives entres lesquelles
tombe le coin *C*.

F, G, les moules vides où l'on met la matière
argilleuse.

Lorsque le bélier frappe le coin, il chasse D, E
contre la terre contenue en F et G, avec une force
donnée et calculée sur le degré de pression qui
est requis.

(1) Il me semble qu'elle ne pourrait être moins longue. (*N. du R.*)

La figure ne montre que la fabrication de deux briques; mais on voit que le nombre est indéterminé, et qu'on peut, en élargissant le coin et l'auge, ainsi qu'en multipliant les cases et les solives D, E, fabriquer, d'un seul coup de bélier, quelques douzaines de pièces.

Nous ajouterons que les tuiles creuses ou plates, que les carreaux de toutes formes, peuvent être fabriqués par le même moyen, ce qui ne se fait, point à Montréal, parce qu'ils n'y sont pas en usage.

Nous croyons aussi que plusieurs autres objets en terre pourraient être fabriqués de la sorte.

Voici nos observations.

Nous placerions F, G sur des rouleaux de frottement, pour les rendre plus facilement mobiles;

Nous appliquerions un levier pour relever le coin, et nous couvririons ses faces intérieures avec des plaques de fer très unies, toujours graissées.

Nous appliquerions aussi de petits rouleaux de frottement sur les côtés de F, G, ou le long des cloisons de séparation entre chaque ligne des moules.

Pour les ramener au point où les montre la figure après qu'ils auraient pressé la terre, nous établirions un petit jeu de poulies et de cordes assez puissant pour qu'un enfant puisse le faire mouvoir.

Comme l'adhérence de la terre est un grand inconvénient, pour l'éviter, nous formerions les moules en fer coûlé, d'une surface extrêmement unie; un enfant, le même qui serait employé à faire jouer F, G, pour les ramener au centre, et à relever le coin, les humecterait de temps en temps, soit avec un peu d'huile du plus bas prix, soit avec quelque dissolution savonneuse, ou de terre à foulon, de craie, etc., à l'aide d'un égouvillon, en brosse, de la même dimension que l'intérieur du moûle; par ce moyen l'opération serait extrêmement prompte.

Nous établirions le fond des moules à coulisses fixées sur une verge de fer latérale, soit par des charnières, soit fermes et immobiles sur la verge, au cas qu'on préférât d'attirer latéralement en dehors tous les fonds des moules, pour les vider à la fois.

Cette addition est importante, parce qu'elle remédie à l'adhérence de la terre. En effet, le carreau pressé, n'ayant plus de support, tomberait naturellement en dessous, ou au moins n'exigerait, pour se dégager du moule, qu'une très légère pression qu'on lui donnerait par le haut, en levant le couvercle des moûles.

Les briques seraient reçues en dessous sur une longue planche (saupoudrée de sable) mobile sur des rouleaux, et sur un *railway*, jusqu'à la place du séchoir.

Ainsi, dans chaque opération, la main d'œuvre serait, pour ainsi dire, bornée à la direction.

Pour hâter l'opération, nous disposerions la terre à presser sur une plate forme très unie, saupoudrée de sable fin, ayant des rebords précisément d'une hauteur proportionnée à l'épaisseur des carreaux à presser; et nous passerions sur la terre un pesant rouleau, qui la tasserait à l'épaisseur qu'elle devrait avoir.

Toujours pour abréger l'opération, et pour régulariser la forme des carreaux à presser, dans la proportion exigée par les moules, nous unirions une rangée d'emporte-pièces qui couperaient à la fois, dans toute la longueur de la plate-forme, ou dans sa largeur, autant de carreaux de terre que la machine en fabriquerait dans une seule opération, et la plate-forme serait assez voisine de la fabrique pour que celui qui l'approvisionnerait fît le service sans changer ses pieds de place.

Un bélier mobile sur un petit charriot pourrait servir à enfoncer l'emporte-pièces, et d'ailleurs on pourrait avoir plusieurs plates formes mobiles sur des rouleaux de petits *railways*.

Nous criblerions aussi de très petits trous le fond des plates formes, dans le cas où l'on jugerait convenable de faire un approvisionnement de carreaux de terre pour plusieurs jours, ce qui leur permettrait de s'égoutter un peu en dessous.

Nous croyons que, jusqu'à présent, il n'a pas été inventé un mécanisme plus simple, moins coûteux, d'une construction plus durable, opérant plus vite, sur une plus grande échelle, avec moins d'emploi de force et de bras humains, enfin avec moins d'inconvéniens ou d'imperfections, que la machine canadienne ainsi perfectionnée.

A ce titre elle a attiré notre attention, et nous croyons qu'avec les moyens supplémentaires que nous proposons, elle pourrait remplir les désirs de la société d'encouragement; car l'exposition théorique nous semble ici tellement évidente que la pratique ne peut rien lui ajouter.

Toutefois nous allons décrire aussi une autre machine proposée récemment par M. *Dixon Vallance* (au mois de novembre 1827).

Voir la figure 4, pl. 134, 135.

A, B, C, D, le bâti;

E, F, un pignon long et perpendiculaire, dont l'axe forme vis par le haut;

G, H, deux roues dans lesquels s'engrène le pignon, et qui font monter ou descendre alternativement les deux vis qui forment leurs axes, et jouent dans des écrous fixes.

La place n'en est pas indiquée, il est à croire qu'ils sont placés dans l'intérieur de la poutre K, L, qui opère la pression sur la terre placée dans les cases ou moules *m*, *n*, *o*, *p*, *q*, *r*, *s*, *t*, pratiquées dans l'auge T, U;

V, W, les bras ou leviers auxquels la force humaine est appliquée.

Nota. Avec la moindre réflexion on aperçoit les grands vices de cette machine;

1° La lenteur de ses opérations;

2° Le grand emploi de force qu'elle exige, même pour une fabrication bornée; car elle ne peut se faire sur un champ large et long;

3° Les grands frais de la construction, et ceux des réparations;

4° La pression du haut en bas, qui ne peut qu'augmenter l'inconvénient si grand de l'adhérence de la terre au fond du moule.

Cependant on ne peut nier qu'avec ses imperfections la conception ne soit ingénieuse, quoiqu'on reconnaisse qu'elle soit inadmissible, le but étant d'obtenir une fabrication prompte, qui exige un faible emploi de force et peu de frais.

Nous n'avons aucunement le dessein d'en proposer l'admission. Notre seule intention, en joignant cette description à la première, est de faire ressortir par l'une le mérite réel de l'autre, dans chacune de ses applications à l'œuvre; et de faire mieux apprécier la simplicité, le bon marché, la solidité de construction de la première.

Nous avons spécialement recherché, étudié toutes les inventions proposées et patentées, à grand prix, pour la fabrication de la brique, en Angleterre et dans les autres pays. La plupart montrent, dans les inventeurs, des conceptions ingénieuses; mais qui pêchent toutes par leur complication, par leur grand prix d'établissement et d'entretien, par l'emploi d'un grand pouvoir, par l'adhérence de la terre, etc.

Nous ne prétendons pas que la machine canadienne, que nous pourrions nommer la nôtre, en raison des perfectionnemens que nous y avons faits, soit parfaite; mais nous croyons que, telle que nous venons de la décrire, elle procure la plus grande partie des avantages requis par le programme de la société d'encouragement.

Mais ne pouvant aller en France concourir, il ne nous est pas possible de remplir la condition qui exige des échantillons et l'établissement d'une fabrique.

Au reste nous croyons que cette condition ne pourrait être remplie, au moins pour le moment, même par quelques Anglais; parce que nous sommes *assurés* qu'il n'existe aucune fabrication mécanique dans les îles britanniques, et que toutes patentes prises pour les diverses inventions, sont tombées d'elles-mêmes.

Comme nous nous sommes occupés pendant long-temps de la fabrication de la brique, nous croyons devoir ajouter quelques détails sur la manipulation de la glaise, et sur les matières qu'on y mêle (à tort, nous le croyons) dans une prodigieuse quantité.

Matières mélangées.

Les cendres de houille sont passées à travers un tamis métallique, à assez larges mailles; ensuite on en forme des couches intermédiaires entre celles de l'argile.

Les proportions en épaisseur (calculant celles des cendres avant qu'elles soient affaissées par la pesanteur de la terre), est environ comme 1 est à 3, et lorsque le tassement est opéré, comme 1 est à 7 ou 8.

On forme, sur un terrain sec, d'immenses accumulations de ce mélange; nous en avons tous les jours sous les yeux qui présentent des carrés de 15o pieds de côté, et de 6 à 8 pieds de hauteur, après que le tassement a eu lieu.

On forme ces tas à la fin de l'automne, et on les recoupe avec peu de soin au printemps.

On les transporte ensuite dans une fosse cir-

culaire, toujours pleine d'eau, au centre de laquelle
est établi l'arbre d'un manège à un ou deux chevaux, qui traînent deux ou quatre herses dont les
longs et nombreux couteaux rompent et divisent
la terre.

Cet atelier est toujours élevé de quelques pieds
au dessus des grands bassins carrés, profonds d'environ deux ou trois pieds, qui recoivent la crême
terreuse produite par l'agitation continuelle des
herses.

Pour qu'il ne se fasse ni dépôt, ni accumulations,
on établit des lignes de petites auges de bois léger
(un peu plus hautes que les rebords des bassins),
par le moyen desquelles les matières délayées sont
distribuées partout également.

A ce premier mélange on joint une certaine
quantité de craie, aussi broyée et délayée dans une
fosse circulaire, par un cheval attelé à un manége;
mais, au lieu de herses, il tourne deux grandes
roues, à larges périphéries, qui brisent la craie,
sur un fond de pierres ou de fer coulé (car on
l'emploie à toute choses en Angleterre).

L'agitation causée par ces roues entretient l'é-
coulement du trop plein, et un petit courant lai-
teux distribué, aussi par des auges, sur tous les
points des bassins, au même moment que la dé-
trempe du premier mélange se fait, afin que la
mixtion crayeuse soit égalisée.

Lorque le bassin est rempli et a filtré suffisamment ses eaux, pour qu'on puisse circuler sur sa
surface avec de longues et larges planches, on le

recouvre avec une couche de cendres fines de houille, d'environ trois pouces d'épaisseur.

On empêche ainsi la chaleur d'ouvrir des crevasses dans la masse inférieure, et on conserve à celle-ci une humidité suffisante qui la maintient à l'état de pâte pour le jour où on veut l'employer.

A ce moment elle est jetée dans un tonneau, au centre duquel est établi un axe de fer vertical, armé de couteaux formant leurs angles en bas, et qu'un cheval tourne sans cesse.

La terre qui sort par le bas du tonneau est immédiatement mise dans les moules et fabriquée.

ARTS CHIMIQUES.

Note relative à l'emploi de l'appareil servant à préparer, à l'hospice de la Charité, mille rations de dissolution gélatineuse par jour. Par M. D'Arcet, membre de l'Académie des sciences (1).

L'emploi continuel qui a été fait depuis plusieurs mois de l'appareil dont j'ai donné la description dans le tome 10, page 168, du *Recueil industriel*, m'a conduit à y ajouter un perfectionnement que je regarde comme très utile; je me hâte de publier une note à ce sujet, afin

(1) Cette note nous a été communiquée par l'auteur.

d'éviter aux personnes qui se servent de l'appareil dont il s'agit les difficultés que j'ai éprouvées en travaillant avec des cylindres de grande capacité.

J'avais dit que l'on pouvait faire varier la quantité d'eau condensée dans les cylindres en leur donnant beaucoup de surface relativement à leur cube, en en dépolissant et colorant en brun mat la surface, et, enfin, en les refroidissant convenablement par un moyen quelconque. Depuis lors, l'expérience m'a prouvé que c'était vers l'axe des cylindres qu'il fallait opérer la condensation de la vapeur; aussi ai-je appliqué de suite ce moyen à l'appareil qui est établi à l'hospice de la Charité; j'en ai obtenu tout le succès désirable : voici en quoi consiste ce perfectionnement.

J'amène de l'eau froide dans chaque cylindre, au-dessus des os et au centre de chaque panier : cette eau, qui provient d'un réservoir suffisamment élevé, arrive pour ainsi dire goutte à goutte et seulement en quantité suffisante pour produire avec l'eau condensée dans chaque cylindre exactement le nombre de rations de dissolution gélatineuse que doit fournir l'appareil.

Cette eau, arrivant à la surface des os qui se trouvent élevés à la température de 106 degrés centigrades, est promptement échauffée; elle se mélange à l'eau provenant de la condensation de la vapeur, traverse le cylindre dans le sens de son axe, lave successivement les os, et en dissout la gélatine à mesure qu'elle devient soluble.

Le tuyau qui amène l'eau froide dans chaque

cylindre est garni d'un robinet qui sert à arrêter l'eau à volonté et à en régler l'écoulement de manière à ce que, sous la pression qu'éprouve l'eau, et qui doit être maintenue constante, on puisse obtenir la quantité d'eau dont on a besoin dans chaque cylindre, et de telle sorte qu'on en ait toujours des quantités égales dans des temps égaux : un exemple va servir à éclaircir ce qui précède.

Les quatre cylindres de l'appareil de l'hospice de la Charité, ayant en tout quatre mètres carrés de surface, peuvent condenser par heure 6 litres d'eau : mais, pour préparer avec cet appareil 1000 rations de dissolution gélatineuse par jour, ce serait environ 21 litres de cette dissolution qu'il faudrait obtenir par heure ; c'est donc à peu près 15 litres d'eau froide qu'il faut introduire par heure à la surface des os dans le haut des cylindres. Les 5 litres 1/4 de dissolution gélatineuse qui sortiront alors par heure de chaque cylindre se composeront de

1 litre 50 de dissolution de gélatine formée par la vapeur condensée dans le cylindre.

3 litres 75 de dissolution gélatineuse formée par le moyen de l'eau froide injectée vers le haut du cylindre et dans le sens de son axe.

On concevra facilement la supériorité de ce moyen ; en effet, en condensant la vapeur au centre des cylindres, au lieu d'en opérer la condensation sur leurs parois, on peut faire usage de

21.

cylindres moins élevés, cubant plus, relativement
à leur surface, et par conséquent coûtant moins ;
on obtient des dissolutions gélatineuses plus con-
centrées ; on peut opérer, si l'on veut, à plus
haute température, sans courir risque de ne pas
dissoudre ou de décomposer la gélatine des os placés
vers l'axe des paniers ; on a de la dissolution gélatineuse qui est plus claire et qui est toute préparée pour remplacer l'eau dans la cuisson des
légumes ou pour la confection du bouillon ; on
épuise plus également tous les os contenus dans
l'appareil, et on peut enfin se servir de cylindres épais ou même de vases peu conducteurs et
condensant peu de vapeur d'eau, ce qui est très
favorable pour la préparation de la dissolution
gélatineuse concentrée et se prenant en gelée par
refroidissement (1).

La figure et la légende que je joins à cette note,
feront facilement comprendre la disposition et
l'usage du petit appareil qui y est indiqué.

Explication de la figure de la planche 236.

A, B, D, F, Coupe verticale d'un des quatre
cylindres de l'appareil.

_____

(1) M. Jourdan, administrateur de l'hospice de la Charité,
et qui y a contrebalancé avec beaucoup de persévérance et
de zèle l'influence des préventions et de la routine relativement à l'emploi de la gélatine comme substance alimentaire, a
fait construire pour le service de l'hôpital Saint-Louis, dont
l'administration lui est aussi confiée, un appareil de même
grandeur que celui de la Charité : il a employé pour compo-
ser ce nouvel appareil quatre tuyaux en fonte ayant servi à

G, H, I, K, Coupe verticale du panier rempli d'os placé dans le cylindre.

E, C, C, Tube conduisant la vapeur dans le bas du cylindre, comme cela a été indiqué dans mon Mémoire.

L, L, Tuyau servant à introduire l'eau froide dans l'intérieur du cylindre.

M, Robinet posé sur le tuyau L pour régler et arrêter à volonté l'écoulement de l'eau froide. Ce robinet est percé d'un trou de grandeur telle que sous la pression qui existe dans le cylindre il n'y laisse entrer que 3 litres 75 d'eau froide par heure.

N, Petit tube en étain entrant à frottement dans le tuyau L, comme on le voit en S. Ce tube sert à porter l'eau froide au centre du cylindre; il est bouché par le bout R, et n'est percé qu'en dessous d'un petit trou O.

Ce tube se met en place après avoir descendu le panier chargé d'os dans le cylindre, et avant d'y ajuster le couvercle.

---

la conduite des eaux : cet appareil fonctionne parfaitement et produit de la dissolution gélatineuse très pure. M. Jourdan a donné ainsi l'exemple du bien que l'on pourra faire, dans un moment de disette, en employant pour construire de grands appareils des matériaux qui se trouvent facilement dans toutes les grandes villes. L'appareil qu'il a fait construire pour l'hôpital Saint-Louis prouve en outre que la fonte convient très bien pour la construction des cylindres, ait important, puisqu'il indique la possibilité de se procurer ainsi des appareils n'exigeant pas de réparations et étant pour ainsi dire inusables.

ARTS MÉTALLURGIQUES (FABRIQUE D'ACIER).

Notice sur une découverte très importante ayant pour objet de constater qu'il existerait un silicate de fer.

Une découverte de la plus haute importance pour nos fabriques d'acier vient d'être faite par le respectable docteur Eynard de Lyon, vieillard qui à l'âge de plus de 80 ans conserve, non seulement encore toutes les facultés qu'il avait à 40 ans, mais qui s'occupe tous les jours avec activité et persévérance de tout ce qui peut être utile à l'avancement de l'industrie et des arts.

Son cabinet, ouvert au plus humble ouvrier comme au savant, est un vrai laboratoire où il donne avec le plus noble désintéressement des conseils toujours utiles aux industriels qui viennent les réclamer.

Il y a quelques mois que, d'après les expériences ingénieuses de Conté, il voulut affûter ou donner de nouveau du mordant à des limes en les laissant plongées durant quelques jours dans un mélange de cinq parties d'eau et un d'acide sulfurique. En retirant ces limes, il vit avec étonnement que le fond du vase, qui était de verre, contenait une substance d'un blanc grisâtre et comme glaireux. Il décanta l'eau, recueillit cette matière et la fit sécher. Il reconnut que c'était de la silice pure, douce et soyeuse au toucher comme l'amiante. Il en recueillit assez pour l'envoyer à M. D'Arcet, à Paris, afin d'appeler l'attention des savans sur cette découverte intéressante.

En effet, on a prétendu jusqu'à présent que la cémentation du fer pour le réduire en acier n'opérait ce changement qu'au moyen du carbone. On se rappelle que M. Clouet convertit du fer en acier au moyen du diamant, et que, d'un autre côté, il obtint aussi du très bel acier en le cémentant avec l'alumine et la silice pure.

En 1732, les frères *Perru*, de Neufchâtel en Suisse, vinrent s'établir à Lyon, où ils fabriquèrent des filières et des rouleaux ou cylindres d'acier, pour écacher l'or et l'argent. Ces cylindres, d'une dureté inattaquable à la lime et d'un poli extrême, étaient, dit-on, fondus avec de la silice. On n'a pu les imiter jusqu'à ce jour, et une paire de cylindres de cinq pouces de diamètre, faite par ces fondeurs, se vend encore 2,400. fr.

M. *Boucingo*, employé aux mines de Saint-Étienne, publia dans le seizième volume des *Annales de Chimie* quelques notices sur la silice unie à l'acier; il prétend que le fer n'en contient point; il ne parle ni de la tôle, ni de la fonte blanche, et ses recherches n'ont pas été poussées assez loin pour leur donner le degré d'intérêt qu'elles méritent.

Il y a quelques années qu'un fondeur auvergnat, nommé *Ranquet*, établi à Lyon, fondait des

marmites en fonte blanche d'une dureté extrême
avec les débris desquelles M. Culhot, artiste lyonnais, fort ingénieux, a fondu des cylindres d'une
dureté telle qu'il fut impossible de les dresser et
polir avec les instrumens tranchans : on ne put en
venir à bout que par le collier, l'émeri, la po-
tée, etc.; et il fallut près de deux mois pour y parvenir. Ce fondeur ne se servait point de charbon
pour sa fonte, dont il faisait un grand secret.

M. Eynard a trouvé de la silice dans la fonte en
grenaille et en morceaux ainsi que dans la tôle
cylindrée, mais non dans le fer forgé. Maintenant
il serait essentiel de savoir :

1° Si la cémentation ou conversion du fer en
acier est due au carbone ou plutôt à la silice que
celui-ci renferme ;

2° Ce qu'un poids d'acier donné contient de silice;

3° Si, en cémentant le fer sans charbon, mais
avec la silice pure, on obtiendrait de l'acier;

4° Si, en enlevant au contraire à l'acier la silice,
et en le fondant de nouveau, on obtiendrait un
acier plus pur, ou, au contraire, si cet acier rede-
viendrait fer ;

5° Dans quelles proportions il faudrait mêler la
silice au fer pour en obtenir un acier parfait et
très dur ;

6° Si la fonte ordinaire douce deviendrait blanche et dure par l'addition d'une quantité donnée
de silice.

Ces diverses expériences, faites avec soin par des

fondeurs expérimentés en docimasie, pourraient conduire à des résultats très importans pour nos fabriques d'acier : nous les avons donc indiquées ici désirant vivement qu'on s'en occupe.

MACHINES A FEU ET AUTRES.

Nouveau mode d'obtenir un mouvement continu de rotation par l'action immédiate d'un mouvement rectiligne de va-et-vient, et, réciproquement, d'obtenir un mouvement rectiligne de va-et-vient par l'action immédiate d'un mouvement continu-circulaire; moyen, en outre, de rendre les pompes ordinaires et les machines à feu actuelles à double effet et à un seul corps de pompe propres aux travaux d'épuisemens sans qu'il y ait de perte force ni de temps (ı).

L'action de ce mécanisme est universelle ; sa combinaison est des plus simples : le pouvoir moteur y agit sans cesse verticalement, d'un même côté du centre d'action, à l'extrémité d'un des

---

(ı) Nous nous empressons de faire connaître à nos lecteurs ce nouveau mécanisme. On peut, pour acheter le droit de l'appliquer, s'adresser au directeur du Recueil Industriel, rue Godot-de-Mauroy, n. 2, à Paris, chargé des intérêts de l'inventeur.   (*Note du Rédacteur.*)

rayons horizontaux de l'arbre ou tambour qu'il s'agit de faire tourner sur son axe.

Appliqué aux machines à feu il remplace avec des avantages notables la manivelle coudée ainsi que les roues solaire et planétaire de Watt.

N'employant pas de balancier, pièce inhérente à celles-là, il épargne le pouvoir perdu en frottement de ce dernier et de ses dépendances ; il épargne aussi le pouvoir que l'on perd par l'obliquité de la direction en laquelle la force est transmise par l'intermédiaire de la bielle du balancier.

Ajouté en partie aux machines à feu actuelles à double effet et à un seul corps de pompe, il rend celles-ci propres aux travaux d'épuisemens sans qu'il y ait de force ni de temps perdus ; il leur donne ainsi l'avantage sur celles atmosphériques, dites de New-Comen, d'épuiser une quantité double d'eau en un même temps donné. Il est vrai que leur dépense en combustible est double aussi ; mais en définitive il reste à leur avantage l'épargne précieuse de la moitié du temps nécessaire aux autres pour exécuter un pareil ouvrage ; et les épargnes du capital, de l'emplacement et de l'entretien d'une machine sur deux, dans le cas où le temps prescrit pour exécuter un ouvrage donné exige l'emploi de plusieurs machines atmosphériques.

Par suite nécessaire, l'application de ce mécanisme aux pompes ordinaires à deux corps de pareilles dimensions, manœuvrées à bras ou autre-

ment, leur fait fournir un jet continu sans requérir guère plus de puissance que celle qui serait
nécessaire pour manœuvrer un seul desdits corps
de pompe, lequel ne fournirait qu'un jet inter-
mittent et d'un produit de moitié moindre en un
même temps donné (cet en plus est égal à la
force nécessaire pour vaincre le frottement d'un
piston contre les parois de son corps de pompe).

Enfin, comme par ce mécanisme la puissance
agit toujours verticalement à l'extrémité d'un des
rayons horizontaux de l'arbre ou tambour qu'il
s'agit de faire tourner, l'effet produit en est par
cette raison le plus grand possible ; et, dans les
machines à feu, le mouvement résultant de cet effet sera régulier ou à peu près, si celui du piston
moteur est lui-même rendu régulier, ou à peu
près, par l'emploi de la détente de la vapeur sans
pour cela qu'il soit nécessaire de faire usage de
volant : par conséquent son application auxdites
machines employées à faire marcher les navires
réduits à un seul au lieu de deux, les cylindres
et dépendances que l'on est actuellement obligé
d'avoir lorsqu'on renonce, comme c'est ordinairement le cas, à l'emploi d'un volant pour obtenir
un mouvement qui n'est non plus qu'à peu près
régulier. D'où résultent à la fois des épargnes importantes d'argent, de frottement et d'espace, et
un effet utile plus considérable que celui que l'on
obtient par les moyens connus jusqu'ici.

Le matériel que l'on épargne par l'application
du mécanisme dont il s'agit aux machines des ba-

teaux à vapeur employant deux cylindres, consiste en :

Un cylindre,
Six bielles,
Quatre balanciers,
Quatre mouvemens-parallèles,
Deux manivelles coudées,
Plus les deux cadres ou châssis qui surmontent
les pistons moteurs.

Ce qu'il y introduit consiste seulement en trois
roues, de deux pieds de diamètre chacune si la
course du piston moteur est de trois pieds, dont
deux sont fixées invariablement sur l'arbre qu'il
s'agit de faire tourner, et l'autre est mobile autour d'un axe qui lui est propre, et en une crémaillère formant le prolongement rigide de la tige
du piston moteur.

Ce nouveau mécanisme procure donc évidemment une diminution notable en poids, main-
d'œuvre et espace (il n'a besoin que de trois mètres carrés, cylindre à vapeur et pompe à air
inclus, lorsque le système à balancier en exige
vingt).

Quant à ses frottemens ils se réduisent (abstraction faite de ceux des pièces communes aux deux
systèmes) :

1° Au frottement de la roue désignée plus haut
pour être mobile sur un axe invariable qui lui est
propre;

2° Au frottement qu'éprouve un double et simultané engrenage qui a constamment deux points de contact, c'est-à-dire, au frottement de deux dents de crémaillère qui sont sans cesse et successivement en prise avec deux dents, aussi successives, des roues dont il vient d'être question (celles que nous avons dit faire corps avec l'arbre que l'on veut faire tourner);

Et 3° à celui de deux gallets servant de guide à la crémaillère.

Or, abstraction faite aussi des frottemens communs aux deux systèmes, il reste contre le système à balanciers,

Savoir :

1° Le frottement d'un piston contre les parois de son cylindre; (le cylindre unique que nous employons doit, à la vérité, être d'un plus grand diamètre pour avoir autant de puissance que les deux réunis du système à balancier, mais on sait que ce n'est pas dans la proportion du simple au double) :

2° Celui de quatre balanciers;

3° Celui de deux manivelles;

4° Celui de six bielles;

5° Celui de quatre mouvemens parallèles.

Ainsi, la comparaison des deux systèmes, faite sous le rapport des frottemens, est de même de beaucoup en faveur de celui que nous proposons.

Nota. Un modèle fonctionnant, dont les roues ont sept pouces de diamètre, existe et rend évident tout ce qui vient d'être dit.

———o———

ÉCONOMIE PUBLIQUE.

Précis du compte rendu des délibérations de la commission d'enquête en tout ce qui regarde l'industrie des fers.

Le droit imposé à l'entrée des fers étrangers excitant de la part des consommateurs, et étant réputé contraire à l'écoulement des vins indigènes, le gouvernement a cru devoir s'occuper des moyens de connaître si et jusqu'à quel point ces plaintes étaient fondées. A cet effet, une commission s'est formée avec l'approbation du roi, sous la présidence du ministre du commerce et des manufactures. Elle était composée de sept pairs de France, de sept députés de la chambre élective et d'un conseiller d'état. On y avait appelé le directeur des colonies au ministère de la marine, celui des affaires commerciales au ministère des relations extérieures et un administrateur des douanes. L'enquête a eu lieu du 20 novembre au 23 décembre 1828; MM. Cordier et Héron de Villefosse, ingénieurs des mines, étaient chargés de faciliter au besoin l'intelligence des demandes et des réponses. Vingt-sept personnes ont été entendues, savoir : quatorze maîtres de forges ou propriétaires de mines de fer et de houille; deux délégués du commerce, l'un de Bordeaux et l'autre de Nantes; deux marchands de fer en gros; deux fabricans de machines ; un fondeur ; un fabricant de limes ; un propriétaire de vignes dans la Gironde ; un agriculteur ; un entrepreneur de chemins de fer ; un entrepreneur de serrurerie en bâtimens ; enfin un inspecteur divisionnaire des mines.

Les détails de cette enquête, les questions importantes, les discussions approfondies et les délibérations auxquelles elle a donné lieu forment l'objet du rapport intéressant qu'on se propose d'*analyser*, le cadre de ce recueil ne pouvant se prêter à une insertion complète et entière de ce précieux document.

Peu de personnes ont pu se le procurer parce qu'il a été tiré à un petit nombre d'exemplaires ; et nous avons cru utile, pour satisfaire plusieurs intérêts, de reproduire dans ce journal l'ensemble de ce rapport, et de fixer l'attention de nos lecteurs sur les parties les plus saillantes. Espérons que le gouvernement donnera suite à cette enquête, et qu'après avoir fait ce premier pas dans une route difficile il ne voudra pas perdre le fruit des travaux pénibles qu'exige toujours la recherche de la vérité.

———

Le ministre du commerce, dit M. le baron Pasquier, rapporteur, en exposant la nécessité de fixer avant tout les principes sur lesquels devait être basée la solution des questions graves et spéciales qui allaient être soumises à l'examen de la commission, n'a point prétendu engager un débat sur toutes les théories et les doctrines des écrivains en matière d'écono-

mie politique : en admettant qu'ils aient répandu
de sages idées, dont la pratique, avec le temps, a
fait son profit, il semble préférable de consulter
les faits particuliers à chaque pays et qui leur sont
applicables indépendamment de toute théorie.
Ainsi, dans l'Europe civilisée et régie par des lois
commerciales, le consommateur n'a pas droit de
demander pourquoi on prétend le taxer au profit
de l'industrie de son voisin, et le producteur,
pourquoi l'on gêne ses débouchés quand il est en
opposition avec l'intérêt général. Dans cet état de
choses, admettre le système absolu des prohibitions, ce serait isoler chaque peuple, anéantir tout
commerce ; admettre celui d'une liberté indéfinie
ce serait détruire une foule d'industries commen-
cées à grands frais et qui ne peuvent se soutenir
qu'avec l'aide d'une protection. Mais ce secours
ne doit pas être accordé légèrement, et il faut examiner avec soin jusqu'où il doit être porté. Culti-
vons et encourageons tout ce que le sol et le climat accordent et permettent ; protégeons plus ou
moins tout ce qui peut être nationalisé sans obstacle sérieux et profiter à la fortune publique et
privée, pourvu que cette protection ait un terme ;
mais gardons-nous de favoriser les établissemens
qui ne se soutiennent que par de grands efforts,
avec l'aide d'un monopole éternel et profitable à
quelques-uns seulement, et sans brusquer leur
chute, qui porte toujours des coups sensibles à la
prospérité publique, procédons par degrés et avec
une prudente lenteur. Si donc une industrie

vraiment utile et quelquefois nécessaire ne peut, dans son début et même sur ses foyers, soutenir la concurrence par défaut de moyens et d'expérience que le temps a procurés à sa rivale, il faut la protéger et même fortement ; autrement ce serait laisser un enfant aux prises avec un homme dans toute sa force. Mais cette protection, alors indispensable, doit cesser aussitôt qu'elle ne sera plus utile ; ce que l'on connaîtra par l'étude des faits, qui doit passer avant tout dans le régime commercial et industriel d'un pays. Il est donc certain qu'il y a des prohibitions et des surtaxes qui, malgré des inconvéniens réels, peuvent être établies avec utilité. Il est hors de doute que l'état actuel de l'industrie française ne permet pas de lui retirer la protection sous laquelle elle a vécu, grandi et prospéré jusqu'à ce jour, et sans laquelle elle ne pourrrait atteindre le développement dont elle est susceptible, ni même prévenir de grandes pertes. Mais tout le monde est d'avis qu'il faut étudier la mesure de la protection actuelle et la restreindre d'autant qu'elle pèse sur les consommateurs sans une compensation équivalente. Cette question se rattache encore aux faits à examiner. D'une part on sent la nécessité de protéger efficacement le travail du pays, et de l'autre, l'obligation de fixer judicieusement les limites de la protection nécessaire eu égard aux dommages que peuvent en éprouver les consommateurs et même d'autres industries. Tel a été le résultat de la première séance de la commission qui a cru devoir

s'occuper d'abord des questions relatives à l'industrie des fers.

Ces questions, touchant aux plus hauts intérêts,
réclament une solution qu'on ne peut refuser aux
doléances trop généralement élevées pour qu'on
n'y ait pas égard. D'une part la fabrication du fer,
telle qu'elle existe aujourd'hui et avec l'extension
dont elle paraît susceptible, les capitaux qui s'y
sont portés et qui doivent naturellement s'y porter encore, influent beaucoup sur la valeur des bois,
qui forment une branche si importante du revenu
public, de celui des communes et d'un grand
nombre de particuliers ; dans beaucoup de localités elle déterminera la valeur des mines de houille,
qui peuvent devenir une des principales sources
de la richesse nationale ; enfin elle emploie un
nombre considérable de bras dans des contrées où
la population a le plus grand besoin de ce travail.
Mais, d'autre part, la protection accordée à cette
industrie a porté et maintenu en France le prix
du fer à un prix très élevé, comparativement à
celui des étrangers et notamment à celui de l'Angleterre, qui le fabrique à bien meilleur compte ;
or, le fer, qui est pour l'agriculture un besoin et
une dépense importante, qui est indispensable
pour la construction des navires et la solidité des
maisons; dont tous les arts réclament le bon marché et la qualité supérieure, est-il fourni en qualité, en quantité suffisante et à un prix convenable; la quotité et surtout la qualité de nos fontes
suffisent-elles à la consommation qui en multiplie

les usages ; est-il vrai que le droit imposé aux fers étrangers ôte à leurs producteurs tous moyens d'échange pour acheter nos vins, et qu'ainsi nos pays vignobles sont privés d'une ressource qui tient essentiellement à la fortune publique ? La commission avait à explorer toutes les situations et à rechercher les remèdes aux dommages qui seraient dûment constatés.

Elle a trouvé des documens précieux près de l'administration ; mais pour fixer l'opinion à des parties intéressées, sur ces renseignemens, il fallait qu'ils subissent l'épreuve du contrôle, qui ne pouvait s'obtenir que par une enquête, en présence des intérêts qu'il fallait interroger, afin que les réponses sur des questions aussi importantes se rectifiassent, fissent jaillir la vérité dans les débats et amenassent par degrés à la conviction.

Le ministre expose dans la deuxième séance les motifs pour lesquels avaient été établis les droits à l'entrée des fers étrangers et les principales questions que le commerce élevait sur la convenance ou les inconvéniens de ces droits. La commission avait sous les yeux divers tableaux présentant : 1° la production en France des fontes, des fers et des houilles ; 2° l'importation des fers et des fontes en France avant et depuis 1822, avec distinction de provenance ; 3° les droits imposés sur les fers tant en Angleterre que dans les États-Unis, et l'importation de nos fers dans ces deux contrées. D'autres tableaux indiquaient les droits imposés sur les vins et les eaux-de-vie en Angle-

22.

terre, en Suède, en Russie et aux États-Unis, et l'exportation des vins et eaux-de-vie de France dans ces diverses contrées avant et depuis 1787. Cet important travail donna lieu à une série de questions dont la solution était nécessaire et qui ne pouvaient être approfondies que par la voie de l'enquête. Elles furent soigneusement recueillies et placées dans un cadre plus serré qui fut soumis à l'investigation la plus sérieuse. Le prix coûtant ou le revient du fer dans les forges françaises était un des points importans à constater pour établir entre ce prix et celui des fers étrangers une comparaison au moyen de laquelle on pût élever, ou maintenir ou diminuer le tarif des uns et des autres et rendre efficace la protection accordée aux fers de France. On trouvait bien le prix moyen de ceux-ci, en considérant à part et séparément les fabrications au bois et à la houille; mais en confondant ces deux produits, on ne pouvait guère en fixer la valeur moyenne qu'au détriment de la fabrication au bois, et alors on se demandait pourquoi celle-ci était si coûteuse depuis la révolution et d'où provenait la grande augmentation survenue récémment dans la valeur du bois; devait-on l'attribuer à des causes naturelles ou à la taxe sur les fers étrangers? fait important à vérifier.

Si l'on considère les effets de la taxe sous le rapport du commerce d'échange, de celui des vins, par exemple, on verra que pour obtenir un résultat de quelque importance et attirer une forte importation dont on pût espérer la solde avec une grande quantité de vins, il faudrait non seulement abaisser le droit sur les fers étrangers, mais de plus les laisser vendre sur nos marchés à un prix que ne pourraient supporter les nôtres. Mais alors on ne serait plus dans le système de la protection sans laquelle la fabrication de nos fers ne peut se soutenir. Ici l'enquête devenait le seul moyen de tout apprécier à sa juste valeur; elle était demandée, et chacun exprimait le désir d'être entendu. Il fallait se borner aux témoignages les plus utiles pour éviter le grave inconvénient des débats sans intérêt et sans fin. Il parut convenable et juste d'appeler, dans l'intérêt de la production, les maîtres de forges et les propriétaires de forêts et de houillères. Dans le rang des consommateurs on plaça les marchands de fer, les agriculteurs, les armateurs, sous le rapport de la construction des navires et des échanges de produits avec l'étranger; les constructeurs de maisons, les fabricans de machines, employant le fer et la fonte; les délégués des chambres de commerce, pour connaître les vœux et les vues de celles-ci sur les objets à traiter. On convint de faire un choix d'individus tirés de ces différentes catégories, désignés par le ministre et agréés par les membres de la commission.

Dans la troisième séance, les membres chargés de recueillir les questions à traiter, donnèrent connaissance de leur travail. On y voyait dans quel esprit ces questions, au nombre de vingt-sept, avaient été choisies et classées; on y trouvait un exposé succinct de l'état ancien et présent de l'industrie du fer en France ; une comparaison, à différentes époques, de ses produits avec ceux des pays étrangers ; enfin un aperçu de ses différens points de contact avec les autres industries considérées soit comme consommant du fer, soit comme intéressées aux échanges de leurs produits avec l'étranger qui vend du fer.

Cet exposé fit connaître qu'avant la révolution et tant que le fer ne s'était fabriqué en Europe qu'avec le bois, la France non seulement avait suffi à sa propre consommation mais même à celle d'une grande partie des états qui l'environnent, si l'on excepte quelques qualités particulières tirées de la Suède. A cette époque, l'Angleterre fabriquait peu et à un taux plus élevé que la France. C'est qu'alors la plupart de nos forges, créées par le besoin de donner quelque valeur à la propriété forestière, s'approvisionnaient à bon compte au moyen des affouages ; mais la révolution leur ôta cette facilité, et la guerre qu'elle suscita augmenta tellement le besoin du fer, qu'à défaut de commerce extérieur, les ressources du dedans ne suffirent qu'aux dépens du bon marché des produits. Il résulta nécessairement de cette impulsion extraordinaire une augmentation considérable dans le prix des salaires et du bois. A l'époque de la restauration, les forges reprirent une marche plus régulière, mais la cherté du bois s'est maintenue par l'activité et l'accroissement de l'industrie, et encore par le luxe de l'habitation sous le rapport du chauffage : mais un danger plus imminent menaçait l'existence de nos forges.

L'Angleterre, qui depuis long-temps ne communiquait plus avec nous, avait poursuivi très activement ses conquêtes industrielles, et la plus importante de toutes était peut-être d'avoir découvert dans la houille un moyen propre à la fusion du fer. Ses houillères inépuisables, entremêlées de couches de minerai assez riche et d'une facile extraction, le bon marché de ses transports et l'immensité des capitaux dont elle dispose, lui avaient donné les moyens de produire le fer à si bas prix qu'il n'était plus possible d'entrer en concurrence avec elle. Ce haut degré de prospérité industrielle, ignoré de la France pendant son isolement des pays situés hors du continent, se révéla dans les premiers momens de la restauration. Depuis cette époque, l'Angleterre a tellement augmenté ses produits qu'il a fallu protéger les nôtres pour ne point livrer le marché de la France au monopole anglais. En 1814 on trouva, d'après les prix alors existans, qu'un droit de 15 fr. par 100 kilogrammes de fer en grosses barres suffisait pour établir l'équilibre dans la valeur des produits. Mais l'extension prodigieuse de la fabrication ayant amené une pertubation nouvelle, le gouvernement eut égard aux cris de détresse que firent entendre nos maîtres de forges et consentit, en 1822, à élever le droit de 15 à 25 fr. par 100 kilogrammes de fer marchand en grosses barres fabriqué à la houille et au laminoire. Cette surtaxe, en améliorant le

sort de nos fabricans, a forcé les consommateurs
à payer le fer bien au-dessus du prix qu'ils pourraient obtenir de l'étranger; ils demandent quel
sera le terme des avantages accordés aux maîtres
de forges, et si les hauts fourneaux qui doivent
opérer à la houille n'ont pas encore acquis les résultats qu'on pouvait en attendre, de façon que,
pour le présent comme pour l'avenir, l'écoulement des autres produits ne soit plus arrêté par
la faculté qui leur a été retirée de l'échanger contre le fer étranger. En tête de ces produits il faut
placer ceux des vignes, et, pour établir une juste
balance entre les réclamations et les intérêts opposés, il est nécessaire de remonter au passé et
d'examiner quel a été avant et après la taxe sur les
fers étrangers l'état de nos échanges avec les pays
producteurs de ce métal, et dans quelle proportion nos fruits de vignes sont entrés dans ces
échanges. Il sera même nécessaire d'examiner si
et jusqu'à quel point le droit sur les fers étrangers
a nui à l'exportation des vins français, ce qui ne
peut se faire qu'en comparant les époques auxquelles les restrictions ont été établies de part et
d'autre. Cette diversité d'intérêts dans les produits
de notre sol ayant modifié le texte des premières
questions soumises à la commission, on peut en
réduire l'objet de la manière suivante :

1° Somme de la production du fer et de la
fonte en leurs diverses espèces ;

2° Suffisance ou insuffisance pour les besoins
de la consommation ;

3° Prix des différentes sortes de fabrications considérées dans leurs élémens et comparées aux prix des produits étrangers, soit en fabrique, soit rendus en France ;

4° Effets du prix sur l'agriculture et les objets de consommation ; effets de la répulsion des fers sur les échanges et notamment sur les vins, et effets probables, si cette répulsion venait à cesser ;

5° Somme des capitaux engagés dans l'industrie des fers ; somme des salaires qu'elle crée ;

6° De quel développement cette industrie est-elle susceptible, particulièrement en ce qui concerne le travail à la houille ?

7° Quelles ont été et quelles sont les quantités de vins fournies par la France aux pays qui nous livraient du fer ? Quels rapports se sont trouvés entre les variations de nos tarifs et les différences de ces quantités exportées ? Y a-t-il indice que nos produits ont été écartés par les étrangers, à titre de représailles, à cause de la répulsion de leurs fers ?

En raisonnant dans l'intérêt des consommateurs et l'hypothèse d'une forte réduction de la taxe sur les fers, on trouvait pour dernières conséquences l'extinction des usines françaises et un grand préjudice au revenu des combustibles. Il fut répondu que de tels résultats, sous un régime vraiment protecteur, n'étaient point admissibles ; qu'il ne s'agissait pas de refuser à l'industrie du fer une protection dont elle peut se passer, mais bien de la réduire à une juste mesure qui préservât le

consommateur des bénéfices exagérés, et le producteur, d'une concurrence qui le repoussât du
marché françdais.

Quant au dommage que causerait au revenu des
bois et de la houille la chute des usines, il fut
observé qu'en s'éloignant de cette hypothèse, il
ne faudrait pas traiter de pur dommage la diminution de ce revenu, car ce que les propriétaires
de combustibles recevraient en moins serait un
soulagement pour le consommateur, et dans ce
changement l'état ne serait peut-être pas en perte;
que, d'un autre côté, la France manque de capitaux, et qu'un grand pays essentiellement agricole
ne peut s'eh procurer que par des économies provenant d'un bon produit des propriétés territo-
riales, qui, trop atténué, porterait coup à tous les
genres de travail; qu'au reste, ces considérations,
appartenant au système d'économie politique, où
tout se lie et doit être combiné avec une grande
circonscription, n'ont qu'un rapport indirect au
but qu'on s'était proposé en établissant la taxe sur
les fers étrangers; que dans certaines localités,
peut être, elle avait été plus profitable aux propriétaires de bois qu'aux fabricans, et que l'enquête
servirait à faire connaître exactement leurs situations respectives.

Un membre de la commission, prétendant que
le sort des mines tenait au développement de la
fabrication du fer à la houille, observa qu'il était
indispensable de savoir ce qu'on peut espérer de
diminution dans les frais de transports, par l'éta-

blissement des canaux et des chemins de fer : il cita le département de l'Aveyron, un des plus riches en mines de houille, et qui manque de moyens de transport. Il fut répondu que cette question faisait partie de celles relatives aux élémens de la valeur dont le fer se compose. Enfin on demanda que parmi les faits recherchés dans les documens administratifs on comprît celui de la quantité de fer et de fonte consommés en France. A cet égard, les quotités dont l'entrée est constatée par la douane, plus celles produites par les usines françaises, suivant le rapport de la direction des mines, donnent au moins une approximation suffisante.

Ici se sont terminés les travaux préparatoires de l'enquête, et le public espérait que la commission, pour répondre à de justes impatiences, ferait connaître jour par jour les questions sur lesquelles devait rouler l'interrogatoire : déjà se formaient des réunions pour discuter les questions qu'on savait ou qu'on supposait devoir se traiter, et quelques membres de la commission ne voyaient aucun inconvénient à en devancer la publicité; mais ensuite on considéra que les questions sur les fers, en tant qu'elles auraient pour objet de rechercher les prix courans, leur comparaison avec ceux des fers étrangers et l'effet du droit sur les consommateurs et dans les échanges, n'offriraient rien de complet et d'intéressant et pourraient même inquiéter l'industrie et le commerce, dans le cas où elles seraient mal entendues. On crut devoir s'en tenir à l'exemple de l'Angleterre, où les comités d'enquête, après avoir appelé et entendu les témoins jugés capables de donner de justes informations et de se contrôler l'un par l'autre, font imprimer un rapport auquel sont joints les interrogatoires comme pièces d'appui : la commission décida qu'elle procéderait d'une manière analogue. Pour remplir ses vues, M. le rapporteur, sans s'assujettir au plan d'une analyse régulière, déclare qu'il n'a rien omis de ce qu'il était essentiel de recueillir, et qu'il s'est appliqué à grouper les faits les plus importans sous les titres qui suivent.

CHAPITRE Ier.

Production en France de la fonte et du fer; proportions diverses de ces produits; montant de l'importation.

La production annuelle du fer forgé est d'un million quatre cent ou cinq cent mille quintaux métriques, y compris le produit des forges à la catalane, qui convertissent le minerai immédiatement en fer.

La France produit annuellement deux millions, deux ou trois mille quintaux métriques de fonte, en y comprenant de deux cent cinquante à trois cent mille quintaux métriques de fonte douce, propre au moulage.

Le fer forgé se divise en trois classes : le fer fabriqué à la houille, celui fabriqué au bois, qui lui est peu supérieur et de qualité dite marchande, et le fer fin fabriqué au bois.

La fabrication à la houille fournit le tiers de la production totale; le fer fabriqué au bois, de qualité marchande, entre pour moitié dans la quantité totale de la production, et le fer fin pour un sixième. Il faut ajouter au produit total de 1828 une importation de 80,760,140 kilogrammes de fonte brute et de 5,794,942 kilogrammes de fer en barres, en faisant observer que la consommation étant inférieure à la production, l'importation n'est motivée que par le besoin de certaines qualités de fonte et de fer; que les fontes importées pour les fonderies et le moulage proviennent d'Angleterre, et que les fers viennent de la Suède.

Il existe en France 14 hauts fourneaux travaillant au coke; 12 autres fourneaux de même sorte sont en construction et l'on en projette un plus grand nombre.

CHAPITRE IIe.

Prix de fabrication ou de revient; élémens principaux de ces prix; variations des prix courans; baisse probable de ces prix.

Le prix de revient pour 100 kilog. de fonte au coke, est, dans le bassin de Saint-Étienne, de 18 fr. 80 c.; au Creusot, de 11 fr. 50 c.

Celui du fer provenant de la fonte au bois et forgé avec le charbon de terre est, à Fourchambault, de 46 fr. 50 c.

Celui du fer provenant de la fonte au bois et forgé au charbon de bois est,

en Champagne, de. . . . 44 fr. 50 c. à 46 fr. 10 c.
en Franche-Comté , de 47   80   à 57   20
en Normandie , de. . . . 54   »   à 58   70
et en Bretagne , de. . . . 50   90   à 52   30

L'intérêt des capitaux entre dans ces prix à rai-son de 5 o/o ; il faut engager un capital de 1,250 fr. pour produire 1,000 kilog. de fer au bois , et ce-lui de 800 fr. pour même quantité de fer au coke et à la houille.

La valeur totale du bois employé chaque année dans les forges est de 30 millions, ce qui est le quart du revenu des forêts.

Le stère de bois coûte, dans le Berri , 2 fr. 80 c. ; dans la Champagne, 4 fr. 50 c. ; en Franche-Comté, 5 fr. ; en Normandie , 4 fr. 45 c. ; en Bretagne , 2 fr. 25 c.

En 1821 il coûtait 1 fr. 55 dans le Nivernais et le Berri ; 3 fr. 10 c. dans la Champagne ; 2 fr. 95 c. dans la Franche-Comté ; 3 fr. 60 c. en Normandie et 2 fr. 5 c. en Bretagne.

Le prix moyen de la houille est de 46 c. à Saint-Étienne et de 40 c. 1/3 au Creusot ; rendue à Four-chambault, elle revient à 2 fr. 15 c.

Celui du fer au bois est de 49 fr. 12 et celui du fer à la houille est de 38 fr. 50 c. ; celui du fer tant à la houille qu'au bois , qualité marchande , est de 43 fr. 18 c.

Partout où le minerai de fer et la houille sont éloignés l'un de l'autre, le prix du transport aug-mente le revient de 10 à 13 fr. p. o/o.

Depuis la taxe de 1822, les 100 kilog. de fer dit

marchand, qui étaient alors de 43 à 44 fr., ont été portés, en 1825, de 54 à 55 fr., à cause des nombreuses constructions dans la capitale et les provinces, et, pendant ce laps de temps, la tonne de fer anglais, qui coûtait, en 1822, 175 fr., s'est élevée à 400 fr.; mais, depuis la fin de 1826, la consommation n'absorbant plus les produits il y a eu encombrement et une baisse d'au moins 20 p. o/o, en sorte qu'aujourd'hui les 100 kilog. de fer marchand ne valent plus que 44 à 45 fr. Le même effet s'est fait sentir en Angleterre, où le prix de la tonne n'est plus que de 7 à 6 livres sterling, c'est-à-dire de 175 à 162 fr. 25 c.

Le cours des fontes a éprouvé des variations analogues, et cette baisse, jointe à la cherté du bois, a nécessité dans la fabrication une économie de charbon qu'on évalue du douzième au seizième.

Dans les usines où la houille peut arriver à un prix modéré, on obtient une économie de 25 à 60 fr. par 1,000 kilog. Dans plusieurs usines où l'on fabrique la fonte au charbon de bois, le fer se forge à la houille par les procédés anglais et à bon prix.

Les deux marchands de fer de Paris qui ont été entendus pensent que la baisse doit se soutenir et même augmenter vu l'extension que prend et doit prendre la fabrication de la fonte et du fer au coke et à la houille. Selon eux, la production du fer s'est accrue d'un cinquième depuis deux ans et tend à dépasser notablement les besoins de la consommation; ce renseignement est conforme à ceux qu'à donnés la direction des mines. L'entrepreneur du chemin de fer espère que, dans un temps peu éloigné, les usines de France, du moins celles de Saint-Étienne et du Creusot, pourront livrer le fer en barres de 34 à 35 fr. les 100 kilog. L'administrateur des forges du Creusot déclare qu'aujourd'hui il peut produire à 32 fr. et plus tard à 28 fr. le fer provenant de la fonte du Creusot, et à 39 fr. celui provenant des fontes tirées de la Nièvre, de la Bourgogne et de la Champagne, qui entrent pour moitié dans ce dernier produit.

(La suite aux numéros prochains.)

3. TÉLÉGRAPHE.

ANALYSE DES SÉANCES DES SOCIÉTÉS SAVANTES.

═ INSTITUT. — *Académie des Sciences.* — (Mai 1829.) — L'Académie reçoit le *Recueil industriel* (mars 1829) par M. DE MOLÉON.—M. MAUGER envoie la recette d'un *parement propre à maintenir l'humidité des fils dans la fabrication des toiles.*— M. HEURTELOUP adresse une *canule de gomme élastique, qu'il nomme Urétro-hypogastrique*, destinée à empêcher les urines de s'infiltrer après l'opération de la taille par le haut appareil. — M. TERNAUX demande des commissaires pour examiner l'*état des grains qu'il a conservés depuis plusieurs années dans ses silos*, pour le compte de la réserve.—M. GAUTHERON-DESHAUSSES communique un procédé qui a pour objet de *reproduire d'après nature et à l'instant les représentations des plantes, des feuilles et des fleurs.*

⸻*Société d'Encouragement pour l'Industrie nationale.* (Mai 1829.) — M. Reveillon annonce qu'il est inventeur d'un agent mécanique qui, selon lui , doit *suppléer avec de grands avantages les turbines hydrauliques.* — M. DE LA Martizière sollicite l'examen d'un *bateau à cylindre* de son invention. — M. LE COMTE DE Perrochel adresse un Mémoire sur *l'application qu'il a faite de la presse de* M. Reveillon *au pressurage des pommes à cidre.* — MM. Roller et Blanchet demandent l'examen d'un *piano vertical* de leur composition. M. Castera dépose la description d'un *phare mobile,* et présente *plusieurs modèles d'échelles à incendie.* — M. le préfet du département de la Drôme transmet la *description et le plan d'une machine à peser les fardeaux,* inventée par le sieur Michel, de Valence.—M. Seguin, graveur, présente des *cartes de visites et d'adresses,* dites *cartes-porcelaines ou d'Allemagne.*—M. Lefranc, joaillier, envoie une *cafetière et une théière qui portent elles-mêmes leurs réchauds, mobiles dans tous les sens.*— M. Ancelin adresse une *liqueur ayant, suivant lui, la propriété de guérir un grand nombre de maladies.*—M. Opitz, de St-Pétersbourg, annonce qu'il est inventeur d'une *presse lithographique.*—La Société royale et centrale d'Agriculture adresse un ouvrage intitulé : *Instruction concernant la propagation, la culture en grand et la conservation des pommes de terre.* — M. Bonafous fait hommage d'une brochure intitulée : *Coup-d'œil sur l'agriculture et les institutions agricoles de plusieurs cantons suisses.* — M. Francœur fait un rapport sur l'ouvrage de M. Leblanc , ayant pour titre : *Nouveau système complet de filature de coton usité en Angleterre ,* importé en France par la Compagnie établie à Ourscamp près Compiègne. — Le même membre lit un rapport sur plusieurs perfectionnemens faits au *pantographe* par M. Fevret, de St-Mesmin.— M. Tessier fait un rapport sur l'ouvrage de M. Pitard, intitulé *la Science de la sétifère.*—La Société ,

sur le rapport de M. GAUTHIER DE CLAUBRY, décerne une
médaille d'or de seconde classe à M. MARTIAN pour l'établissement d'un *appareil ventilateur destiné à la fabrication
du fer-blanc*. — Sur le rapport de M. PAYEN, concernant la
fabrication des plombs coulés, la Société accorde la médaille
d'or de seconde classe à MM. VOISIN frères. —Sur le rapport
de M. GAUTHIER DE CLAUBRY, la Société décerne la même
médaille à M. BEAUFAY, pour la *fabrication des creusets*. —
Sur le rapport de M. HERICART DE THURY, la Société accorde
la médaille d'or de première classe à M. CALLA père, pour
son *établissement industriel*.—La même médaille, pour le
même objet, est accordée à MM. PIHET frères. — Sur le rapport de M. GOUBLIER, la médaille de bronze est accordée à
M. JAMIN pour sa *fabrique de boutons en cuir*. — La même
médaille est décernée à M. WEBER pour son *taille-plume*.—
Sur le rapport de M. HERICART DE THURY, la Société accorde
la médaille d'or de seconde classe à M. RICHARD pour sa *bijouterie en fonte de fer*. La même médaille est accordée à
MM. BORELLI DE SERRES et DEZ-MAUREL pour la *culture du
mûrier et l'éducation des vers à soie*, dans les départemens
de la Lozère et du Jura. — La médaille d'argent est décernée en commun à MM THILORIER et BARRACHIN pour les *lampes hydrostatiques et le régulateur pour les lampes*. — Sur
le rapport de M. MÉRIMÉE, la médaille d'or de première classe
est décernée à M. DA-OLMI pour les *procédés conservant
l'eau dans les caisses en fer à l'usage de la marine*. — Sur
le rapport de M. HERICART DE THURY, la même médaille est accordée à madame PUGENS et compagnie pour l'*exploitation
des marbres indigènes*.

    == *Société royale d'Agriculture*. — (Mai 1829.) —
M. LAMBOLEY, mécanicien à la Neuville (Haute-Saône), envoie la notice descriptive d'un *moulin destiné à nettoyer le
sarrasin*.— M. le président communique l'extrait d'une lettre de M. SÉGUIER, son frère, consul général de France à
Londres, par laquelle il donne des renseignemens sur
la culture et la préparation du chanvre et du lin en

Angleterre ; et annonce que les essais faits pour se passer
du rouissage n'ont obtenu aucun résultat susceptible d'être
appliqué en grand avec avantage. — M. Seguier fait connaître en outre *trois nouvelles espèces de pin* dont il a vu de
jeunes plantes provenant de graines apportées de Nootka-
Sund. — M. Darblay lit un mémoire sur les *causes de la
baisse des laines et sur les moyens de relever cette branche
d'industrie agricole et manufacturière en France.* —
M. Ternaux demande que la Société fasse procéder à l'examen des *grains dont il doit livrer 45o,ooo kilogrammes à la
ville de Paris*, et qu'il conserve depuis plusieurs années
dans ses silos de St-Ouen.— M. Levrier adresse son *Opus-
cule sur le canal de Bourgogne.* — M. Bonafous communique l'extrait d'une lettre par laquelle M. Van-Hoobrouck,
de Fiennes (Pays-Bas), fait part de l'extension que commence à prendre, dans ce pays, *la culture du mûrier et l'é-
ducation des vers à soie ;* il présente en même temps des
échantillons des produits fabriqués avec les soies obtenues
par M. Van-Hoobrouck.—M. Gondinet adresse des réponses
aux questions *sur le chanvre et le lin.* — M. le marquis de
La Boissière lit un mémoire sur les avantages qui résulte-
raient pour l'agriculture d'un *cours d'observations météo-
rologiques par le moyen des lignes télégraphiques.*— M. le
comte de Polignac met sous les yeux de la Société des *draps
d'expérience* qu'il a fait fabriquer avec les laines de ses
troupeaux mérinos, par M. Raulin de Sedan. Il résulte
de l'examen de ces draps qu'ils sont reconnus pour
être de la plus grande beauté. — M. Raulin donne des ex-
plications au sujet de la fabrication de ces draps et de la
qualité des laines qui en ont fourni la matière ; elles amè-
nent la reprise de la discussion sur la cause du bas prix des
laines françaises en général, comparé à celui des laines super-
fines de Saxe et d'un petit nombre de troupeaux français qui
ont suivi la direction adoptée dans ce pays, ainsi que sur
les avantages qu'il pourrait y avoir à diriger l'amélioration
vers le but d'obtenir un semblable degré de superfinesse de

préférence aux autres qualités qui distinguent nos laines françaises améliorées. — M. Bottin fait un rapport sur la *notice statistique du canton de Nanteuil.*

LOIS ET ORDONNANCES

RELATIVES A L'INDUSTRIE, AU COMMERCE, AUX BEAUX-ARTS, ETC.

Tribunal de 1ʳᵉ instance de la Seine. Chambre des vacations.
Samedi 5 août 1829.

Un brevet d'invention ou d'importation est-il nul de droit faute par le breveté d'avoir acquitté la seconde moitié de la taxe dans le délai de 6 mois, aux termes des articles 3 et 4, titre 2 de la loi du 25 mai 1791 ?

Le 12 décembre 1827 M. Kirwan demanda un brevet d'importation de cinq ans pour un instrument composé de deux petits cylindres en acier cannelés, propres à aiguiser les couteaux, et appelé *affiloir ou aiguiseur spontané.* En déposant ses pièces, M. Kirwan, conformément à la loi, paya sur-le-champ la première moitié de la taxe et souscrivit sa soumission d'en acquitter la seconde moitié dans le délai de six mois. Le 22 juillet 1828, il fit cession notariée de ses droits à M. Pradier, coutelier, qui s'engagea à remplir la soumission consentie par M. Kirwan, et ne l'acquitta que le 12 décembre 1828. Le certificat de demande formant brevet provisoire ne fut délivré que le 26 août 1828 à M. Pradier. Ce dernier fit procéder, au mois de mai 1829, chez le sieur Frichot, fabricant d'acier, à la constatation d'une certaine quantité d'affiloirs contrefaits. Devant M. le juge de paix du sixième arrondissement, saisi de la contestation, M. Bled, avocat du sieur Frichot, demanda la nullité tant des poursuites exercées contre son client que du brevet de M. Pradier, attendu que ce dernier n'avait pas acquitté la seconde moitié de la taxe dans le délai de six mois à partir de la soumission, ainsi que l'exigeaient impérieusement les articles 3 et 4, titre 2 de la loi du 25 mai 1791 ainsi conçus : « Art. 3. Le demandeur sera tenu « d'acquitter au secrétariat du département la taxe du brevet ; « mais il lui sera libre de ne payer que la moitié de cette taxe « en présentant sa requête, et de déposer sa soumission d'acquitter le reste de la somme dans le délai de six mois. Art. 4. « Si la soumission du breveté n'est point remplie au terme prescrit, le brevet qui lui aura été accordé *sera de nul effet* ; « *l'exercice de son droit deviendra libre*, et il en sera donné « avis à tous les départemens par le directoire des brevets « d'invention (aujourd'hui le ministre de l'intérieur). Cet article est positif, dit M. Bled ; il prononce formellement la nullité du brevet ; M. Pradier ne peut s'y soustraire puisqu'il a manqué à la condition qui lui était imposée.

M. Théodore Regnault, avocat du sieur Pradier, répondit que la taxe des brevets était *une mesure purement fiscale* et qu'il appartenait *au fisc seul* de prononcer la nullité énoncée dans l'art. 4 ; que l'autorité, pouvant accorder des brevets gratuits, avait à plus forte raison la faculté de donner du temps pour acquitter la taxe et même d'en remettre une partie ; que, dans l'usage, l'administration traitait les inventeurs d'une manière toute paternelle et ne leur adressait jamais moins de deux ou trois avertissemens avant d'user contre eux de la disposition rigoureuse de l'art. 4 ; qu'enfin, depuis l'institution des brevets, c'est-à-dire depuis trente-huit ans, elle avait exercé exclusivement ce droit sans aucune espèce de réclamation.

Ce système fut adopté par M. le juge de paix en ces termes, suivant jugement du 26 juin 1829 : « Attendu que, dans le « sens de l'art. 4, tit. 2 de la loi du 25 mai 1791, l'administra- « tion a exclusivement la faculté d'annuler le brevet pour dé- « faut de paiement de la totalité de la taxe, *qui n'est qu'un* « *droit fiscal*, mais qu'elle est tenue d'en donner avis à tous « les départemens, avis qui ne pourrait être donné par les tri-

« bunaux ; d'où il suit que ces annulation et avis n'ayant pas
« eu lieu pour le brevet dont est question, ainsi que le prescrit
« l'article 4 précité, il est évident que Pradier est resté dans
« tous les droits qui lui sont acquis par son brevet.

 « Attendu que s'il est vrai, ce qui ne peut être douteux, que
« l'administration est en droit d'accorder des délais et de pro-
« roger les paiemens d'un droit qui lui appartient, il est im-
« possible d'admettre que les particuliers auxquels il n'est rien
« dû puissent prétendre que le défaut de paiement de la taxe
« produit à leur égard la nullité de ce brevet, sans que cette
« nullité ait été prononcée par l'autorité compétente, par l'au-
« torité, enfin, qui, ayant accordé les délais, n'avait rien à
« réclamer jusqu'à l'expiration de ces mêmes délais, d'où il suit
« que, ledit Pradier s'étant acquitté en temps utile de ce qu'il
« pouvait devoir à l'administration, on ne peut lui opposer
« aucune déchéance pour le fait de non paiement.

 En conséquence la saisie faite sur le sieur Frichot fut déclarée valable, les objets contre-faits, confisqués au profit de
Pradier, et Frichot, condamné comme contrefacteur en des
dommages et intérêts, à l'amende, aux frais et affiches du jugement.

 Sur l'appel interjeté par Frichot, les moyens plaidés en première instance furent reproduits par messieurs Bled et Théodore Regnaud, pour leurs clients respectifs ; mais le tribunal,
adoptant tous les motifs du premier juge, confirma purement
et simplement le jugement attaqué, en réduisant toutefois le
montant des dommages et intérêts.

ANNONCES DE LIVRES.

Livres français.

 22. *Chimie appliquée à l'agriculture*, ou Art de préparer les
terres et d'appliquer les engrais. Traduit de d'anglais de sir
Humphry Davy, par A. Bulos. A Paris, chez Audin, quai des
Augustins ; n. 25.

BULLETIN DE L'INDUSTRIEL ET DE L'ARTISTE,

DE L'ACHETEUR ET DU VENDEUR, DU VOYAGEUR ET DU CURIEUX, ETC. (1).

INDUSTRIE. — *Registres pour la tenue des livres;* ils se confectionnent chez M. Laurens, rue Montmartre, n° 41. — *Véritable encre indélébile et permanente pour marquer le linge.* Chez Renard, rue Vivienne, n° 19. — *Chandelle Sébaclare.* Elle rivalise avec la bougie, et sa durée, dit l'inventeur, est d'un tiers au-dessus de celle des chandelles ordinaires. Le prix est de 1 fr. 30 c. la livre. Le dépôt est chez M. Caillot, rue Saint-Bon, n° 16, et à la fabrique, rue de Charonne, n° 81. — *Guérison de surdité* par le docteur Maurice, au moyen de son huile acoustique, qu'il vend 6 fr. le flacon; Rue du Colombier, n° 6, à Paris. — Fabrique de *Chocolat au lait d'amande*, rue J.-J.-Rousseau, n° 5. — *Réveil universel* de M. Lareche, qui s'applique à toutes les montres. S'adresser à M. H. Robert, horloger mécanicien, Palais-Royal, n° 164. — *Encre d'imprimerie.* S'adresser à M. Baulès, rue Julien-le-Pauvre, n° 10, à Paris. — A céder, un *titre d'agréé* près un tribunal de commerce du département de la Seine-Inférieure. S'adresser à M. Magnan, rue Mandar, n° 14, à Paris.

COURS DIVERS. — Cours théorique et pratique de la *langue française*, ouvert depuis le 19 octobre, par M. Pons, les lundi, mercredi et vendredi. — Et cours de *langue italienne*, par le même, les mardi, jeudi et samedi de 7 à 8 heures du soir. Prix, 15 fr. par mois, payables d'avance. S'adresser, rue Grenelle-St-Honoré, n° 30.

A VENDRE OU A LOUER. — A vendre; *Manufacture de glaces et verreries* de Commentry (arrondissement de Montluçon, département

---

(1) L'objet de ce Bulletin est d'indiquer d'une manière très sommaire ce qui mérite, chaque mois, de fixer, sous divers rapports, l'attention de nos lecteurs, et de mettre à même ceux des départemens de se procurer à Paris une foule d'objets utiles ou d'agrément, dont l'annonce ne peut figurer dans le corps de ce Recueil. Il nous a été demandé par un grand nombre de souscripteurs comme le complément du *Télégraphe*. C'est toujours de l'industrie, considérée sous une nouvelle face. Nous serons obligés de répéter quelquefois certains articles, selon le désir des parties intéressées.

de l'Allier). — Prendre connaissance du cahier des charges chez
M. Thisaine Desauneaux, notaire à Paris, rue de Richelieu n° 95,
et pour les renseignemens sur la fabrication, à M. l'agent général,
rue Bergère, n° 11. — A vendre, deux établissemens de *produits
chimiques* (couperose, acides sulfuriques et autres), près du
Havre. S'adresser à madame veuve Toubert au Havre, et à Paris à
M. Froidure, avoué, rue Michel-Lecomte, n° 23. — A vendre,
Fonds de parfumerie. S'adresser à M. Lebon, notaire, rue du
Coq St-Honoré, n° 23. — A vendre *fonds de nettoyage de soieries*
par un procédé nouveau et inconnu. S'adresser à M. Bourbonne,
avocat, rue Montmartre. n° 15.

MODES. — Beaucoup d'élégans ferment leur chemise avec 2 épin-
gles en or d'une longueur ordinaire. — Les boutons de tous les
gilets de soie ou de velours sont en or et à dessin en relief. — Les
redingotes du matin sont en drap couleur noisette.—On voit beaucoup de capotes de satin. Quelques-unes sont bordées d'un voile
de blonde noire. — On emploie beaucoup de plumes sur les chapeaux; il en faut trois pour qu'elles soient posées à l'anglaise. —
Les rubans de ceinture sont très larges.— Les chaînes à la cheva-
lière se portent au cou, ou bien elles ornent une coiffure en cheveux.
Outre les chevalières en or, il y en a en or et en émail, en or et
pierres de couleur. — Les redingotes du matin pour les merveil-
leuses qui sont à la campagne se font en jaconat, fond bleu pâle,
rose ou chamois. Dans les grandes soirées on porte des robes de
mousseline des Indes, dont le bas est orné d'un chef d'or. — Le
cactus est la fleur que l'on met de préférence sur les chapeaux
de paille d'Italie.

GRAVURES NOUVELLES. — *Sir Walter Scott*, gravé au burin par Des-
madryl, d'après Lestie; 4 pouces sur 3. A Paris, chez Rittner,
boulevart Montmartre, n° 12.

HISTOIRES. — MÉMOIRES. — ROMANS NOUVEAUX. — *Histoire de la ville
et du château de Saint-Germain-en-Laye*, suivi de recherches
historiques sur les dix autres communes du canton; 2 cahiers
in-8, avec 5 planches et 2 cartes. A Paris, chez Ledoyen. A Saint-
Germain-en-Laye, chez Goujon.

MUSIQUE ET ROMANCES NOUVELLES. — *Rondeau expressif* pour piano,
par Hiller; prix : 6 fr. A Paris, chez Lemoine, rue de l'Échelle,
n° 9.

TABLE DES MATIÈRES

CONTENUES DANS LE TOME ONZIÈME.

1. INDUSTRIE.

TABLE DES PLANCHES CONTENUES DANS LE TOME XI.

FIN DE LA TABLE DU TOME XI.

ERRATA DU TOME XI.

N° 31. — Page 10, ligne 11, au lieu d'une partie de potasse, lisez
d'une partie *d'hydrochlorate* de potasse.

Paris, imprimerie de Gaultier-Laguionie.

Pl. 134–135.

Machine pour fabriquer les briques.

Fig. 3.

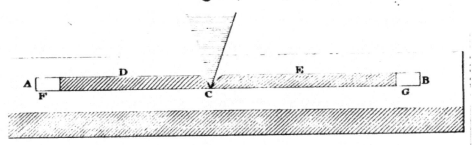

Scie perfectionnée pour les bâtimens qui font la pêche dans les mers polaires.

Fig. 1ʳᵉ.

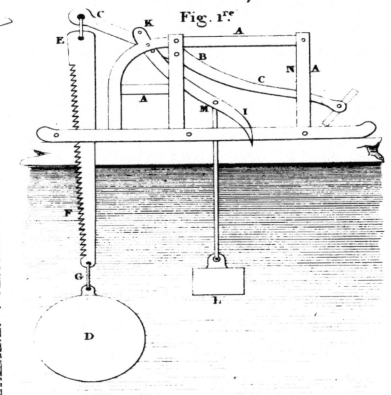

Pl. 136.

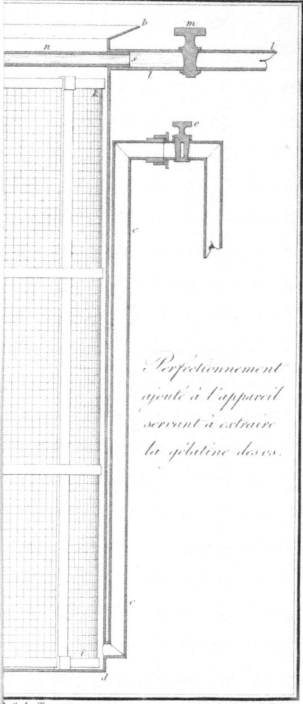

Perfectionnement
ajouté à l'appareil
servant à extraire
la gélatine des os.

Dessiné par De Melcon.